本丛书由澳门基金会策划并资助出版

澳门研究丛书 MACAU STUDIES

澳门研究丛书 MACAU STUDIES

新时代 新征程

"一带一路"与澳门发展

New Era　New Journey
"The Belt and Road" and Macau's Development

澳门特别行政区政府政策研究和区域发展局
澳门基金会　　　　　　　　　　　　　　／主编
思路智库

社会科学文献出版社
SOCIAL SCIENCES ACADEMIC PRESS (CHINA)

澳門基金會
FUNDAÇÃO MACAU

目　录

致辞与讲话

化愿景为行动：澳门如何助力国家"一带一路"建设 ……… 林玉唐 / 003
多元融合，协同发展 ……………………………………… 杨道匡 / 006
加强新时代澳门与"一带一路"国家联动　发挥优势建设
　世界旅游休闲中心 ……………………………………… 李桂雄 / 009

"一带一路"与澳门发展

Macau as a Service Platform for the Relations between China and the
　Portuguese Speaking Countries, "the Belt and Road" Initiative and the
　Greater Bay Area …………………… José Luís de Sales Marques / 013
Macau and Southeast Asia under "The Belt and Road Initiative"
　……………………………………………………………… Gong Xue / 024
澳门社团与"一带一路"民心相通工程建设 ……………… 谢寿光 / 031
粤港澳大湾区助力海上丝绸之路建设的对策研究 ………… 申明浩 / 035
大时代和大格局下的"一带一路"以及港澳的机遇 ……… 方　舟 / 041
融入"一带一路"建设，实现澳门新的发展 ……………… 邱晓华 / 046
发挥旅游产业优势，构建连接"一带一路"的桥梁 ……… 陈广汉 / 050

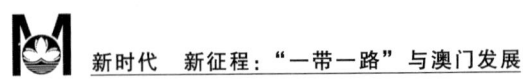

"一个中心"与"一带一路"的关系 ………………… 黄竹君 / 055
发挥葡语教学和科研优势，配合落实澳门特区政府的施政
　　方针 ………………………………………………… 李向玉 / 060

思路智库专家论文

弘扬中华优秀文化，建设澳门特色文化 ……… 马志成　冷铁勋 / 067
"一国两制"的重大创新与实践：澳门首个五年规划的
　　执行与评估 ………………………………… 胡鞍钢　张　新 / 081
粤港澳合作参与"一带一路"建设的制度分析 …… 李雁玲　鄢益奋 / 094
澳门携手东南亚国家青年，积极投身"一带一路"建设 …… 何嘉伦 / 106
抓紧"一带一路"机遇，全力打造澳门旅游休闲大业态
　　……………………………………………… 李居仁　何锡江 / 113
"一带一路"下澳门"一个中心"建设的新契机
　　……………………………………………… 于茗卉　郝雨凡 / 125
澳门参与国家中医药"一带一路"发展方向研究 ………… 叶桂平 / 135
融入祖国发展大潮，与祖国共同进步："一带一路"视角下的
　　澳门 ………………………………………… 高　婕　盛　力 / 144
建设世界旅游休闲中心，构筑"一带一路"重要支点
　　……………………………………………… 马聪玲　李淑冰 / 150
澳门特区中小企业参与"一带一路"机遇、挑战与策略 …… 宋雅楠 / 160
基于PEST法的粤港澳大湾区与世界三大湾区的比较分析 …… 刘成昆 / 175
粤港澳大湾区建设中的港澳币制改革问题
　　…………………………… 顾新华　常　笑　赵庆斌　刘　念 / 184
从"天下观"到"人类命运共同体"与"一带一路" ……… 刘炜华 / 198
"一带一路"建设下澳门与巴西的文化往来 ……… 杨佳龙　王建伟 / 209
粤港澳大湾区与澳门和澳门学发展的新机遇 …… 王齐超　王建伟 / 221
粤港澳大湾区建设下澳门特区文化旅游优势融合的思考 …… 李晓闵 / 229

致辞与讲话

化愿景为行动：澳门如何助力国家"一带一路"建设

林玉唐[*]

自从1999年澳门回归祖国以后，澳门的人均GDP由1.5万美元提升到目前的7万多美元，年接待游客数量由700万人次增加至3000多万人次。这都反映出，在回归祖国后，澳门的经济增长有着无穷尽的潜力。

至于澳门与内地之间的贸易额，统计数据显示，从1999年12月至2017年11月，经拱北海关对澳门进出口总值达2138.3亿元人民币，约占内地与澳门贸易总值的八成左右。这都反映出，在结合中国国内市场的互补优势下，澳门在经贸往来上，都能取得优秀与亮眼的成绩。

而在"一带一路"倡议的推动下，澳门也致力打造"世界旅游休闲中心"和"中国与葡语国家商贸合作服务平台"，并且努力推动会展、中医药、文化创意等新兴产业发展，逐步实现经济适度多元的目标。

由此可见，作为中国对接葡萄牙语系国家的重要城市，将在"一带一路"倡议下，澳门扮演着更为吃重的角色。

根据中国海关总署的数据，2017年1~12月，中国与葡语国家进出口商品总值1175.88亿美元，同比增长29.40%。其中，中国自葡语国家进口810.08亿美元，同比增长32.18%；对葡语国家出口365.80亿美元，同比增长23.62%。与葡语国家的贸易增速，也远远超越中国对外贸易的总体增长。

另一方面，中国已经连续9年成为东盟第一大贸易伙伴，东盟连续7年

---

[*] 林玉唐，中国—东盟商务协会总会总会长。

成为中国第三大贸易伙伴。2017年双方贸易额达5148亿美元，双向累计投资近2000亿美元。2018年恰逢中国—东盟建立战略伙伴关系15周年，这将有助深化双方经贸、投资合作，并将为"一带一路"倡议带来广阔前景。

截至2018年5月，根据中国海关的数据，中国与东盟的贸易额按年增长18.6%，至2326.48亿美元；双边经贸的增幅，比中国对外贸易的16.8%增速来得高。这反映出，中国与东盟的双边贸易仍有庞大的增值空间。

根据澳门海关的资料，虽然直至2017年，东盟国家与澳门在经贸往来方面仍未能成为最主要的合作伙伴之一，但是我们相信，澳门与东盟之间仍有许多互补互利的优势，可以在日后透过更深层次的交流，逐步推展双边的友好合作。

澳门的纺织品、机械设备与零件、手表、钻石等相关出口产品，实际上在东盟国家都有非常庞大的需求量。而澳门过去主要进口的产品，比如食物与饮品、燃料与润滑剂等，也都是东盟国家所专长的区域。就食物与饮品方面，马来西亚的清真食品就是获得国际性安全认证的优质产品。同时，马来西亚的榴莲、山竹、肉骨茶等食品，也在中国内地市场有着无限的发展商机。我相信，澳门的同胞们，也将会非常喜欢这类马来西亚特色食品。

在澳门积极推动"一带一路"建设的过程中，东盟国家是澳门的重要经贸合作伙伴。东盟与澳门之间的合作，具体可以从两个层面来发挥。

第一，服务业功能。澳门作为中国对外合作交流的重要平台，除了在"粤港澳大湾区"扮演重要角色外，自然也将在高端服务领域有着关键的作用。因此，在金融服务、文化产业、旅游服务、会展服务等方面，都能与东盟国家有良好的配合。

其中，东盟国家航线近年成为澳门国际机场的重点业务之一。数据显示，2017年东南亚航线旅客上升10%，其中泰国是最大的旅客来源国，共有19万人次。我相信，更多东盟国家新航线的开通将为两地带来更多旅游和商务发展机会。与此同时，随着港珠澳大桥开通，将带来更多旅客流量。

至于马来西亚方面，自从2017年澳门开通直飞新山的航线后，目前马来西亚已经有了两个直飞航线点，另一个就是首都吉隆坡。

我希望，澳门能在未来逐步开拓更多的马来西亚直飞航线，其中包括槟城、沙巴亚庇、砂拉越古晋等。这些地区拥有较多的人口，而这些地区也拥有许多自然与文化景点，值得澳门游客去参观。

此外，绝对不能否认的是，在"十三五"规划下，已经明确指出要积极发展澳门的会展商贸等产业。众所周知，会展业是服务领域中的关键与先行领域，根据市场的理论与数据分析，会展业带动周边各行业发展的比率为1∶10。也就是说，在会展业每投入1元，将能带动周边行业获得10元的发展红利。

因此，澳门除了定期举办与葡语国家的交流活动外，也应该积极与东盟国家进行交流。东盟10个成员国的总人口接近7亿人，是一个地理位置非常靠近，而且又享有人口红利的市场。

澳门可以考虑和东盟国家合作推广会议及展览业，同时，也将"澳门＋东盟"会展业的版图拓展至葡语国家市场。澳门善用与葡语国家的历史关系，以及对葡语国家的认识，联结中葡企业（特别是中小企业），并为各方面提供合适的专业服务。与此，东盟和澳门将可以发挥互补优势推广会展业，达到交错发展的条件，共同合作举办面向"一带一路"沿线市场的专业化展会。

第二，文化上的优势。澳门有着500年中西文化交融的历史，各种宗教、文化、人文素养等都能包容并存，形成中国独特的历史文化基地。而巧合的是，东盟国家也是全球各大文明的汇聚地，这里有中华文明、伊斯兰文明、西方文明、印度文明等的长期多元交流。

因此，澳门将可以在文化交流上扮演中国对外开拓的平台，与东盟国家共同推动"民心相通"的活动，为日后中国企业走出去以及吸引外资前来，贡献最独特的力量。

中国与东盟设下双边要达到1万亿美元的贸易额目标，若澳门与东盟国家能扮演好积极的沟通角色，将为实现该目标带来更大的推动力。

最后，希望东盟企业能把握住澳门在粤港澳大湾区的关键平台，积极推动双边经贸与投资的往来。

多元融合，协同发展

杨道匡[*]

首先真心地谢谢在座各位在百忙中抽时间出席会议。我今天主要讲三方面的问题。首先，解读一下多元与融合这个题目。

响应我们今天讨论的"一带一路"主题，大家设想一下，"丝绸之路经济带"和"21世纪海上丝绸之路"，沿线要经过多个国家，这么多的国家肯定就有多种语言，有多元文化，有多元生活的习俗和不同的习惯，还有不同的宗教。所以我们国家提出"一带一路"倡议，必须用多元与融合的方式跟这些沿线的国家交往，首先要沟通，第二要处理好互相合作的关系，第三才是谈有关合作的项目。

我一直留意到过去五年来有一些先行者已经在"一带一路"沿线做投资了，他们总结一个经验，一个国家要采取一种不同的策略，甚至是在同一个国家内不同的城市也要采取不同的策略。简单来说，就是"一国一策"甚至是"一城一策"，意思就是回归到多元。因为它是多元的，我们必须去适应这种多元的环境，然后才能达到融合。这个是我选择今日讲题的首要考虑。

回归到我们所在的粤港澳大湾区，正如各方的研究者总结的一样，它存在一个国家、两种制度、三个不同关税区甚至是三种不同货币的特征。我们都感受到在不同的城市，例如在香港用港币，在广东要用人民币。因为有那

---

[*] 杨道匡，澳门基金会研究所副所长。

么多的差异，我们如何在这些既定的前置条件，即一个国家、两种制度、三个不同关税区以及有口岸管制的情况下，达到多元和融合。这个就需要我们创新，不但政府要创新，企业要创新，作为居民也要创新。

第三个层次就是，综观我们国家京津冀，还有长三角地区，京津冀是以北京为核心城市，这个是公认的，因为北京是国家的首都。而长三角就是以上海为中心，因为它是全国重要的经济城市和直辖市。但是回归到我们所在的粤港澳大湾区"9+2"城市群，即广东的9个地级市，加香港、澳门两个特别行政区。正因为它存在一个国家、两种制度，三个不同关税区，所以它是多元的，它不以哪一个城市为重要的核心，引领整个湾区发展，它必须是一个多元的组合，比如北边广佛肇、西边珠中江、东面深莞惠。正因为这样，我就选了关于多元和融合的论题，我想未来城市群的合作还是要按照这个思路展开。

另外协同发展就更为重要了，协同包括什么呢？第一是协同发展目标和愿景，第二要形成一个共同的规划、共同的政策，还有很重要的是共同的规则。因为将来11个城市要融合的话，如果各按各的方式，各按各的管理，肯定融合不了。第三是要协调好利益，只有各方得到利益分享，合作才能持久。所以多元与融合协同发展，应该是大湾区城市群未来发展的一种选择方式，这个是第一个我想表达的意见。

港珠澳大桥很快就会通车了，响应刚才提出的多元与融合论题，其实，港珠澳大桥开通以后，将为这个区域，特别是珠江东岸和西岸的融合提供一个大型的跨海通道。历史上没有的，直接由香港陆路连通到西岸，形成所谓一小时的经济生活圈。对于港珠澳大桥，大家可能很关心它的工程进展怎么样，以及什么时候正式通车。

而我就更为关注它的合作方式。港珠澳大桥在筹备建设时首先成立了粤港澳三地联合工作委员会、共同签订了《港珠澳大桥建设、运营、维护和管理三地政府协议》；在建造过程中实行共同出资、分段建设；并由粤港澳三方合作组成管理局负责大桥的运营和管理。这种合作建设和管理模式，为粤港澳融合发展提供了创新示范和很好的切入点。从这一点拓展出去，粤港澳共组股份有限公司的模式在其他产业，比如与民生息息相关的公共事业一样可行。包括供水、供电、医疗、教育、环保、网络通信等公共事业进行合资合作、共同管理、持股运营，既能实现资源共同配置，促进多元融合的切入点，同时还可直接解决民众的生活需求。

依照港珠澳大桥的路线，大桥的东面在香港大屿山的东涌，附近就是国际机场，2017年香港的游客有5800万人次，香港机场2017年的运载量是7290万人次，加上香港居民大概730万人。港珠澳大桥通车后，保守估计可以为西岸带来4000万人次的商务及旅游消费量。至于西岸的澳门和珠海，澳门2017年的游客有3260万人次，珠海的游客有3980万人次，这两边加起来也有7200多万人次。港珠澳大桥建成以后，可为珠江东西两岸的旅游提供一个新的模式，即"一程多站"或者叫"一程多点"的旅游模式。我们看一下香港大屿山，在其东南角就是迪士尼乐园；通过大桥到了澳门，它有世界文化遗产的历史城区，当然它还有世界一流的博彩娱乐和大型度假村酒店；到了珠海横琴，则有长隆海洋主题乐园度假区；再稍微远一点，到了珠海金湾区的海泉湾，它有海水温泉酒店和度假区。将上述各个旅游点连成一线，其实就形成旅游消费者可以选择的多元旅游模式和消费方式。

更远一点，我们刚才说珠中江，即珠海、中山和江门。其实珠江西岸的海岸线非常好，不仅有大片土地，而且保持较好的生态环境。我们现在说"一带一路"，其实400多年前，澳门就是海上丝绸之路的重要节点。当年葡萄牙的商船队带来中西贸易和文化在澳门汇集，澳门完全可以利用这种历史形成的优势，向西岸拓展旅游休闲产业，沿着海岸线，引入带有南欧风格或者地中海风格的旅游文化，它就跟中国内地其他城市的旅游景点形成了差异，显示出了澳门的特色。澳门与珠江西岸城市合作，协同建设世界旅游休闲中心将会获得更好的成果。

加强新时代澳门与"一带一路"国家联动发挥优势建设世界旅游休闲中心

李桂雄[*]

尊敬的各位领导、尊敬的各位嘉宾、各位朋友：

大家好！今天，"2018'一带一路'与澳门发展国际研讨会"在美丽的澳门隆重举行。我很高兴也很荣幸，能有机会与各位嘉宾欢聚澳门，共同探讨"世界旅游休闲中心建设与一带一路"。首先，我谨向本次研讨会的主办单位表示诚挚的感谢，并预祝研讨会圆满成功！

在习近平新时代中国特色社会主义思想和改革开放再出发的指引下，澳门特别行政区政府政策研究室、澳门基金会及思路智库，积极参与和助力"一带一路"建设和粤港澳大湾区建设，各项工作取得了令人赞叹的成就。特别值得一提的是，2018年5月初，澳门特区行政长官崔世安先生率领经贸考察团莅访泰国与柬埔寨，在泰国曼谷，成功举办了"澳门—泰国经贸旅游推介会"，介绍了澳门最新的经济优惠政策及发展机遇，受到泰国政府、民间的高度关注。广大旅泰侨胞乡亲倍受鼓舞和激励。这是澳门特区政府响应、实施"一带一路"倡议，推动澳门与"一带一路"沿线国家开展经贸合作的成功典范。今天，再次举行研讨会，推动澳门与"一带一路"沿线国家在旅游、经贸、文化等多领域的交流、合作，非常及时，具有十分重大的现实意义！

澳门是"21世纪海上丝绸之路"的重要节点。李克强总理在2018年的

---

[*] 李桂雄，泰国华人青年商会会长、泰国中华总商会副主席。

两会上表示,《粤港澳大湾区发展规划纲要》将很快出台实施。而港珠澳大桥,预计也将很快通车。加快建设世界旅游休闲中心,澳门的优势条件将更加充分地向外界展示。可以说,澳门正迎来千载难逢的发展新机遇。

澳门作为珠江三角洲西岸的重要城市,拥有开放的外向型经济优势,澳门建设世界旅游休闲中心、中国与葡语国家商贸合作服务平台的"一个中心、一个平台"的定位将在粤港澳大湾区城市群建设过程中进一步强化。"一国两制"是粤港澳大湾区最为重要的特征,也是澳门最为重要的优势。在"一国两制"之下,制度的多样性和互补性是粤港澳区域合作的优势,也可成为推动合作的动力。澳门是粤港澳大湾区中的独立关税区和自由港,在经济和政治上都享有比内地省市更大的自主权和决策权。改革开放以来,港澳一直是珠三角连接国际市场的桥梁,是外资进入珠三角的通道。随着内地企业大规模的对外投资,澳门扮演内地企业"走出去"平台的作用日益显现。"一带一路"倡议、粤港澳大湾区、港珠澳大桥,它们的共同特征是都有利于区域之间的交流合作。那么,澳门要做的也是主动、持续加强与粤港的联动与融合。

习近平总书记在十九大报告中指出"广泛团结联系海外侨胞和归侨侨眷,共同致力于中华民族伟大复兴",并在新时代对海外华侨华人提出了新要求。澳门经济的繁荣发展,是海内外华侨华人的共同心愿。澳门建设世界旅游休闲中心,还应实现另一方面的联动——发挥华侨华人、归侨侨眷的资源优势。"一带一路"沿线国家及海内外广大侨胞、企业家的共同参与,形成强大合力,就一定能推动澳门经济的加快发展。

澳门与泰国及东盟地缘相近、民心相通。两地具有很强的互补性、广泛的合作空间。泰国华侨华人众多,且双方长期保持着密切的联系及合作。我们要鼓励"一带一路"沿线国家和地区,特别是东盟及泰国与澳门的华侨华人、青年间的交流和合作,帮助青年人扩大国际化视野,让澳门青年和海外华裔新生代群体更加了解"一带一路"和粤港澳大湾区合作的内涵与机遇,更加积极地参与澳门的建设与发展。我相信,澳门建成世界旅游休闲中心的步伐必将越来越快,澳门的未来也必将更加绚丽多彩。让我们携起手来,为澳门的经济腾飞,做出新的更大贡献!

最后,恭祝祖国内地与澳门特区繁荣富强!祝大家身体健康、事业进步!

谢谢大家!

"一带一路"与澳门发展

Macau as a Service Platform for the Relations between China and the Portuguese Speaking Countries, "the Belt and Road" Initiative and the Greater Bay Area

José Luís de Sales Marques*

This paper will focus on the role of Macau as a platform between China and the Portuguese-Speaking Countries (PSCs), how that role is transversal to the major national development projects such as "the Belt and Road initiative" and the construction of the Greater Bay Area; and, last but not least, how Macau should grab those opportunities and maximize its contribution to national development as well as the diversification of Macau's economy, towards sustainable development and the well-being of its people.

1 The Macau Forum and the relation between China and the PSCs

Macau enjoys a unique position in the relationship between China and the Portuguese-speaking countries. The use of the Portuguese language as one of the official languages of the region is, together with its historical connections, the pillar of the Forum for Economic Trade Cooperation between China and the PSC's, also known as Macau Forum. This Forum, initiated in 2003, is a

---

* José Luís de Sales Marques (麦健智), President of the Board of Directors of the Institute of European Studies of Macau。

multidimensional and multilateral platform bringing together China with 8 PSCs: Angola, Brazil, Cape-Verde, East Timor, Guinea-Bissau, Mozambique, Portugal and São Tomé and Príncipe. It works in similar manner to a multilateral organization with summits every 3 years and a triennial action plan approved by its representatives. A permanent secretariat is established in Macau with a Secretary General appointed by the Ministry of Commerce of the PRC and assisted by three assistant Secretary Generals appointed respectively by the Government of the PRC, the government of MSAR and the third one by the Portuguese Speaking Countries. There is also a council of Permanent Representatives residing in Macau comprising of representatives of each of the PSC. The Fund established in the context of the Macau Forum, recently moved its headquarters to Macau from Beijing, to be closer to the Forum's Secretariat. It is endowed with a capital of one billion USD and its objective is focus on cooperation with the PSC.

The Portuguese-speaking countries are enjoying signs of economic recovery or even strong economic growth in 2017. That has translated into strong growth of trade figures in the first quarter of 2018. During this period, trade between China and its partners of the PSC's reached the amount of USD 30.188 billion, a growth of 25.91 percent over the same period of the previous year. The total figure for 2017 stood at 117.588 billion USD, a figure that is comparable to 68% of total trade between China and Africa during the same period.

The partners of the PSC fit into very different economic sizes and levels of development. They range from developed economies such as Portugal and Brazil, to economies that are still at a very low level of development. However, whether big or small, developed or developing, they have strong potential due to natural resources, geographic location and specific advantages, and they all need investment to pull their potential to a new level. And they enjoy a very strong relationship with China, including a comprehensive strategic partnership with Portugal and Brazil and a strategic partnership with Angola.

China has substantial investments in the PSC's, namely in Brazil, Angola,

Portugal and Mozambique. For instance, official data from the Brazilian government[1] places the value of Chinese Investment in the country at 53.96 billion USD, between 2003 and 2018. Angola is also a very important recipient of Chinese investment in Africa. *The Financial Times*[2], recently refers to 8.9 billion USD investment in that country's energy sector, citing research studies by Boston University. China is Mozambique's biggest infrastructure financier and builder, with investments around the 6 billion USD mark[3]. Portugal, on the other hand is one of the biggest recipients of Chinese FDI in Europe, at 7.97 billion USD[4]. In the other remaining PSC's, the volume of investment might not be as impressive but they are still relatively significant to their economies.

In a recent visit to Portugal, Foreign Minister Wang Yi of China said that both sides stand ready to become significant cooperation partners in the joint building of "the Belt and Road initiative". [5] There are obvious links between the PSCs and "the Belt and Road Initiative", particularly regarding its "21st Century Maritime Silk Road", not least because there have been many expressions of interest in this regard not only from Chinese officials but also from the Portuguese side including the President of Portugal, Marcelo Rebelo de Sousa and the Prime Minister, António Costa. In a recent article by Portuguese leading newspaper

---

[1] "Boletim de Investimentos Chineses no Brasil", 09/07/2018, http://www.planejamento.gov.br/noticias/boletim-de-investimentos-chineses-no-brasil, accessed on 2018/08/05.
[2] "Africa Eats up Lion's Share of Chinese Lending", https://www.ft.com/content/668968e8-23b6-11e8-add1-0e8958b189ea, accessed on 2018/08/05.
[3] Macau Hub, "Investimento Chinês em Moçambique Aproxima-se de 6000 Milhões de Dólares", https://macauhub.com.mo/pt/2017/03/17/chinese-investment-in-mozambique-is-close-to-us6-billion/; "China é o Maior Financiador e Construtor de Infraestruturas em Moçambique", https://macauhub.com.mo/pt/feature/pt-china-e-o-maior-financiador-e-construtor-de-infra-estruturas-em-mocambique/, both accessed on 2018/08/05.
[4] The Heritage Foundation, China Investment Tracker.
[5] "Wang Yi: Jointly Building the 'Belt and Road' to Elevate China-Portugal Relations to New Stages", Ministry of Foreign Affairs of the People's Republic of China, https://www.fmprc.gov.cn/mfa_eng/zxxx_662805/t1561269.shtml, accessed on 2018/8/4.

Expresso[①] some commentators, including the author of this paper, and the Portuguese Minister for the Sea, Ana Vitorino, argued about the geo-economic and political significance of Portugal and some of the PSC's particularly in relation to their position on both sides of the Atlantic and possible extensions of current corridors and connectivity lines of the BRI. It could be said, that Portuguese is a very important language along those shores, because two of the main regional economic powers in the South Atlantic, Brazil and Angola are Lusophone countries, and Cape-Verde and Some Tomé e Príncipe are placed in well positioned lines of communication and navigation, and Portugal itself along with other PSC's are entitled to large extensions of Exclusive Economic Zones (EEZ) in the Atlantic Ocean.

2 The Portuguese Connection and the BRI

Portugal and the PSC's are also a gateway to Europe, South America and the African Continent and also have privileged access to the Spanish speaking world. On a recent visit to Spain, this author met with several academics and commentators that stressed the importance of Macau as also a privileged place for the relationship between China and the Spanish speaking world of several hundreds of millions of people across several continents.

The BRI is a comprehensive Chinese initiative of economic development and international cooperation, involving over 100 countries and organizations. It is originally comprised of building connectivity through massive investments in relating infrastructure along 6 overland economic corridors spreading from China into Europe; and the "21st Century Maritime Silk Road", linking China through the Indian Ocean to Europe. Other countries and regions, such as the PSC as mentioned, could be integrating the BRI in the near future.

The BRI is one of the cornerstone of China's development strategy and foreign

---

① Jorge Nascimento Rodrigues, Jaime Figueiredo, "Portugal na nova rota da seda da China", 26/5/2018.

diplomacy, a strategy that connects its domestic economic development agenda with its engagement, at various levels, with the world economy. The most familiar dimension of this initiative is its connectivity program, across six economic corridors, three different continents (Asia, Europe and Africa), over sixty countries, and several high-profile infrastructure projects. But, in its entirety, BRI is much more than the much-needed roads, railroads, ports and high-speed trains that China is helping to build, re-develop, expand, or administer in Pakistan, Central Asia, Greek, Hungary and elsewhere. It is a grand multi-state cooperative project, involving multilateral and bilateral relations, economy, culture, security and people-to-people dialogues.

To finance BRI related projects, China created its own Silk Road Fund (SRF), endowed with 40 thousand million USD. Moreover, the PRC initiated the process that lead to the founding of the Asian Infrastructure Investment Bank (AIIB), a multilateral financial institution based in Beijing and with a total membership of 84 members (latest 19/12/2017), of which 22 are non-regional members, from Europe, Africa, and Central America. The thematic priorities of the Bank are, according to its business plan, promoting green infrastructure and supporting countries to meet their development goals; prioritizing cross-border infrastructure, ranging from roads and rail, to ports, energy pipelines and telecoms across Central Asia and the maritime routes in the South East and South Asia, the Middle East, and beyond, devising innovative solutions that catalyse private capital, in partnership with other MDBs, governments, private financiers and other partners[1]. Some of those PSCs are already founding members of the bank including Brazil, Portugal and Angola. AIIB is endowed with around 100 thousand million USD. It was not created exclusively for the BRI and its geographical scope of activity is clearly the four corners of Asia; the Silk Road Fund, however, a Chinese state-owned fund, has a wider scope of geographical coverage, with Eurasia as a central focus, and providing equity financing, which AIIB does not. The Silk Road Fund also does not provide aid

---

[1] "AIIB 2017 Business Plan and Budegt", https://www.aiib.org.

funds, since it works as a commercial venture. Jin Qi, Chair of the Silk Road Fund in Beijing, said in a recent interview (*Euromoney*, 26/9/2017), the investments from Silk Road Fund follow commercial principles and international rules.

BRI, however, does not mobilize only outward Chinese investment. It is also the centrepiece of economic priority within the provinces and major cities of the Chinese mainland as well as the Special Administrative Regions. Hundreds of infrastructural projects as well as public and private investments in China's domestic economic environment are realized as pertaining to BRI. The two Special Administrative Regions have been given roles appropriate to their features. Hong Kong as a world level financial hub is actively promoting business opportunities along the six economic belts of the initiative, as well as being a prime market for the internationalization of the Chinese Yuan; on the other hand, Macau has centred its efforts towards the Portuguese-Speaking Countries.

3 Macau, the Greater Bay Area, "Belt and Road Initiative" and Sustainable Development

The goals defined in each of those major national undertakings and "The Five-Year Development Plan of the MSAR (2016 – 2020)" are thoroughly connected. The plan said that the implementation of the 13th Five-Year Plan and development of the "Belt and Road initiative", will leverage Macau's unique advantages to play a better role in establishing a trade and economic cooperation services Platform between China and the Portuguese-Speaking Countries and the Belt and Road Initiative[①]. Macau's contribution to the Greater Bay Area would be incorporated with the city's strategic roles as, respectively, a world tourism and leisure centre, and a commercial and trade cooperation platform between

---

① "The Five-Year Development Plan of the Macao Special Administrative Region (2016 – 2020)", https://www.cccmtl.gov.mo/files/plano_quinquenal_en.pdf.

China and the Portuguese-Speaking Countries.

As is well known, the development of the Greater Bay Area (GBA) of Guangdong-Hong-Kong and Macau is aimed at turning this region into a highly competitive world region, a first-class bay area city cluster, by the year 2030.

The Framework Agreement on Deepening Guangdong-Hong-Kong-Macau Cooperation in the development of the Bay Area, signed in July 1st of 2017 witnessed by President Xi Jinping, is a comprehensive document with dedicated chapters to the objective, goals and principles of the multi-party cooperation, binding the central authority of the NDRC, the People's Government of Guangdong and the Regional Governments of HK and Macau SARs. These four parties agree on improving the coordination mechanism and to convene annual consultation meetings to coordinate and resolve major problems and issues of cooperation arising from the GBA development process, among other joint efforts. In regard to the goals of cooperation they are tailored to each regions' characteristics and competitive advantages; as such, the goals set up for Macau are in conformity with previous documents of the Central Government, namely its 12th and 13th Five-Year Plan, as well as the cultural and historical background of the MSAR. Those goals are to: take forward its development as a world tourism and leisure centre; establish a trade and economic cooperation services platform between China and Portuguese-Speaking Countries; establish an exchange and cooperation base with Chinese culture as its mainstream and the co-existence of different cultures; And, fostered the appropriately diversified and sustainable development of the economy.

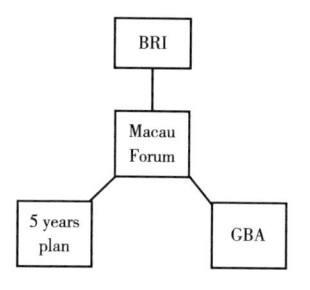

Figure 1　Macau Forum, BRI, GBA, and Macau 5 years Plan

Therefore, the role of Macau as a service Platform between China and the Portuguese-Speaking Countries, or the Macau Forum in its short form, fulfills the triple objective of serving the purposes of Macau's development, "the Belt and Road Initiative" and the development of the Greater Bay Area.

Since that agreement was signed, several steps have been taken in the different jurisdiction of the GBA to implement it, including in Macau. In his address to the Legislative Assembly on 18th April 2018, the Chief Executive Mr. Fernando Chui Sai On underlined that the government was expediting construction of a new Guangdong-Macau boundary-crossing checkpoint and other major infrastructural projects as well as studying closely the facilities for transportation via the Hong-Kong-Zhuhai-Macau Bridge. In the same token, there were initiatives under consideration that would allow Macau citizens of different ages to work and live in the Greater Bay Area. Some practical measures were also considered during the first plenary meeting of the leading group for the development of the Greater Bay Area, that took place in Beijing on 15th August 2018.[①] Those measures include supporting Macau as a platform of traditional Chinese medicine with modern technology; sharply reducing roaming charges for telecommunication services between Guangdong, Hong Kong and Macau; enabling Hong Kong and Macau residents to enjoy greater number of services related with employment and entrepreneurship, following the waiver of work permit requirements on the Mainland for those residents, earlier announced by the State Council. A new government agency was also set up to follow up on the Greater Bay Area and "the Belt and Road" implementation.

The principles of cooperation established in the GBA Agreement are dominated by a catchy phrase: to be led by the market and driven by the government! It means that markets will determine the allocation of resources according to the rules of supply and demand; however, the government will not be a passive onlooker! On the contrary, it will facilitate the flow and optimum distribution of

---

① "CE: Macao's Distinctive Strengths to Get Full Play in Great Bay Area", https://www.gov.mo/en/news/99997/.

the factors of production and essential elements of living within the region. In other words, the governments of these regions together with the NDRC will supply the hardware and software needed for the market to move forward towards the optimum distribution of production factors. These facilitations will have to face some challenges, namely in harmonizing cross border control mechanism, customs clearance, transportation networks, capital circulation as well as people-to-people connection and smooth circulation of human capital. In the meantime, public and private academic institutions and think tanks, are developing efforts to contribute to a clear strategy for Macau's involvement in the said initiative.

Macau's challenge is to be able to address the internal and external needs to fulfil the roles set up by those plans. It will require strong determination and efforts in terms of infrastructure development, educational prominence, cultural attractiveness and diversity, provision of human capital, economic diversification, entrepreneurship and innovation, pooling together public and private resources and know-how, mobilizing all sectors of the society and all walks of life. In regard to the Macau Forum the MSAR must be able to play a more demanding and technically challenging role in the relations between China and the Portuguese-Speaking countries; and to act effectively as facilitator for multi-cultural dialogue based on Chinese culture; while, in the process, continue along the path of economic diversification and building the foundations for sustainable development.

The Macau Forum and the special connection with the PSC's provides additional soft-power for the actions projected for the PSC's under the BRI to be understood by the majority of their respective societies; on the other hand, BRI and GBA provides the Macau Forum with a larger scope and particularly larger market for the PSC's; the Macau Forum finds new incentives to motivate and offer more content and services for its members.

In the meantime, systematic aspects of the Macau's economy and society at large requires restructuring, re-orientation and upgrading in order to be able to face with confidence the tremendous challenges of the present and future. Public opinion must get familiar with the idea that for Macau to be engaged in the aforementioned initiatives and reach successful results, some commitments, financial and otherwise, will need to be taken, by the government and the private sector as well.

With gross gaming revenue (GGR) totalling 33.2 billion USD for 2017[①], a 19.1% year-to-year increase over 2016, Macau's economy seams firmly set on the recovery track with GDP reaching over 50.5 billion USD, a 9.1% increase over the previous year, and per-capita GDP 77596 USD.

As a result of the adjustment processes as well as internal pro diversification economic policies, the contribution of gaming towards Gross Value Added (GVA) of Macau's economic structure fell from 63.10% in 2013 to 47.15% in 2016[②], registering some increase of the relative weight of other sectors, which are significant, namely: real estate [7.13% to 10.60%], construction [2.86% to 5.33%], commerce [5.28% to 5.30%], financial activities [3.94% to 6.90%], rentals and commercial services [3.32% to 4.12%] and hotels and restaurants [4.61% to 5.93%]. Altogether, they contributed, in 2016, 38.18% to GAV, against the 47.15% of the gaming sector, a modest but, nevertheless, significant improvement. Economic diversification is not, however, a walk at the waterfront. It is a high hill to climb, requiring cooperation between government and private sector, balanced policies and a long-term plan, since whatever measures are designed to fulfil those goals, it still has to maintain a stable development of the gaming sector and, ironically built upon its strengths as a market where there is a wide scope of products and services that are required for its daily operations. Therefore, the strategic question is how to link the sustainable development of Macau's economy, with diversification as a component of sustainability, with Macau's responsibilities in

---

① "Monthly Gross Revenue from Games of Fortune", http://www.dicj.gov.mo/web/en/information/DadosEstat_ mensal/2017/index.html.

② DSEC, " Relatório de Análise ' Sistema de Indicadores Estatísticos para o Desenvolvimento da Diversificação Adequada da Economia de Macau – 2016 '", http://www.dsec.gov.mo/getAttachment/4a76d152 – e8e5 – 4c02 – b6b7 – 9b71a22e4a23/P_ SIED_ PUB_ 2016_ Y. aspx, Accessed on 2018/01/06.

regard to its participation in the GBA and BRI, namely in regard to the role of enhancing its contribution to developing the commerce and service platform between China and the Portuguese Speaking Countries, in accordance with its own characteristics and competitive advantages.

In concluding, I would like to stress the need for Macau to develop further efforts in the following directions:

Improving efficiency in the Forum's operations.

Facilitating participation of private partners with 24/7 supports to SME's from China and the PSCs, extended towards doing business in the Greater Bay Area.

Participating in investment projects with sovereign fund (to be constituted) and invest in special financial cooperation, including financial leasing.

Building people-to-people connectivity through culture and tourism.

Building Portuguese language education and communication platforms in Macau, in areas such as tourism, law, professional know-how, specialized translation.

Promoting BRI and GBA to the Portuguese-Speaking Countries and attract investment, talents and knowledge from PSCs to GBA.

Implementing an efficient platform for multi-cultural dialogue.

Using Macau also as a way to connect China with Latin Cultures and the Spanish speaking world.

Consider the ability of Macau to work as a trilingual jurisdiction (Chinese, Portuguese, English) as a competitive advantage. ①

Envisaging the Macau legal systems and the use of Portuguese language as an excellent foundation in making Macau the center for arbitration between China, the Portuguese-Speaking Countries and the Spanish-Speaking Countries.

Preparing Macau for a more important role in the relationship between China and the European Union, through the Portuguese connection, in the unforeseen circumstance that Brexit impacts negatively on some of the advantages that Hong Kong are presently enjoying due to that connection.

---

① Francisco J. Leandro, *Steps of Greatness: The geopolitics of OBOR*, University of Macau, June 2018, p. 268.

Macau and Southeast Asia under "The Belt and Road Initiative"

Gong Xue[*]

The Belt and Road Initiative (BRI, formerly known as "One Belt, One Road" or "OBOR"), is China's grand plan to revive the ancient silk trade routes, both land and sea. Since its inception in late 2013, the BRI has attracted the attention of political leaders, business people, the media, and analysts from all over the world. In March 2015, the Vision and Action Plan of "the Belt and Road Initiative" jointly issued by three state organs listed out the role of Macau Special Administrative Region (SAR) in the BRI. Since then, Macau has prepared and reinforced its position as a "platform for information, knowledge and relationships with China and other countries of the Asian region with Portugal in the European Union, Brazil in Latin America and Portuguese-speaking African countries".[①]

In order to stay ahead, the Macau SAR government has taken several steps to implement the BRI. First of all, on the policy front, since 2016, Macau has prioritized its participation in the BRI in its Five-Year Development Plan as the

---

[*] Gong Xue (龚雪), Research Fellow with China Programme at S. Rajaratnam School of International Studies (RSIS), Singapore。

[①] "New Silk Road Projects Macau as 'Information and Knowledge Platform'", Macau Hub, November 21, 2017, https://macauhub.com.mo/feature/pt - nova - rota - da - seda - projecta - macau - como - plataforma - de - informacao - e - conhecimento/.

platform for "Trade Cooperation between China and the Portuguese-speaking Countries". Macau's importance as a bridge between China and the Portuguese-speaking countries has been recognized and supported by the Central Government.① Second, the Macau government institutionalizes its participation in the BRI by establishing a working committee in the March of 2017. The institutionalization of the working committee was designed to coordinate planning and feasibility studies to promote Macau's position in the BRI.

Third, The Macau SAR government has been actively exploring cooperation opportunities inside of China by focusing on Fujian and Guangdong provinces, which have strong ties to the Maritime Silk Road and Macau. By cooperating with the local governments that have strong connections with the historical maritime silk road, Macau's role as a bridge between China and Portuguese-speaking countries has been highlighted. Macau also has vowed to work firmly under the Guangdong-Hong Kong-Macau Greater Bay Area (GBA).② The Macau SAR government has been undertaking preparatory work to ensure the coordination of the goals between the Five-Year Development Plan of Macau and the GBA.

Fourth, Macau has taken the initiative to approach overseas economies to explore the cooperative opportunities under the banner of BRI. For example, the Chief Executive of Macau SAR, Mr. Chui Sai On has been actively reaching out to Southeast Asian countries such as Thailand and Cambodia. The two sides between Thailand and Macau have agreed to jointly work on the development of "the Belt and Road initiative" by taking advantage of their respective strengths. Those areas for cooperation include trade facilitation, financial intermediation services and people to people connections.

Fifth, in addition to reaching out to explore cooperation potentials, the

---

① Government Information Bureau of the Macao Special Administrative Region, *Macao Year Book 2016*, September 2016, http://yearbook.gcs.gov.mo/uploads/book/2016/myb2016e.pdf.
② "Macau Government Prepares for Guangdong-Hong Kong – Macau Greater Bay Area", Macau Hub, June 29, 2018, https://macauhub.com.mo/2018/06/29/pt-governo-de-macau-prepara-se-para-a-grande-baia-guangdong-hong-kong-macau/.

Macau SAR government also has made relentless efforts in diversifying its economy. While it still excels in building the city into a world tourism and leisure center, it also aims to take part in hosting conventions and exhibitions to promote investment and bilateral cooperation with other countries. Moreover, it has been making progress in promoting Chinese traditional medicine and educational training on the international stage. What is more astonishing is Macau has been developing the integrated circuits and space research supported by the Central government.

The Macau SAR government anticipates that participation in the BRI, particularly in the "21st Century Maritime Silk Road", will help Macau pursue economic diversification, industrial transition and societal development by reducing dependence on its gaming business. While the Macau SAR government and scholars prioritize Macau's unique status as a bridge between China and Portuguese-speaking countries, based on its historical, cultural and economic links with Portugal, the author argues that Macau can play a critical role in Sino-Southeast Asian economic relations.

There are several reasons discussed in the next section.

Macau and Southeast Asia have been enjoying a unique relationship given its close connections with large groups of overseas Chinese in Southeast Asia. Trade and manufacturing investments have dominated the bilateral relationship. Since 2013 when the BRI was introduced, Macau and Southeast Asia have witnessed increasing bilateral trade, although the volume and value are less impressive compared to Sino-Southeast Asian trade. However, from Table 1, we can clearly see Macau has enjoyed an export increase to Southeast Asia since the launch of BRI. As Macau has established a new customs transit mechanism, more products, especially the tropical fruits which Southeast Asia is abundant in producing will transit via Macau before heading to the Mainland.[1]

---

[1] U., Cecilia, "MSAR a Bridge for ASEAN – China Trade", December 30, 2016, http://www.macaubusiness.com/msar-a-bridge-for-asean-china-trade/.

Table 1 Trade Relations between Macau and ASEAN Member States in Million USD as of Oct 2017

2012		2013		2014		2015		2016	
Export	Import	Export	Import	Export	Import	Export	Import	Export	Import
157.02	44.32	196.11	68.73	196.66	80.96	197.0	67.87	236.10	77.49

Source: ASEAN Database.

From Table 2, we can see Macau has increased its foreign direct investment into Southeast Asia dramatically since 2013. It has increased from approximately 8.6 million USD to 180 million USD. Regarding the top 9 investment sectors, Macau's manufacturing dominates the investment portfolio. In particular, the investment from Macau in manufacturing in Southeast Asia increased almost 100 times from 2014 to 2016 (See Table 3). Also, investments in real estate, wholesale and retail trade, repair of motor vehicles and motor cycles, scientific, professional and technical are all increasing. Given Macau's small size and economy, the increase in bilateral trade and Macau's FDI outflows into Southeast Asia showcases it is benefiting from engaging with Southeast Asia.

Table 2 Investment Inflows into ASEAN from Macau in USD Million

Source	2012	2013	2014	2015	2016
Macau	32.97	8.6	12.44	48.95	180.44

Source: ASEAN FDI Database.

Table 3 Inflow of FDI from Macau to ASEAN in Million USD

Economic sector	2012	2013	2014	2015	2016
Manufacturing	2.52	1.74	3.06	33.02	164.33
Real estate	5.45	1.09	6.60	9.71	11.25
Financial and Insurance	0.00	3.42	0.00	1.00	0.53
Wholesale and retail trade; repair of motor vehicles and motor cycles	0.00	0.83	0.01	0.02	1.72
Professional, scientific and technical	0.00	0.59	0.50	-0.57	0.85
Transportation and storage	25.00	0.00	0.00	0.01	0.79
Construction	0.00	0.00	0.02	0.03	0.55
Accommodation and food service	0.00	0.00	0.01	0.01	0.37
Unspecified	0.00	0.00	0.69	0.73	1.59
Total	32.97	7.67	10.89	43.96	181.98

Furthermore, Macau has witnessed increasing passenger traffic from routes of Southeast Asia since it has vowed to build a world center of tourism and leisure. In 2014, passengers taking flights from Southeast Asia accounted for 39 percent of all tourists.① Table 4 shows Southeast Asian countries have increasingly become the top 10 tourist sources for the past few years. Although the number of these tourists are much smaller compared to Chinese mainland and Hong Kong, it is critical to bear in mind that increasing tourists from Chinese mainland opt for Macau as a transiting hub to Southeast Asia. With increasing numbers of the middle class in ASEAN countries, it is believed Macau will witness more visitors to its service and as a transit point to Chinese mainland as well.

Table 4 Top 10 Country/Region Sources of Tourists into Macau as of 2016

Ranking	Country/region	Passenger Volume entering Macau	Percentage
1	Chinese Mainland	20454104	66.10%
2	Hong Kong SAR, China	6419839	20.70%
3	Taiwan, China	1074525	3.50%
4	South Korea	662321	2.10%
5	Japan	300613	1.00%
6	The Philippines	287025	0.90%
7	Thailand	236169	0.80%
8	Malaysia	222809	0.70%
9	The United States	190885	0.60%
10	Indonesia	182467	0.60%

Source: Macau Tourism Data.

All the ASEAN countries are the founding members of the Asian Infrastructure Investment Bank (AIIB) and lend support to join China's BRI. The Chinese leadership has reiterated that the strategic status of Southeast Asia could play an essential role in fulfilling "the Belt and Road" connectivity plans. Considering Macau's unique status and its advantage, Macau could play an important role in

---

① 钟山:《澳门国际机场积极拓展东南亚航线》,澳门国际机场专营股份有限公司网站,2018年4月14日,http://www.macau-airport.com/cn/media-centre/news/news/11252。

the BRI and Sino-Southeast Asian relations.

First, Macau could continue to play a significant role in tourism, promising an exhibition and convention hub for Southeast Asian countries interested in learning tourism, hospitality, and professional service related. Second, Macau is expected to provide financial services such as consultancy, financing, non-traditional financial security in the BRI and economic relations with Southeast Asia. Macau could play an essential role regarding financial security. In this regard, Macau joined the Financial Security Development Alliance that include seven ASEAN member states (Brunei, Cambodia, Indonesia, Laos, Myanmar, the Philippines, Thailand), and Hong Kong in May 2018.

Third, Macau enjoys the advantageous status of hosting a large group of overseas Chinese and other Southeast Asian nationalities. These overseas Chinese have extensive social relations and businesses in Asia and all over the world. With increasing overseas Chinese from across the world involved in "the Belt and Road initiative", Macau could strengthen the engagement with the overseas Chinese community to promote the industry and commerce development in "the Belt and Road".

Fourth, Macau could continuously promote itself as a cultural bridge between China and Southeast Asia in Traditional Chinese Medicine (TCM) and Mazu Culture. Macau has implemented plans to become a hub for TCM as an emerging sector in Macau's economy. As Southeast Asia is one of the largest TCM markets, Macau is expected to take advantage of its long tradition in TCM research and practice. With ISO standards (ISO/TC249) for Chinese medicine established in Macau, it is expected to develop health-related industry in Macau as well.

Fifth, Macau has education and vocational training services that could boost its engagement with Southeast Asia. Macau is well-known for its services such as in hotel management, catering, human resource development and other social and personal services that Southeast Asian countries are trying to develop. Because of this, Macau could provide opportunities for them to receive such education and training. In addition, Macau also boasts advanced research and development (R&D) capabilities that can attract Southeast Asian students. Since 2010, Macau has focused on the R&D of microelectronics. With strong support from Macau SAR and the central government, Macau has already attracted overseas Chinese graduates in developing microelectronics. It is believed Macau could continue to attract other capable Southeast Asian (Chinese) if condition allows.

Historically, Macau has been a critical connecting hub in the ancient maritime silk road for trading and cultural exchanges. In contemporary terms, with the advantages that Macau enjoys under the "One Country, Two Systems", it has been a unique platform to connect Chinese Mainland and the rest of the world. In recent years, Macau has been able to achieve the sustained local economic growth through diversifying its industry, attracting foreign investment, preparing the labour force and investing in education for the market.

Besides serving as a platform to connect China and Portuguese-speaking countries, Macau can also play an active role between China and Southeast Asia. BRI has already boosted Macau's role in the Southeast as a hub for tourism, Chinese medicine, training, cultural exchange and others. It is also a place where a vibrant overseas Chinese community and Southeast Asian community make a living and prosper. Macau, despite its small size, it will continue to strengthen connections between this region and the rest of the world.

澳门社团与"一带一路"民心相通工程建设

谢寿光[*]

习近平主席2013年提出的建设"21世纪海上丝绸之路"和"丝绸之路经济带"倡议，经过5年多的全面推进实施，得到世界各国的广泛认同，在"一带一路"建设的政策沟通、设施联通、贸易畅通、资金融通、民心相通这五大核心领域均取得不同的进展，正进入深度推进的阶段。其中，民心相通工程建设的地位和重要性愈加凸显出来，民心相通工程成为"一带一路"建设的社会和民意基础。

实施"一带一路"民心相通工程的主体不仅仅是政府、企业，同时还有各类社会组织。社团和社会组织具有民间性、公益性、志愿性、平等性、灵活性的特点，更容易得到"一带一路"沿线国家民众的接纳和认可，更具有亲和力，利于沟通民心、增进理解，营造友好的社会氛围，发挥独特的优势和作用。澳门因其独特的地理和人文历史因缘，社团组织高度发达，理应在"一带一路"民心相通工程中发挥不可替代的作用。

一 澳门社团发展的基础和现状

澳门由于历史的原因，社团组织高度发达，形成独特的"社团社会"。澳门社团组织分布在各个领域和阶层，涵盖了各项社会事务，衍生出"拟政府"的功能，成为管理社会、发展社会经济的重要组成部分，并形成一个与正式权力并行的治理网络。

---

[*] 谢寿光，教授，中国社会学会秘书长、社会科学文献出版社社长。

1999年澳门回归祖国，成为特别行政区，社团组织经过近20年的转型发展，形成独特的社会资本优势。

在社团数量上，数据显示，至2015年末，澳门共有注册社团7132个，其中，有1722个社团建立于1999年回归之前，回归后的十几年间，新增注册社团5410个，占现有社团总数的75.9%，按时间计算，平均每1.08天即成立一个社团。回归近20年，新成立社团超过以往100多年的全部社团存量之和，发展之快令人惊讶。

在社团种类方面，澳门社团类别繁多，各具特色。按照领域可以分为工商类、教育类、文化类、学术类、慈善类、专业类、宗教类、体育类、政治类等14种不同类别。近20年来，体育类、文化类、学术类、联谊类和工商类社团成为发展最多及增长幅度最大的5类社团。就澳门社团的形式而言，既有单一型，也有复合型；既有行业性社团，也有跨行业社团；既有互益性社团，也有纯公益性社团；既有历史悠久的传统型社团，也有新近崛起的现代型社团。最近几年，以青年群体社团为代表的新兴类型社团，以网络虚拟平台为媒介，发展极其迅猛，也反映了回归后澳门青年群体自身意识的觉醒。

在社团密度上，以2015年末的7132个社团及当年64.68万人口计算，澳门社团密度约为110.3个/万人，即每91人就拥有一个社团，数量之多与密度之高，已经可以与许多西方发达国家相媲美，甚至有所超越。如果不以全部居住人口，单以澳门常驻居民数量计算，社团密度在全球当属名列前茅。

澳门社团组织的蓬勃发展，得益于回归之后GDP的迅猛增长，社团的发展也反映了澳门经济、政治、社会、文化等领域取得的瞩目成就。进入新时期，澳门社团组织国际化、专业化的趋势越来越凸显。因此，在"一带一路"倡议的蓝图中，澳门社团积极参与"一带一路"民心相通工程建设，与沿线城市和地区展开合作，成为深度推进"一带一路"建设的重要补充力量和沟通桥梁，具有不可替代的作用。

二 澳门社团在"一带一路"民心相通工程建设中的主要着力点

（一）与"一带一路"沿线国家的华人华侨社团合作

澳门社团近年来积极参与国际化的社会事务，与"一带一路"沿线城市与地区的华人华侨社团组织有良好的合作基础,也有专业口碑。"带路"国家当地的华人华侨社团熟悉当地社会环境,容易融入当地主流社会,在居住国有一定的影响力。因此,通过澳门社团与当地华人华侨社团合作,拓展与当地主流社会的沟通渠道,将有利于促进中国展开公共外交,推动与沿线国家民众"民心相通"的发展。

(二) 发展慈善事业

澳门社团组织可以把公益慈善、社会援助作为切入口,在政府、市场之外,开辟一个中国与"一带一路"沿线国家交流沟通、增进情感的新渠道和新桥梁。不仅能切实地惠及当地普通民众和困难人群,而且能塑造华人乐善好施、热心善良、热爱和平的形象,提升中华民族在当地民间的口碑印象,有助于消除西方话语体系中对中国的误读,传递一个真实的中国。

(三) 有针对性地支持青年、妇女、扶贫等领域的发展与合作

澳门文化、教育、学术、卫生等领域的社团组织数量最多,活力旺盛,且具有很高的专业化水平和服务经验,能够与国际接轨。"一带一路"沿线国家多为发展中国家,迫切需要科教文化领域的支持与建设,澳门社团可以把此类领域作为切入点,在开展服务的同时,与"一带一路"沿线地区群众沟通民心、融洽情感,提升其对"一带一路"和中国形象的好感度。同时,可以有针对性地在妇幼健康、青年发展、就业与社会保障、扶贫、反家暴等重点关注领域推动澳门社团组织与其他国际组织和当地社会组织的合作,开发有特色、有亮点的创新合作项目。

三 关于鼓励澳门社团组织参与"一带一路"民心相通工程建设的几点建议

1. 把澳门定位为"一带一路"的重要节点城市,打造为社会组织参与"一带一路"民心相通工程的平台和孵化基地。在共商、共建、共享、共赢的原则下,建立澳门社团组织参与"一带一路"建设的交流合作网络平台,建立社团组织之间的常态合作与沟通机制。

2. 设立澳门"一带一路"民心相通工程建设基金，用于支持澳门、内地、华人华侨和"带路"国家社会组织参与民心相通工程建设。

3. 在澳门"一带一路"民心相通工程基金会之下设立"一带一路"民心相通工程研究基金，对"民心相通"工程做先行性的深入研究，并建立数据平台。

4. 要着力培养一批具有国际视野和国际通识的社会组织专业服务人才。充分总结国内外援助经验、专业化技能以及相应的实践探索，建立系统的援外培训教育支持体系。

5. 建立起以社区为基础的公共治理、国际合作、志愿者管理、公共沟通、个案管理、捐赠管理等行动指南和符合国际人道主义的规范标准。

总体来说，需要充分发挥澳门社团组织在"一带一路"沿线国家实施"民心相通"工程的优势，重点提升澳门社团组织参与民心相通工程建设的动力和能力，形成立体的、有组织的、有规划的社团组织方阵，在行动上相互补充、各有专攻地去开展民心相通工程的建设，使之建设成中国与"一带一路"沿线国家"民心相通"的重要桥梁和平台。这对于中国"一带一路"倡议的实施，对于维护"一国两制"方略，都有重要意义。

粤港澳大湾区助力海上丝绸之路建设的对策研究

申明浩[*]

粤港澳大湾区规划一个最重要的背景是支持港澳融入国家发展大局，巩固和维护"一国两制"的基本国策，发扬"一国"的优势，减少"两制"的摩擦。香港近年来有被新加坡赶超的势头，其产业空心化造成的就业两极化问题也较为突出。瓶颈在于外国资本认为香港在中国体系内，却未有效融入中国体系，其高端服务业与珠三角发达的制造业未能有效融合，从而动摇了香港赖以高速发展的双向超级联系人地位。

今天的内地不是40年前的内地，所以今天的香港也不能是40年前的香港。40年前香港作为超级联系人招商引资到内地做加工贸易，催动珠三角世界工厂的形成，促进国内技、工、贸的产业发展模式。2000年后深圳率先扬弃技、工、贸这种当时盛行的发展模式，改为向硅谷、以色列学习"风险投资+高科技"发展模式，取得巨大成功，如今的粤港澳大湾区聚焦于科技创新产业，香港的连接角色也应有所转变，应聚焦于世界资金与科创产业的连接。

一 粤港澳大湾区的三个目标定位与三重关系

香港目前的瓶颈在某种程度上是关境障碍导致的，如果要素可以在

---

[*] 申明浩，粤港澳大湾区研究院院长，广东外语外贸大学教授。

内地与港澳快速自由流动，让香港与深圳、广州、东莞、佛山这些地方的要素自由流动，香港的服务业与珠三角发达的制造业体系结合起来，共同向高端升级，香港就不存在产业空心化这个问题了。这也是解决港澳现在的问题和困难，服务港澳未来更好地发展，同时服务内地更好地"走出去"的重要机遇。

所以，粤港澳大湾区第一个定位是区域协调发展的一个模板，要打造与港澳能够协同的机制，港澳与珠三角协同、港澳与内地协同、产业之间的互相协同以及政府间的协同，尽可能发挥"一国"的优势，减少"两制"的摩擦，打造粤港澳区域共同体。

粤港澳大湾区第二个定位是世界级的开放平台，粤港澳大湾区是中国开放度最高的区域，在中国逐渐步入世界舞台中央的过程中，应率先打造对外开放新格局，建设为"一带一路"的重要支撑区，引领中国开放型经济新体制建设。

粤港澳大湾区第三个定位是世界级科技创新中心，包括高端产业的集聚、高端要素的集聚、高级人才的集聚等，汇聚全球高级资源要素，推动湾区创新产业生态群落建设。

粤港澳大湾区包括内部、外部、双向三重关系。一是内部关系。促进湾区内11个城市融合，尤其是港澳与珠三角的融合，改变过去城市竞争以邻为壑的心态，跳出各自城市本身，要有宏观视野、大湾区格局，背靠中国大市场，立足大湾区，配置全球资源，引领高端发展。

二是外部关系。辐射带动泛珠三角、广大内地增长，利用湾区增长极功能，推动高级要素资源、高端产业向内地辐射，带动区域协调发展。

三是双向关系。以大湾区为整体，发挥连接世界与中国的超级联系人作用。

二 探索粤港澳大湾区建设的联、通、融路径

（一）互联是大湾区建设的物质基础

珠三角地区以前的科技资源属于中低端，依靠廉价劳动力建立的"世界工厂"，未来必然要走向产业的前端，进行产业技术创新。

从区域关系上来看，粤港澳城市间也将重构关系，随着交通的互联，中心城市将进行产业扩散和区域扩散，像广东省就投入了 4.8 万亿元建设交通基础设施。中国基础设施建设的经验是值得在全球推广的。1998 年应对金融危机时，我们大力建设了高速公路，公路的运行效率提高使得货物贸易量迅速增加，为 2001 年加入 WTO 后中国迅速成为货物贸易第一大国奠定了硬件基础。到了 2008 年，我们又建起了高铁网络，高铁的运营效率使得高端人才流动和产业技术升级有了更好的基础。如今，大湾区"一小时生活圈"已经基本实现，交通改变了人们的居住习惯，城市化集中式居住已成为全球趋势，世界上 60% 的 GDP 集中在海湾地区，70% 的人口集中在海岸 100 公里范围内。从中国房地产交易的数据来看，全国 50% 以上的房地产交易额集中在三大城市群和六个主要城市。这种趋势使得超大城市集中更多的人口、更多的资金，从而形成一个消费中心，引领资源的配置。然而，这就带来一个问题——城市间互联互通之后，绝不能把资金导入房地产，因为实体行业本身金融成本就高，中国的物流和金融成本都是美国的 2~3 倍，资金流向房地产对实体产业及科技创新是不利的，未来必须打破这种局面。

《2017 胡润大中华区独角兽指数》收录大中华区范围内共计 120 家独角兽企业，整体估值超 3 万亿人民币。其中，北京是大中华区独角兽企业最多的城市，共有 54 家企业上榜；上海有 28 家、杭州有 13 家，分列第二、第三位。大湾区只有 14 家：广州有 3 家、深圳有 10 家、东莞有 1 家，粤港澳大湾区科技与金融的结合，还有很大的发展空间。科技领域需要资本的流动，我们资金投入科创领域的比例有待提升，粤港澳大湾区的风险投资年交易额是 26.7 亿美元，而硅谷则达到 267 亿美元，斯坦福大学就孵化了许多高科技创新企业，大企业再孵化更多小企业。广东要打造广深科技走廊，包括珠江西岸的装备制造产业带，在金融和科技的结合下，未来将会迎来美好的发展前景。

除了内部金融、科技、产业资源的互联共享之外，珠三角与港澳应如何发挥自身优势，引领中国的产业进行国际战略对接呢？中国正在步入世界舞台中心，粤港澳大湾区应发挥其重要的联通与枢纽作用，这就是我们的目标，而且我们有能力做到。除了硬件基础设施的连接，还需要软件基础设施的联通，包括营商规则、通关程序等制度安排，以及衔接供求方的供应链环节。全球供应链的衔接能促使全球 GDP 增长 5%，而落实贸易协定带来的经济增长，实际上只有 1%。供应链的衔接，大湾区恰恰是最有实力的，因为全国 80% 的供应链龙头企业都集中在大湾区。珠三角地区很多企业都是供应链龙头企业，具有很强的整合生产能力。香港有全球供应链的整合能力以及全球运营能力，这正是我们要开展离岸贸易、建设自由港最重要的基础。有了这样一个支持，我们有能力把全球互联工作做得更好。

（二）互通是发挥粤港澳三地互补优势的必经之路

互通最重要的是要素市场畅通，集中高级要素来支持创新创业，包含资金端和项目端两边。

从资金端来看，香港确实吸引了国际资本，香港一直排名世界 FDI 流量经济体前 5 位。香港银行体系有 10 万亿元人民币的资金。港交所有 34 万亿元人民币市值。如能把资金调动配置到内地和香港科创产业，应是一大幸事。

一方面，我们通过 CEPA、自贸区等制度安排设想利用港澳资金服务内地科创企业，但事实上有很多障碍，存在大资金小流通、小企业高门槛等问题。因为外汇有管制等问题，能进入内地市场的很小，这两年跨境贷是自贸区改革的一大亮点，但表现最好的前海现在也只是停留在千亿左右。

另一方面，香港本土资金雄厚，也有世界级的研发资源，5 所大学进入全球百强，然而香港没有独角兽企业，全球评选的 220 家独角兽企业中，中国进入 59 家，没有香港企业；胡润研究院所评的 120 家中国独角兽企业中也没有香港企业。这是什么原因导致的？众所周知，香港金融和地产机会多、收入稳定，香港人工和租金高企也挤出了创业活动；香港资金主要是家族资金和国际游资，多寻求快进快出，不愿意投入高风险、回报期长的创业项目。所以，即使资金能实现与内地互通，也要避免进入地产和虚拟经济，现在深圳地产沉淀的资金有 30 万亿元，全国 300 万亿元，地价高企反而会抑制创业创新，金融稳定工作会议对此专门有所规制。

从项目端来看，打通研产融创环节，让资金多流入创新创业环节，是新时代互联互通的重要抓手，是香港在新时代超级联系人的新定位。香港有世界级的研发水平和巨量的资金，关键是研发如何产业化。比较出色的案例是大疆，香港大学实验室研发和香港融资，在深圳产业化，创造了 Flying Camera 的跨界产品，产品行销欧美市场，占据了 80% 的市场份额。还有一个案例是港资企业顺丰速运，本来是做顺德和香港之间的快递业务，现在发展成深交所最大的上市公司。我们看到香港不是不产生独角兽企业，而是独角兽企业不在香港落地。这与香港市场本身狭小、必须依托内地大市场有关，所以现在粤港招商引资位置互换。过去广州、深圳在国际上招商讲的是毗邻港澳，现在香港在世界上招商可以讲毗邻深圳。因为广、深、莞、佛集聚世界最大、最全的硬件产业链，加上势力雄厚的软件和互联网产业，形成三位一体的生态闭环。在香港做智能产业、智能终端的开发，背靠珠三角巨大的产品配套，比世界上任何地方都更有产业链优势。

所以，香港立足粤港澳大湾区，背靠祖国大市场，发扬本土优势，不仅要做好国内外超级联系人，而且要做好研产融创的超级联系人，未来可能会涌现一批金融科技、互联网应用和智能终端等方面的独角兽企业。

（三）互融是粤港澳三方体制机制相互借鉴的方向

香港长期位于全球营商环境排名前5位，内地则徘徊在70位上下。湾区营商环境应接轨香港商事规则，进一步推动湾区投资贸易规则一体化，加快社会治理相互借鉴、信用互认互用，最终形成统一大市场和区域共同体。

香港近年来科创产业发展不力，与香港特区政府研发投入和信号传递不无关系，香港研发投入占GDP比例为0.79%，珠三角为2.5%，深圳超过4%。而且香港的投资研发乘数效应与其他地区也有差距：投入1元研发，香港能撬动社会资金0.8元投入研发，新加坡可以撬动2.1元，深圳则高达6.7元。香港风险投资氛围也有问题，每年风险投资交易项目不到20项，风险投资交易额小（2.6亿美元），而深圳的风险投资交易额是17.6亿美元，广州的风险投资交易额是5.6亿美元。所以，互融过程还需要三地政府相互借鉴，推动有效市场和有为政府的结合，促使湾区各地政府加大研发投入，提振研发投入的信号和信心。

三　打通产学研用环节，推动粤港澳大湾区成为全球智能革命引擎

500年前，牛津大学、剑桥大学是冲破中世纪黑暗的文明之光。200年前，洪堡是现代大学的奠基石。现在哈佛大学、耶鲁大学是当代科学研究的

殿堂。粤港澳大湾区的高校也应该成为引领未来大学发展的智慧之力。

历史上，美国经济的几次转型升级都与重大科技进步密切相关，而大学在其中发挥了重要作用。比如，被称为"航天引擎"的加州理工学院推动了航天科技的快速发展，麻省理工学院引领了电子科技的发展潮流，斯坦福大学奠定了软件产业发展的基础。依托大学开展原始创新是大多数发达国家的成功经验，而发展核心技术，实现从"跟跑"到"领跑"的升级，也是粤港澳大湾区高校责无旁贷的任务。深圳大学马化腾团队创办出腾讯引领互联网革命，香港科技大学李泽湘教授带领的"80后"汪涛团队创办大疆无人机，都在开启湾区科技革命之门。

世界经济史表明，每一次工业革命都会催生一个世界级湾区崛起，蒸汽革命带动了伦敦崛起，电气革命带动了纽约湾区崛起，信息革命则带来旧金山湾的崛起。当前的第四次工业革命正在全球蓬勃兴起，世界各国都在抢占智能产业制高点。粤港澳大湾区抓住智能产业革命带来的机遇，将是中国抢占科技产业制高点的关键。

研发资金多而中间成果转化弱是目前中国科技产业发展所面临的普遍问题，研发资金往往是有保障的，重点是中间成果转化的死亡谷缺乏支撑，这得靠金融创新来突破瓶颈。而金融创新是湾区的重要崛起动力。股票交易所推动伦敦和纽约湾区发展，主银行制度带动东京湾大工业财团发展，风险投资是旧金山湾高科技企业发展的基石。粤港澳大湾区有条件打造成继纽约金融中心之后的第二大金融中心，香港长期处在世界第三大金融中心位次（按照经度来看，纽约、伦敦与香港存在日夜区隔的互补优势），深圳有潜力成为中国版纳斯达克，广州有机会成为"一带一路"重要的航运金融中心和产业金融中心，金融中心结合科技中心的优势，将助推粤港澳大湾区成为全球未来产业革命中心。

大时代和大格局下的"一带一路"以及港澳的机遇

方 舟[*]

一 "一带一路"倡议的提出

习近平主席在 2014 年 APEC 会议上曾提出:"大时代需要大格局,大格局需要大智慧。"2013 年提出的"一带一路"倡议即是在新的时代背景、全球格局下极具智慧的"中国方案"。

中国的发展也进入了一个新时代,朝着"两个一百年"的发展目标努力,希望到中国共产党建党一百年之时(2021 年前后)全面建成小康社会,到中华人民共和国建国一百年时(2049 年前后)建成社会主义现代化强国。

虽然以中国为代表的新兴经济体正在蓬勃地崛起,但是现时世界总体的秩序格局仍维持着冷战结束后所形成的美国主导模式,发展中国家在国际事务中的话语权仍然不足。正在崛起的中国有责任促进世界政治和经济秩序的改革,并有理由争取符合其经济发展地位的话语权和影响力,推动国际秩序和治理体系的重构。近年,中国主导成立的亚投行、金砖银行等新型国际组织,都体现了中国建立一种更加合理化的国际格局的愿望和努力。

"一带一路"倡议借用了古代中国与世界交流的文化符号,从而传递出

---

[*] 方舟,香港一国两制研究中心研究总监。

中国所倡导的国际新格局。这一新的世界格局将不同于美国二战后建立的霸权体系，而是强调和平、合作和共享的发展原则。通过柔性的文化符号，中国站到历史和价值观的制高点上，"一带一路"倡议获得了很多国家的认同。

从韩国政府加入亚投行的声明中，可以看到新兴国家对国际政治经济新秩序的渴望："亚投行是韩国可以作为主要国家参加创始的第一个国际金融机构。韩国有必要在国际社会积极承担能体现韩国经济地位的责任。"韩国虽然是美国在亚洲的重要政治军事盟友，但想建立一种新型的平等、能够反映自身实力而不是仅为美国从属的国际关系的愿望跃然纸上。"一带一路"倡议为这些国家推动新型国际关系提供了一个机会。

中国通过"一带一路"倡议发展多边关系，将为中国的整体外交尤其是中美外交关系的再平衡提供更多的空间。同时，中国虽然扮演"火车头"的角色，但与其他各国均是对等的关系，"一带一路"倡议是开放的，力求参与各方的平等共赢、共享繁荣。

二 "一带一路"倡议的主要内容

目前，"一带一路"倡议欢迎各国参与，采取"一国一策"，给予与中国关系紧密的国家更加实实在在的好处。

（一）丝绸之路经济带

根据目前的规划，"丝绸之路经济带"将重点打造六大经济走廊，包括最北部的中蒙俄经济走廊，从中国东部出发至新疆再到中亚、欧洲的新亚欧大陆桥，从新疆出发经中亚至伊朗、土耳其的中国—中亚—西亚经济走廊，中巴经济走廊，孟中印缅经济走廊，以及中国—中南半岛经济走廊。

中蒙俄经济走廊。处于中蒙俄经济走廊的欧亚大陆桥已经有100多年的历史，通过铁路贯通欧亚地区。未来在欧亚大陆桥的扩展中，面临着中国和俄罗斯的铁路轨距不同的技术性难题。中国和欧洲使用1.4米标准轨距，前苏联国家使用1.5米的宽轨，而法国及其在东南亚的铁路和日本铁路则使用米轨，这使得目前的火车在通过不同地区时要进行换轨。

新亚欧大陆桥经济走廊。目前在该经济走廊中已开通了贯通欧亚大陆的货柜班列。传统上，货物通过海运从中国到西欧要 45 天，空运虽然速度快，但其成本高达海运的 5 倍。新开通的货柜班列则在合适的成本水平上（比海运贵两成）将运输时间缩短至 14～18 天。

中国—中亚—西亚经济走廊。新疆喀什聚集了众多的维吾尔族人，是中国重点发展地区。目前，南疆的铁路以喀什为终点，中国希望将该条铁路从喀什继续延伸，穿越吉尔吉斯斯坦、乌兹别克斯坦、土库曼斯坦、伊朗、土耳其再到欧洲，贯通整个中国—中亚—西亚经济走廊。中吉乌铁路是该项目的重要组成部分，但中国在推动实施该铁路建设项目的过程中面临地缘政治上的难题。

中巴经济走廊。中巴经济走廊被誉为"一带一路"交响乐中的"第一乐章"。长期以来，基于中国与巴基斯坦之间的睦邻友好关系，双方已在政治、经济、文化等多个方面开展了深入的合作，建立了"全天候"的友谊。"一带一路"倡议提出之后，中巴经济走廊成为先行试点区，并优先启动了瓜达尔港建设项目，并将在交通基建、能源管道、产业园开发等方面进行合作。

中巴经济走廊虽可为中国提供一条战略性运输通道，但由于地理因素的限制，其开发难度较大。中国和巴基斯坦之间的克什米尔地区地势极高，两国之间的红其拉甫口岸海拔高达 5000 米。目前，两国已达成协议，在红其拉甫口岸到巴基斯坦的哈维连之间建造相当于中国二级公路标准的公路，在巴基斯坦境内的白沙瓦到卡拉奇之间，由中国援助投资的双向六线高速公路已投入建设。

此外，在巴基斯坦内部还存在一定的地缘政治问题。巴基斯坦境内的东部地区为经济发达的旁遮普省和信德省，而处于西部的西北边境省和俾路支省则较为落后。但中国投资建设的瓜达尔港处于西部的俾路支省，因此在巴基斯坦内部对于建设中巴经济走廊存在走东线还是西线的争议。为此，中国承诺以"先东后西"的发展方式，保证巴基斯坦的东西部地区均能受益于中巴经济走廊的建设。

孟中印缅经济走廊。孟中印缅经济走廊将从中国的云南出发，延伸至南亚国家。中国在缅甸投资项目包括石油和天然气管道、中缅铁路（暂时搁置)、莱比塘铜矿以及密松水电站。但由于缅甸政局不稳定以及其内部的民族问题，这些项目的进程受到了一定程度的影响。

中国—中南半岛经济走廊。中国—中南半岛经济走廊分为三条线，西线经缅甸，中线穿越老挝和泰国到新加坡，东线从越南、柬埔寨到新加坡，从而形成泛亚铁路网。

(二) 21世纪海上丝绸之路

"21世纪海上丝绸之路"是目前贸易量最大、发展最为成熟的线路之一。中国已在"21世纪海上丝绸之路"沿线投资或者运营管理众多港口，包括马来西亚关丹港、斯里兰卡科伦坡港、缅甸皎漂港、以色列海法港以及希腊的比雷埃夫斯港、意大利的那不勒斯港等。其中，希腊的比雷埃夫斯港由中国的中远公司管理运营，作为亚洲到欧洲的转口基地。此外，中国亦探索北极航道，打通货运新航线。

(三) 合作项目

目前中国在建筑工程、高铁、核电等领域处于全球领先技术水平，并将相关技术积极输出到世界各个地区。包括匈牙利—塞尔维亚—希腊比雷埃夫斯港高铁、波罗的海三国—波兰—德国高铁、埃塞俄比亚铁路以及南美洲两洋铁路等众多中国负责的高铁项目已经敲定或正在积极商讨。

此外，中国在海外积极投资建设产业园区，目前在全球已经建立了70多个境外工业园区和产业园区，其中绝大部分的产业园区分布在"一带一路"沿线。这些产业园区将带动当地的就业和经济发展，较受当地欢迎。

三 "一带一路"建设下的港澳角色

港澳基于自身的发展优势可以在"一带一路"建设中发挥重要的作用，亦可为巩固自身的竞争力提供新的机遇。

(一) 参与国际组织运作

"一带一路"建设的构思是以现有的合作平台（例如东盟、上海合作组织）为基础，并通过丝路基金、亚洲基础设施投资银行、新开发银行（金砖银行）、上海合作组织银行等机构，在资金上对各国的合作项目给予支持；可凭借目前香港作为国际金融中心的优势，争取将上述机构有关资金运作、市场运营的部门设在港澳，以加强港澳的参与。

（二）推荐港澳专业经验和人才

"一带一路"沿线多采取交通走廊加沿线土地开发的模式，港澳在这方面具有丰富的经验。港澳亦拥有大量国际化企业以及金融、会计、法律等领域的专业人才，国际经验丰富，对很多国家的文化、经济、投资贸易等领域都十分熟悉，且在各地有广泛的网络。港澳企业和专业人士，可以和国家发展改革委、商务部等相关部门协调配合，在"软实力"上协助国家在"一带一路"沿线投资，令港澳的企业和专业人才可以在更大的市场上发挥才能。港澳特区政府可搭建相应的交流机制，将国家发展改革委有关"一带一路"的项目库、企业"走出去"投资意向的讯息，与港澳企业在对外投资、在东南亚地区的经商经验、可提供的服务等方面的讯息进行配对，支持港澳的企业和专业人才把握发展机遇。

（三）发挥超级联系人角色

为配合"一带一路"建设下"引进来"和"走出去"双向经济发展战略，充分利用港澳的外联网络，可考虑由香港贸易发展局主导设立商务联络及服务中心，提供平台，集中引入内地及"一带一路"沿线国家有关招商宣传、企业登记注册等领域的主管部门，在该平台集中提供有关商务投资咨询、企业注册等一站式服务。为内地和沿线国家之间的双向投资提供支持，发挥港澳"超级联络人"的角色。

融入"一带一路"建设，实现澳门新的发展

邱晓华[*]

"一带一路"建设是构建人类命运共同体的一项重要措施，不仅有利于中国的发展，而且有利于"一带一路"沿线国家和地区的发展。共商、共建、共享，是实施"一带一路"建设的重要原则，给参与建设的各方提供了难得的发展机遇。澳门作为一个国际性开放城市，作为"21世纪海上丝绸之路"的一个重要节点，具有许多有利条件参与"一带一路"建设，实现澳门新的发展。

澳门如何抓住"一带一路"建设机遇，实现新的发展？需要综合考虑澳门自身特点与"一带一路"建设的需要，选准方向，互利合作，重点发力，求得实效。澳门自身的特点是地域狭小、资源禀赋不足，但国际化程度高，中西文化融合，与葡语系国家联系紧密，区域金融实力较强，休闲旅游服务设施完备，与大湾区其他城市同根同源，血脉相通、文化相同、语言相通。为此，澳门除了借助建设世界旅游休闲中心和中国与葡语国家商贸合作服务平台发挥重要作用外，可以也应当在以下几方面更好地发挥作用。

一是打造中国"开曼群岛"，为中国资本和全球资金服务。

澳门可以考虑建立类似于开曼的离岸金融中心，提供保密及政策优惠等服务，还可以从事离岸银行、离岸保险、离岸证券、投资信托、船舶、特殊目的机构、离岸私人银行、IT等领域的业务，服务中国和全球企业投资的

---

[*] 邱晓华，澳门城市大学经济研究所所长。

需求，便利资金的流通。

澳门建立离岸金融中心，第一个好处是考虑到澳门经济的特点，能突出本地制度、社会方面的优势。离岸金融业对地理条件、资源禀赋、空间的要求相对较低，但同时利润较高。澳门的金融业具有一定基础，并不选择建立全球性的离岸金融中心，也不提供全面多样化的金融中介服务，而是提供专业化的服务以及国际金融方面的优惠条件，从中获得高的税收和收益。第二个好处是能够处理好与香港、深圳的错位竞争。仅仅利用和香港临近的区位优势来便利自身业务的开展。第三个好处是离岸金融中心服务的产业关联度强、可拓展空间大，能够建立融资、投资、资金借道的关键节点，对澳门也是一个好的选择。

二是打造以中华文化为主流、多元文化共存的文化交流合作基地。

"一带一路"建设的一个目标是构建中国的对外开放新格局，中国文化的输出与融合是中国对外开放非常重要的一环。

澳门文化是以中华文化为主、兼容葡萄牙文化的多元共融文化，作为中西文化交汇之地，澳门建立中国对外文化交流的平台具有天然的优势。从基础设施等硬件来看，随着粤港澳大湾区内高铁、高速公路和港珠澳大桥的进一步完善，大湾区内互联互通程度提高，澳门文化交流的辐射半径将更大。高频率的文化交流活动能为澳门引来更多的游客。文化艺术交流与澳门现有的会展行业和旅游行业相结合，为产业延伸提供多种可能性，一个例子是高端艺术品的拍卖可以增加澳门财富管理行业的吸引力。

具体来说，澳门可以定期或不定期举行多项中国文化与多元文化的交流合作活动。文化活动的类型可以涵盖民间传统工艺艺术、绘画书法、电影节、时装节、音乐节、艺术演出等多方面的内容。文化活动规模也应该包含不同层次，从国际性、区域性的，到国别性甚至小规模专业性的活动。

与此同时，可以在"大娱乐业"概念下寻找其他有发展潜力的行业，例如，依托大湾区科技企业的创新，在澳门建立多类型的VR体验馆、航天科技和其他尖端科技的大众消费场所等，寻找产业和消费市场之间的结合点。

三是设立投资基金，积极参与"一带一路"基础设施建设和产业升级。

澳门回归祖国以来，经济持续繁荣，积累了较为充裕的财政资源，2017年末，财政储备达到4900亿澳门元。这是一笔宝贵的资源，既可以为澳门经济社会的发展提供支持，也能够为参与"一带一路"建设提供必要的支撑。考虑到在建设进程中，城际铁路、港口码头、清洁能源等基础设施的共建共享是一个重要内容，澳门可以借助特区政府资源，利用市场，以投资基金形式积极参与相关地区和国家的基础设施建设，实现财政储备的更有效利用和更合理回报。

此外，还可以产业基金、创新基金等形式，积极参与"一带一路"金融产业、高端制造业、生物医药产业、集成电路产业、生态与观光农业、新材料、新能源以及科学研究与应用等新兴产业和支柱产业的发展，拓展澳门的金融辐射力。

四是完善政策机制，密切与中央政府和国内其他地方政府的政务联系。

"一带一路"建设需要政府、其他组织机构、企业、民间等多个层次进行协调和推动。政策对接是其中非常重要的一环。一方面，澳门要与粤港两地政府之间实现职能的整合和协调，形成并提高行政合力。另一方面，澳门可加强与国家发展改革委、财政部、国家税务总局、民政部等部委沟通，便利多层面、多领域、多渠道协调、统筹和处理问题，并将高层联席会议常态化，建立快速直接的沟通渠道。

五是展开国内地区合作，拓展澳门的生存与发展空间。

澳门是小微经济体，产业相对单一，城市发展空间有限。澳门可以把握"一带一路"建设的合作机遇，通过与内地合作解决目前土地空间不足的问题。第一个层面是与中山、珠海建立"一小时生活圈"；第二个层面是澳门与广东省、福建省开展合作；第三个层面是澳门与葡语国家的经贸合作。还可以利用澳门社团众多的优势，建立社会广泛参与的城市间、企业间、社区间的合作机构，为澳门利益发声，提高对其他城市的影响力。

因此，需要继续加强和完善澳门基础设施建设，包括航空、高铁、城际公路、城市轨道、海运在内的综合交通体系建设，便利旅游休闲人群的流入流出。需要加强信息网络硬件投入，建立特定的交易平台和信息系统，提供便捷的电子商务和信息流通渠道，提高澳门信息化水平，提高当地群众的生活质量，提高游客的舒适度与感受水平。

六是吸引和培育人才，为"一带一路"建设提供人力资源支撑。

"一带一路"建设需要大量的国际化人才。澳门教育设施相对发达，本地高校资源具备为"一带一路"建设提供人才教育培训的条件。特区政府需要继续努力，国家也应当积极鼓励，允许澳门高校扩大招生范围，澳门自身也需要更加主动，不断充实教育内容，完善教育体系，把澳门打造为"一带一路"建设的一个重要教育基地。与此同时，澳门为适应融入国家发展大局的需要，应当加快人才市场的开放，这可以参考深圳经济发展中的经验，提出"来澳门的都是澳门人"的理念，本地居民和移民共享澳门的市场环境。澳门特区政府鼓励在澳创新创业，提供宽松的市场环境，移民通过自身努力来为自己创造福利。澳门特区政府也可以通过个人税收减免，提供优越的生活环境及研发基地，吸引高端技术人才，在澳门进行研发后转让研发成果，或对接广东的制造业基地。

发挥旅游产业优势，构建连接"一带一路"的桥梁

陈广汉*

16~19世纪，澳门在海上丝绸之路中扮演过重要的枢纽角色，当时海上丝绸之路分东线（太平洋）和西线（印度洋、地中海、大西洋），澳门货币（Pataca）是海上丝绸之路西线通用的货币。当时的这种货币由南美墨西哥、秘鲁等国的银矿铸造出来，用以换取中国的丝绸、茶叶、瓷器等产品，通过东、西两条丝绸之路销售到全世界。同时福建、广东的许多劳工、技师、商人等通过这条航线移民到世界各地。澳门成为当时人流、物流的重要集散地，目睹了经济全球化的第一步。[①] 由于缺少深水港，在19世纪下半叶澳门的自由港地位逐渐被香港所取代，但是澳门仍保留其低税或免税、货币自由兑换、人员和资本自由出入等自由港的制度。在中国改革开放过程中，澳门的企业率先投资内地特别是珠三角地区，在向内地引进资本、技术、现代管理经验等方面发挥了重要的中介作用。

在国家经济发展和对外开放的新起点上，中央要求港澳融入国家发展大局，抓住粤港澳大湾区和"一带一路"建设的机遇，打造中国经济"引进来"和"走出去"的双向交流平台。澳门可以发挥独特的优势，构建起连接"一带一路"沿线国家的"业桥"、"金桥"和"心桥"，打造发展新动

---

* 陈广汉，中山大学粤港澳发展研究院首席专家、副院长。
① 魏美昌：《澳门的对外平台角色——与拉美国家的关系》，中山大学港澳珠三角研究中心演讲，2015年4月22日。

能、培养发展新领域，拓展发展新空间，推动澳门经济向创新驱动和高质量发展转变，为国家改革开放和经济发展做出更大贡献。

一　打好产业牌：构建产业合作桥梁

发挥澳门旅游产业的优势，构建连接"一带一路"沿线国家的"业桥"。拓展"一带一路"沿线国家特别是东南亚、南亚以及葡语国家旅游市场，对接粤港澳大湾区和珠三角西岸的旅游资源，构建起中国与"一带一路"沿线国家旅游产业合作和发展的桥梁，推动澳门游客市场的多元化发展。打造澳门优势酒店服务业品牌，推动澳门的酒店服务业走向"一带一路"沿线国家。

第一，开展全方位和多层次的旅游合作，拓展"一带一路"旅游市场。以旅游市场一体化为目标，进一步推动区域内制定相关法律法规，打破市场壁垒，促进旅游市场相互开放。积极推进实施《APEC旅游战略计划》，促进中国与"一带一路"沿线国家特别是东南亚、南亚和拉美国家之间全方位、多层次的旅游合作，拓展澳门旅游业的国际市场，提高旅游休闲业的国际化水平。

第二，推动产业融合和区域合作，延伸旅游业产业链。加快旅游业和其他产业的融合，以粤港澳大湾区建设为契机，深化旅游产业的区域合作，在粤港澳大湾区旅游业发展中发挥引领作用，促进澳门产业适度多元化发展。

以旅游休闲产业为主导，注入文化、保健、美食、购物、演艺、世界遗产、会展、娱乐等元素，促进旅游产品多元和旅客来源多元，带动其他产业发展，提高澳门旅游业在全球旅游发展中的影响力和辐射力，将澳门建成集旅游休闲中心、旅游文化中心、旅游服务和集散中心于一体，集旅游观光、休闲度假、文化创意、会议展览、娱乐体验等多元功能于一身的综合性旅游城市。

第三，加快现代科技与旅游业融合，建设国际"智慧旅游"城市。广泛应用现代科技尤其是信息技术，改造传统旅游产业，适应现代旅游业信息化发展趋势，全面提高旅游休闲产业的竞争力和辐射力。提高旅游业的信息化、智能化水平，利用科技手段和信息技术促进签证、人员交流、市场开放等领域的便利化，促进互联互通，建设国际"智慧旅游"城市。

第四，倡导绿色和低碳发展理念，实现旅游业可持续发展。倡导绿色低碳发展理念，事关社会、经济和环境的协调与可持续发展。积极参与和推动亚太地区旅游业低碳发展合作，实施绿色旅游和低碳旅游计划，使澳门旅游业在推进亚太和"一带一路"沿线地区绿色和可持续增长中起到良好示范作用。

第五，打造澳门酒店服务业的品牌，推动澳门酒店服务业"走出去"。澳门具有国际一流的酒店服务行业，澳门的酒店教育和培训水平也比较高，但是澳门的高端酒店大多是国外的品牌。中国具有国际影响力的酒店品牌也不多，澳门可以发挥在酒店服务和教育领域的优势，建设一批具有国际知名度的酒店品牌，推动澳门的酒店服务业"走出去"。

二 打好经贸牌：构建财富增长桥梁

推动旅游与商贸服务的互动发展，构建连接"一带一路"沿线国家财富增长的桥梁。旅游与商贸服务业相互促进，为"一带一路"沿线国家带去贸易和投资，为澳门经济注入新动能，推动了澳门产业多元发展，搭建起连接"一带一路"沿线国家的"金桥"。

2008年国务院批准《珠三角改革发展规划纲要（2008~2020年）》首次将澳门定位为世界旅游休闲中心。2011年3月国家颁布《国民经济和社会发展第十二个五年规划纲要》，提出"支持澳门建设世界旅游休闲中心，加快建设中国与葡语国家商贸合作服务平台"。澳门要发挥自身优势，把握"一带一路"建设机遇和中国与葡语国家经贸关系蓬勃发展的态势，全面落实"一个平台"（中国与葡语国家商贸合作服务平台）和"三个中心"（中葡中小企业商贸服务中心、葡语国家食品集散中心及中葡经贸合作会展中心）建设计划，将澳门作为中国与葡语国家商贸平台的服务功能做实、做大、做强，并以此为依托向"一带一路"沿线国家和区域拓展。同时，以第八届亚太经合组织（APEC）旅游部长会议在澳门成功举行和通过《澳门宣言》的契机，倾力打造"世界旅游休闲中心"，开拓"一带一路"沿线国家旅游市场。将建设中国与葡语国家商贸合作服务平台与打造世界旅游休闲中心、参与国家"一带一路"建设有机结合起来。

澳门虽然具有自由港的优势，但是澳门现代服务业的竞争力不强。澳门可以通过建设中国与葡语国家商贸合作服务平台和打造中葡中小企业商贸服务中心、葡语国家食品集散中心及中葡经贸合作会展中心，形成自身的现代服务业优势，服务于"一带一路"建设。

第一，强力打造"三个中心"，将经贸合作服务平台做实。以中葡中小企业商贸服务中心、葡语国家食品集散中心及中葡经贸合作会展中心的建设为抓手，以中小企业商贸服务、食品集散和经贸合作会展为核心，扎实推进商贸服务平台建设，巩固和提升澳门作为中国内地与葡语国家商贸中介和桥梁角色，为中国内地与葡语国家以及澳门的企业带来新的商机。通过中葡合作发展基金、设立中葡论坛培训中心等多项措施推动中葡经贸合作。

第二，全面提升服务功能，将经贸合作服务功能做大。发挥优势和彰显特色，以提升"一个平台"和"三个中心"的服务功能为中心，明确市场定位，发展金融、商贸服务、企业咨询、市场营销、法律服务、食品检测、会展服务、物流、双语教育等现代服务业，拓展服务领域，提高服务能力，在中国与葡语国家经贸合作和"一带一路"建设中更好地扮演"引进来"和"走出去"的角色和平台。

第三，切实推进体制和技术创新，将经贸服务能力做强。适应世界贸易与投资自由化发展的新趋势，创新体制和管理模式，强化竞争意识，充分发挥自由港制度与"一国两制"优势，为提升经贸平台功能创造更好的制度条件和市场环境。大力推进现代科技特别是信息技术在现代服务业中的运用，推动现代服务业与信息产业的融合发展，培育和引进经贸服务和科技产业的优秀人才与优质企业，增强服务能力。通过制度和技术创新，提高商贸服务业的国际竞争力。

第四，发展特色金融业，积极参与建立粤港澳大湾区发展金融机构。粤港澳大湾区发展需要资金支撑，要发挥港澳在国际融资方面的优势，建设大湾区发展银行和基金。澳门具有资金优势，是中葡商贸服务平台，可以建立起内地与葡语国家人民币的清算和融资平台，服务大湾区建设和国家发展。

三 打好文化牌：构建心灵沟通的桥梁

经贸合作和人文交流是"一带一路"倡议的两翼。文化交流是各国人民心灵沟通的桥梁、建立政治互信的基础工程，影响深远。经贸合作与人文交流可以相互促进。丝绸之路既是经贸合作的纽带，也是文化交流的桥梁。"一带一路"涵盖的国家众多，这些国家历史文化、宗教信仰、社会制度、发展阶段的差异性很大，经贸合作若要行稳致远，文化交流和政治互信显得特别重要。文化交流有利于建立政治的互信，促进经贸合作，形成利益共同体和命运共同体。澳门是一座在中华文化与西方文化、东方文化和西方文化的交流、互鉴和融合中发展起来的城市，在中西和东西文化交流中做出过突出贡献。澳门学者吴志良认为在澳门不同文化、不同宗教和不同信仰和睦相处、共生共存，孕育出来一个不同文明互相尊重、互相学习、互相吸纳、共同进步的交往模式。[①] 澳门城市的这种包容开放和共生共存的文化品格与交往方式，与"和平合作、开放包容、互学互鉴、互利共赢"的丝绸之路精神和"一带一路"合作理念、建立命运共同体的主张是一脉相承的，来源于中华文化兼容并蓄、海纳百川的恢宏气魄，需要在推进"一带一路"建设中发扬光大。澳门社会的发展是不同文明可以包容互鉴与和平共处的"范式－经验"的有机结合，具有在"一带一路"建设中促进文化交流的独特作用。

总之，"一带一路"和粤港澳大湾区建设是澳门融入国家发展大局的契机，也是打造澳门经济发展新动能、培养发展新领域和拓展发展新空间的机遇。澳门能够发挥独特优势，打好"三张牌"，做好产业合作、服务平台和文化交流基地三篇"大文章"，带动产业适度多元发展，提升在国家和区域发展中的地位和功能。

---

① 吴志良：《"一带一路"战略与澳门角色》，在"二十一世纪海上丝绸之路论坛经济论坛"上的发言，2015 年 8 月 15 日。

"一个中心"与"一带一路"的关系

黄竹君[*]

"丝绸之路经济带"及"21世纪海上丝绸之路",是中国国家主席习近平于2013年提出的国际合作新模式和中国对外发展的长远策略,目标是促进沿线国家和地区的紧密联系与多方位合作。"一带一路"倡议是开放的。"一带一路"倡议提出初期涵盖60多个国家,随着背后的深层意义得到更广泛的理解和认同,越来越多的国家响应参与。到现在,任何国家只要是支持倡议的核心内涵都欢迎加入,以多边对话促进互利共赢的全球发展。"一带一路"倡议是共融的。内涵是"五通三同":政策沟通、设施联通、贸易畅通、资金融通、民心相通,最终目标是建立政治互信、经济融合、文化包容的利益共同体、责任共同体和命运共同体。"一带一路"倡议是互动的,其动力来自国际社会多方合作,以政府为主导,各国民众和企业共同参与。

回望澳门,建基于悠久历史而富有特色的旅游业,锁定发展目标为世界旅游休闲中心;又因与葡语系国家联系紧密,另一发展方向为中国与葡语国家商贸合作服务平台,简称"一个中心"和"一个平台"。"一个中心"定位不单继续支持旅游业发展,其深层意义在于推动产业向多元和高质量方向迈进,即在巩固传统博彩旅游业实力之余要增添休闲、非博彩元素,把旅游体验提升至世界级层次,成为内涵丰富、可持续发展的旅游目

---

[*] 黄竹君,澳门旅游学院院长。

的地。

"一带一路"的环球视野和宏观布局为"一个中心"的建设营造稳定、和谐的国际环境,打开更广大的旅游市场,引导政府施政,促使业界目光放得更远。与此同时,澳门在建设"一个中心"的过程中,亦可透过旅游业天然的文化融合力帮助建设"一带一路"的"心桥"。

一 "一带一路"建设为旅游业带来新契机

"一带一路"倡议开放合作、和谐包容、互利共赢等原则与旅游业的行业特性高度吻合,其愿景就是要创造对旅游业发展有利的和平发展、互相尊重的国际大环境,通过不同方式促进业界发展。

一是提高跨境通达性和便利性。基础设施互联互通是"一带一路"建设的优先领域。自"一带一路"倡议提出以来,交通领域已取得良好的进展,大大促进了跨境旅游路线的开发。政策沟通是"一带一路"建设的重要保障,国家之间的出入境政策协调和配合有助于推动航权开放、航线开发、通关便利、签证便利等有力措施。当中,中国的航空企业扮演积极的角色。以中国南方航空公司为例,其已在东亚、东南亚、南太平洋等"一带一路"沿线区域加开航线。

二是融合沿线丰富的旅游资源。《"十三五"旅游业发展规划》明确提出将旅游业"走出去"发展纳入国家"走出去"战略。从事旅游业务的中央企业积极响应,如中国旅游集团近年来推出了一系列"一带一路"国际旅游线路,增进民心相通。"一带一路"沿线国家和地区聚集了全球主要旅游客源地与目的地。全世界80%的世界文化遗产在这里汇聚,国际旅游总量占全球旅游总量70%以上,随着"一带一路"建设的深化,区域旅游业必将从中获益。

三是沿线国家积极发展旅游业。根据世界旅游组织的报告,2017年亚太地区的旅客量增长达6%,当中增长最强劲的地区为东南亚。世界旅游业议会2018年的研究报告指出,亚洲地区旅游业的总经济贡献(含直接和间接)占国民生产总值比重较高的国家众多,包括柬埔寨(32.4%)、泰国(21.2%)、菲律宾(21.1%)、老挝(13.7%)、马来西亚(13.4%)、斯里兰卡(11.6%)、新加坡(10.2%)、印度(9.4%)、越南（9.4%），而当年的世界平均为10.4%，可见旅游业对亚洲国家的重要性和它们发展旅游业的积极性。

2017年9月13日，联合国世界旅游组织第22届全体大会在成都举行，发布了《"一带一路"旅游合作成都倡议》，提出从以下方面深化国际旅游合作：一是加强"一带一路"旅游合作；二是加强政策沟通，提升旅游便利化水平；三是创建旅游合作机制；四是开展旅游联合推广；五是加强旅游教育交流；六是加强旅游风险处置能力；七是发挥协同效应。

二 旅游业助力"一带一路"建设

从另一方面看，旅游业也能助力"一带一路"建设。旅游业不仅是促进经济增长和社会发展的重要产业，也是增进国际友谊的桥梁，对于维护地区稳定与世界和平有着积极意义。旅游具有感染力，旅客通过亲身体验和与当地人民接触能开阔眼界、改变思维，有助于增进不同文化之间的信任和尊重度。旅游是文化的载体之一，旅游服务是传播文化的渠道，旅游业开放和包容的特质决定它作为文化交流平台的作用。

中国是旅游大国，也是沿线国家的主要客源市场之一，亦是受欢迎的旅游目的地，现已成为泰国、日本、韩国、越南、柬埔寨、俄罗斯、马尔代夫、印度尼西亚、朝鲜、南非10个国家的第一大客源地。频繁的出入境活动见证文化交流的增长，2017年全年，中国公民出境旅游人数为13051万人次，比上年增加7%；入境旅游人数为13948万人次，其中外国人为2917万人次，增长3.6%。据原国家旅游局预计，"十三五"时期，中国将为"一带一路"沿线国家输送1.5亿人次中国游客、拉动2000亿美元旅游消费；同时还将吸引沿线国家8500万人次游客，拉动消费约1100亿美元。

三 澳门在"一带一路"建设中的角色

"十二五"规划纲要提出支持澳门建设世界旅游休闲中心和中国与葡语国家商贸合作服务平台，加快发展休闲旅游、会展商务、中医药、教育服务、文化创意等产业以推动经济适度多元化。"十三五"规划纲要提出继续支持澳门建设"一个中心"和"一个平台"。澳门特区政府制定的五年发展规划（2016～2020年）响应顶层布局，明确透过强化综合旅游娱乐项目发展，开拓国际性旅游市场、客源和产品，以构建具有国际先进水平的宜居、宜业、宜行、宜游、宜乐城市。

澳门特区政府根据"国家所需、澳门所长"的原则，在五大领域支持"一带一路"发展，分别为发挥区位优势加强与东南亚和葡语系国家交流、深化珠三角的区域合作、发展特色金融、发挥专业（会计、设计、法律、翻译、咨询）优势和归侨力量以加强与沿线国家的交流。从中可见，澳门作为文化交流、商贸联通的平台从16世纪至今依然发挥重要作用，而旅游业作为平台的核心活动发展得较为成熟。但是，在建设世界旅游休闲中心的过程中，还需认清形势，谋划策略。

一是澳门拥有的优势。拥有世界文化遗产，彰显澳门的历史文化底蕴。赌权开放后，世界级度假村林立、博彩娱乐业变得丰富多样。2017年，澳门荣获联合国教科文组织"创意城市美食之都"称誉，为旅游业增添了内涵。此外，澳门获国际认可的旅游教育为行业输送专才，提高管理和服务水平，为可持续发展提供支撑。

二是澳门存在的劣势。土地面积小、人资不足、生产要素昂贵及基础设施建设滞后限制了澳门的整体旅游接待能力和城市发展潜力。

三是澳门面临的挑战。尽管澳门的博彩业具备规模，有一定的竞争力，但邻近地区如日本、菲律宾、韩国、泰国、柬埔寨、越南等对开发或进一步扩展博彩业甚感兴趣，将对澳门形成竞争。

四是澳门面临的机遇。澳门与内地的基础设施连接日益完善，港珠澳大桥、建设中的粤澳新通道、未来氹仔段轻轨连接广珠城轨的规划等将使陆路更加畅通，为旅客畅游珠三角提供便利。现今，澳门拥有海域管理权，可探讨与珠海联合发展海上游产品，如开拓珠澳之间的海岛游。澳门国际机场持续引入新航空公司，拓展往东北亚和东南亚城市的新航线，未来机场扩建将提高接待能力，拉动国际市场客源。澳门亦可通过港珠澳大桥连接香港国际机场，吸引国际旅客。另外，粤港澳大湾区的旅游消费发展潜力巨大，既是"一带一路"沿线国家的潜在消费大军，也正在打造自身的旅游目的地形象和品牌。

未来，澳门若能从以下方面深挖文化内涵，讲好本土故事，再向邻近城市借力增添旅游元素，可为旅游业注入新动力，以旅游助力"一带一路"发展。

第一，推动文创产业发展，创新旅游体验。近年，特区政府大力推动文化创意产业发展，设立文化产业委员会和文化产业基金，培育文创企业成长。根据文化产业基金资料，2014～2018年10月接受了583个企业扶持申请，批出资助总金额为3.4亿澳门元。扶持方式分为无偿资助和无息贷款。比较文化产业基金成立初期，现阶段的支持以无息贷款为主，而项目在获得贷款后，企业也愿意投入高比例的资金，说明对项目成功充满信心。另外，文化产业委员会积极推动"文创+"概念，以文创元素丰富旅游内涵，其中包括"文创+"美食，帮助特色老店提高竞争力。

第二，利用澳门"美食之都"称誉为旅游体验加值。自获得联合国教科文组织"创意城市美食之都"的称誉后，特区政府相关部门和业界积极在旅游体验中突出"美食元素"，一方面支持餐饮老店持续发展，另一方面推动本土美食的研究、培训和传承。除此，制定"美食之都四年规划"，推广宣传、加强与其他创意城市的交流和合作、推动餐饮及厨艺职业生涯发展，以及鼓励跨领域文化创意产业合作。

第三，发挥大湾区旅游特色。由广州、深圳、珠海、佛山、惠州、东莞、中山、江门、肇庆九个地市和香港、澳门两个特别行政区的旅游主管部门组成的粤港澳大湾区城市旅游联合会于2017年12月成立。目标是共同宣传、创新体验、共享市场，携手建设大湾区旅游目的地形象。这为澳门提供了政策沟通平台，能更有效地与邻近城市整合旅游资源、开拓联线游和更广大的远程市场。

第四，大力开拓国际市场。目前澳门超过九成的旅客来自大中华地区，宜借港珠澳大桥开通之契机，利用往来澳门和香港国际机场之便，吸引国际访客，优化旅客结构，提升澳门的国际旅游目的地形象。

澳门要抓住"一带一路"建设机遇，以发展世界旅游休闲中心为奋斗目标，助力"一带一路"的民心工程建设和经济发展。最后，以三句话做总结："一带一路"布下国际旅游的发展大局；国际旅游搭建民心相通的桥梁；澳门要努力成为这座桥梁的重要支撑。

发挥葡语教学和科研优势，配合落实澳门特区政府的施政方针

李向玉[*]

近年来，澳门特别行政区政府把打造中国与葡语国家交流的平台和世界旅游休闲中心、参与"一带一路"建设纳入施政方针。作为公立高等教育机构的澳门理工学院，始终矢志不渝地以发挥葡语教学和科研优势的实际行动，配合落实特区政府的施政方针。

不言而喻，无论是将澳门打造为中国与葡语国家交流的平台，还是把澳门建设为世界旅游休闲中心，以及落实"一带一路"建设方针，都必须解决语言问题——因为语言是人们赖以思考和交际必不可少的工具，社会得以有效运转的不可或缺的"润滑剂"。而以学校作为开展语言文化教学和研究工作之本，无疑是卓有成效地推广语言、消除语言障碍的必由之路。鉴此，澳门理工学院以致力于葡萄牙语言和文化的教学与研究，为社会培养更多的双语/多语人才为己任，采取了以下措施。

第一，与时俱进，开设与中葡/葡中翻译有关的课程。澳门理工学院语言暨翻译高等学校被誉为"澳门语言翻译人才培训百年老校"，与时俱进地开设了中葡/葡中翻译、葡语国家经贸、葡语师资教育、国际汉语教育等专业课程，培养了一届又一届学位/非学位的双语/多语从业者，在一定程度上满足了社会对双语/多语人才的需求。

第二，自练内功，提高师资水平。澳门理工学院深知，"工欲善其事，

---

[*] 李向玉，前澳门理工学院院长。

必先利其器","打铁还得自身硬",要想培养出高水平的双语/多语人才,必须有高水平的师资。学院鼓励、要求、帮助在职教师或自我进修或攻读硕士/博士学位,不断提高自身的学术水平。

第三,开辟和拓展与葡语国家的学术交流合作,"走出去"与"请进来"并举,促进了澳门理工学院葡语教学、研究工作的发展。近年来,澳门理工学院采取"走出去"和"请进来"并举的积极措施,与欧盟、葡萄牙、巴西、非洲等相关机构开展了形式多样的学术交流活动。一是在澳门,由澳门理工学院主办了葡萄牙理工学院协调委员会2018年年会,全葡所有理工学院的正、副院长与会;二是澳门理工学院在葡萄牙雷利亚理工学院设立了中国语言文化研究中心;三是澳门理工学院派出教师到葡萄牙任教;四是规定澳门理工学院四年制的中葡/葡中翻译本科生要在葡萄牙留学一至两年;五是聘请葡萄牙名校的资深专家,担任澳门理工学院语言暨翻译高等学校校长和葡语教学暨研究中心主任;六是与海内外若干名校合办学士/硕士/博士学位课程;七是逐年扩招欧亚美非各国留学生等。从而使澳门理工学院的葡萄牙语言文化教学和研究得以与国际接轨,彰显了澳门理工学院在融会中西文化,推广葡萄牙语言文化方面的重要地位。对保证与提高中葡/葡中翻译、中葡语言文化教学和研究的学术水平,提高澳门理工学院办学的层次,产生了不可或缺的作用。

第四,尽力为内地高校葡语教学培训师资。随着中国与葡语国家在各领域的交往日益频密和落实"一带一路"建设,中葡/葡中翻译人才供需不平衡愈加凸显。内地开设葡萄牙语课程的院校,从过去的两三所(原北京外国语学院、上海外国语学院),猛增到38所。葡语教学师资的数量和质量成为制约葡语教学得失成败的瓶颈。近年来,在澳门特区政府的大力支持下,澳门理工学院不遗余力地担负起为各高校培训葡语教师,为各校与葡萄牙的学术交流牵线搭桥等工作——迄今连续6年开办了葡语教师培训班,受训者百多人次。多次举办以葡语教学与研究为主题的研讨会,产生了很大的影响。在一定程度上,缓解了葡语教师的供需矛盾,提高了葡语教师的业务水平,促进了中国若干高校与葡萄牙高校的学术交流。

第五,与欧盟合作培养高级中葡译员。澳门回归后不久,澳门理工学院与欧盟展开学术交流合作,尤其在口译和笔译领域。连续8年举办"翻译和口译培训暑期班"。严格挑选学员,除了澳门学员,还有来自国家外交部、经贸部、中宣部等部委的高级翻译。

第六，大力开发葡语教材。澳门理工学院深知，在教和学的双边活动中，教材是基础，是主导，是关键。因此，从2006年至2016年，澳门理工学院以"十年磨一剑"的精神，与葡萄牙里斯本大学通力合作编写了《环球葡萄牙》这套符合欧盟标准、整合性与立体性结合、体现了交际法教学原则的教材。从而填补了一直以来中国葡语教学缺乏正规教材的空白，开创了实现中国高校葡语教材标准化的新纪元。其深远意义，必将随着推广葡萄牙语的进程，日益显现。

第七，运用高科技手段，开葡/中机器翻译先河。澳门理工学院清醒地认识到，随着IT技术的发展进步，利用机器翻译这项新技术来解决与提高不同文种之间翻译的速度和信度，最终提高语言推广效率，已经势在必行。澳门理工学院敏锐地审时度势，联手拥有亿万级语言大数据的全球语言科技综合服务提供商、内地最具权威性的机器翻译研发单位——中译语通科技股份有限公司，以及拥有丰富的英语和葡语教学资源、国家高校外语教学佼佼者、语言大数据发起人之一的广东外语外贸大学这两个部门，建立了"中葡英机器翻译联合实验室"。目前"中葡英翻译联合实验室"正在澳门理工学院运作。已经取得的科研成果有：建立了世界最大的中葡互译平行语料库，可以采用最先进的基于句型模板的机器翻译技术，初步开发出以澳门特区政府公共行政为翻译目标的机器翻译系统，推出了"Diz Lá"手机软件等。

第八，积极参与各项推广葡语的活动。例如，继2017年与澳门高等教育辅助办公室联合主办"世界中葡翻译大赛"以来，2018年澳门理工学院又与澳门高教办合办第二届"世界中葡翻译大赛"。来自澳门、内地、葡语国家的选手踊跃参赛，盛况空前。对推动中葡翻译教学与研究最新成果的交流、促进全球中葡翻译技术发展大有裨益。

2018年6月15日，国家主席习近平对澳门高等教育做出了重要指示。习近平主席希望澳门高校百尺竿头更进一步，培养更多爱国爱澳人才，创造更多科技成果。[1]

---

[1] 《中央政府驻澳门联络办公室与澳门特区政府共同举办"习近平主席关于澳门高校工作重要指示精神传达学习会"》，中央政府驻澳门联络办公室网站，2018年6月16日，http://www.zlb.gov.cn/2018-06/16/c_129895265.htm。

澳门理工学院决定继续坚定不移地秉持自澳门回归以来确立的"扎根澳门，背靠祖国，放眼世界，争创一流"的治校理念，落实国家主席习近平对澳门高等教育的指示，继续发挥葡语教学与研究的优势，配合落实澳门特区政府打造中国与葡语国家交流的平台和建成世界旅游休闲中心，实现"一带一路"构想的施政方针。

思路智库专家论文

弘扬中华优秀文化，建设澳门特色文化

马志成　冷铁勋*

摘　要：澳门自十六世纪中叶开埠以来，一直就是中西文化交流的重要基地，澳门文化也由此形成了中西交汇的鲜明特色，但澳门主流文化始终是中华文化。近现代以来，澳门在四百多年的中西文化交流中，中华文化不断借鉴和吸收西方文化，丰富自身的外延和内涵，在澳门得到了传承和发展，由此造就了"以中华文化为主流，多元文化并存"的独特人文风景。澳门回归为澳门文化注入了新鲜血液。作为中国为国际社会解决类似问题提供的一个新思路、新方案，"一国两制"方针包含了中华文化中的"和合"理念，凝结了海纳百川、有容乃大的中国智慧，引领澳门文化走入新时代，"爱国爱澳"成为澳门社会的核心价值。弘扬并推广中华优秀文化，丰富澳门特色文化，构建"以中华文化为主流，多元文化并存"的交流合作基地，积极融入国家发展大局，推进澳门"一国两制"实践行稳致远，是澳门社会各界面临的时代课题。

关键词：澳门　中华文化　一国两制

澳门自十六世纪中叶开埠以来，一直就是中西文化交流的重要基地，澳

---

* 马志成，澳门特别行政区立法会议员，思路智库会长；冷铁勋，思路智库副理事长。

门文化也由此形成了中西交汇的鲜明特色，但澳门主流文化始终是中华文化。近现代以来，澳门在四百多年间中西文化交流中，中华文化不断借鉴和吸收西方文化，丰富自身的外延和内涵，这使得中华文化在澳门得到了传承和发展，由此造就了澳门"以中华文化为主流，多元文化共存"的独特人文风景。澳门回归为澳门文化注入了新鲜血液。作为中国为国际社会解决类似问题提供的一个新思路新方案，"一国两制"方针包含了中华文化中的"和合"理念，凝结了海纳百川、有容乃大的中国智慧，引领澳门文化走入新时代，"爱国爱澳"成为澳门社会的核心价值。弘扬并推广中华优秀文化，丰富澳门特色文化，构建"以中华文化为主流，多元文化并存"的交流合作基地，积极融入国家发展大局，推进澳门"一国两制"实践行稳致远，是澳门社会各界面临的时代课题。

一 澳门文化的主流：中华文化

在葡萄牙人据居澳门前，澳门作为中国的固有领土，其固有文化当然属于中华文化。有学者认为它是中国传统的渔港文化。在澳门路环岛进行的考古工作发现了刻有水波纹的彩陶盘以及龙形岩画。此外，海神妈祖的信仰在澳门也十分流行，明朝弘治元年（1488）闽潮商贾在澳门就建造了妈祖庙。[1]

十六世纪中叶开始，葡萄牙人开始入据澳门，西方文化也随着澳门港口的开放而传入澳门，澳门文化不再是单纯的渔港文化了，中国的文化和西方的文化共存于澳门这个地方，潜移默化中互受影响，但都保存了各自的特色。即使1849年后，葡萄牙人趁晚清政府的虚弱改变了驻澳性质，实际掌握了澳门的行政管治权，西方文化在政治势力的支持下在澳门有着发展的特殊优势，但澳门的主流文化始终是中华文化。葡萄牙人据居澳门的四百多年间，华洋共处，中西方文化相互交流。这个交流过程，就是中华文化如何在变化中融合和吸收西方文化，同时影响中国和西方文化发展的过程。通过这个交流过程，中华文化在这里得到了传承和创新发展。正是对西方文化的借

---

[1] 黄鸿钊：《论澳门文化的形成和历史地位》，《行政》1996年第3期，第844页。

鉴和吸收，中华文化在外延和内涵上都得到了丰富，并始终是澳门的主流文化。① 对此，澳门知名历史学者、澳门基金会主席吴志良博士有过精辟分析，他认为中华文化与葡萄牙文化在澳门四百多年间共存并进的过程中，两种异质文化基本上没有互为挑战，而是相互沟通和交融，使得你中有我、我中有你，进而推动澳门文化的整合，使得澳门文化在以中华文化为主体的同时，具有中西文化交汇融合的鲜明特色。② 究其原因，其根源就在于中华文化"有容乃大""和而不同"的思想。澳门由于其独特的地理位置和历史背景，在十六世纪中叶后因港口贸易兴起而成为东西方文化的交汇地，对于以葡萄牙文化为特质的西方文化，中华文化并没有简单采取拒之门外的排斥态度，而是以包容、借鉴、吸收的方式对待西方文化，两种文化共存于澳门这个地方。澳门现存不少中西合璧的文物古迹，具有东方、西方风格的建筑物，大都具有"以中为主、中葡结合"的特色。因此，澳门文化是有深厚传统内涵的中华文化和以葡萄牙文化为特质的西方文化共存的并行文化，是一种以中华文化为主兼容以葡萄牙文化为特质的西方文化的具有多元色彩的共融文化。

自十六世纪中叶东西方文化在澳门交汇融合的四百多年来，基于特殊的历史发展过程以及政治、经济、传统习俗及宗教等各种因素的作用，澳门是否形成了自身独特的文化呢？吴志良认为，澳门在其发展进程中，一直强调保持自己的文化特色，澳门文化中，中葡文化虽然"你中有我、我中有你"，但各自的主体仍然保持鲜明的个性。两种文化的有机结合，创造了澳门文化。中华文化在澳门吸收了葡萄牙文化若干成分后更加丰富，也形成了更具深厚的地方色彩。③ 这种有深厚地方色彩的澳门文化有什么特征呢？对澳门文化，有的称为"海洋文化"，也有的称为"岭南文化"，还有的称为"中西合璧文化"等。这些不同的称谓，足以反映澳门文化的复杂性。对于四百多年间东西文化交汇所形成的澳门文化，有学者认为有三个方面的特征④。

一是开放性。十六世纪中叶，在明朝政府严禁对外通商的情况下，广东

---

① 吴志良、郑德华主编《中国地域文化通览·澳门卷》，中华书局，2014，第2页。
② 吴志良、郑德华主编《中国地域文化通览·澳门卷》，中华书局，2014，第24~25页。
③ 吴志良、郑德华主编《中国地域文化通览·澳门卷》，中华书局，2014，第25页。
④ 汤开建：《试论澳门文化的属性与特征》，《广西民族学院学报》（哲学社会科学版）1996年第3期，第74~76页。

地方政府却允许葡萄牙人在澳门进行贸易，这正是岭南文化开放性一面的表现。正是通过澳门这个港口，不仅带来了多国商人间的贸易，也促进了东西方文化的广泛交流。正是借助澳门这个地方，西方传教士在向东方各国传教的过程中将西方文化带到东方，同时又将他们接触、了解到的东方文化带回西方，促进了东西方文化的双向互动交流，进而促进了各自文化的发展。例如，澳门传教士将诸如佛教的禅宗、中医中药学、中国绘画、中国建筑等东方文化的精华传到了欧洲。与此同时，西方的天文学、地理学、数学、医学、美术等也传入了中国，同时也传入了日本和东南亚各国。

二是重商性。在明朝政府的禁令下，澳门成为贸易港口，这是"重利"的务实表现，而"重利"又正是商业文化中的重要价值标准。澳门社会的商业化，使得澳门的文化艺术也带有浓厚的商业味。例如，澳门曾是西洋美术在中国的发源地，但澳门的绘画从开始便以商业营利为目的，十六世纪时澳门就设有专门的刺绣厂和画坊，生产的衣服和宗教画便销到远东各地，这些都是澳门文化重商性在艺术上的典型表现。至于澳门博彩文化的发达，则更是澳门重商性的特殊表现。商业贸易，特别是古代的海外贸易，本身就带有投机性和冒险性，博彩则更是一种直接的投机和冒险。澳门博彩文化的兴起，正是适应了商业社会中人们一种普遍的文化心理。

三是兼容性。首先，澳门文化的兼容性表现在葡萄牙逐步占领并管治澳门期间，葡萄牙人与华人在澳门这个地方共处，没有发生过大的民族冲突。其次，澳门文化的兼容性表现在不同种族的人在澳门这个地方能够和平共处。澳门自十六世纪中叶开埠后，不仅葡萄牙人，还有因商贸活动而移居澳门的其他国家的人，如美国、英国、法国、德国、印度、巴西等。在这么一小块地方，聚集着世界很多国家的人，但"民夷颇觉相安"，这正是澳门文化具有兼容性的体现。最后，澳门文化的兼容性表现在多种宗教在澳门能够和平共处。葡萄牙人逐步占领澳门期间，虽然扶持天主教的发展，但华人的宗教信仰仍然存在并得到发展。此后，基督新教、伊斯兰教、巴哈伊教及摩门教等宗教纷纷传入澳门，而且都获得了发展，但人们没有因不同的宗教而发生过公开或流血的冲突，这种宗教的兼容性也是澳门文化兼容性的一个重要特征。

对于澳门文化的解读，不同的人会有不同的观点。例如，澳门知名学者杨允中便认为，澳门文化是具有欧陆文化特征的中华文化，是中华文化特别是岭南文化系统中独具特色的一个类型。澳门文化的继承性、包容性、地域性、开放性都很突出。澳门是一个多元化的港湾，港湾文化、多元混合文化和休闲娱乐文化，是澳门文化的三大特点。港湾文化是对于澳门的地理位置而言，海洋是澳门文化的摇篮，它滋润着澳门文化的生长和发展。休闲娱乐文化指的是澳门的特色文化——博彩旅游业。多元混合文化是澳门文化的一道特殊景观。数百年的中西文化交流使澳门成了多元文化汇聚的地方。中西文化在这里长期共存、和平相处、相互交融、共同发展。主要表现在语言文字的多元化、教育的多元化和多样化、传媒的多元化和多样化、澳门地名与人名中西合璧、宗教信仰的多元化等。[①] 又如，澳门学者林卓华、刘景松认为澳门文化乃岭南文化的分支，具有鲜明的海洋商业文化色彩，但澳门文化又有自己的文化特质。数百年中西文化交流和频繁的人口流动，以及在西方政治与法制文化的影响下，澳门文化由此逐渐形成自己独特的开放多元、中西合璧、中西互映等品格与特色。[②]

无论对澳门文化做怎样的解读，十六世纪中叶以后，澳门在促进东西方文化交流中的特殊地位和作用却是客观存在的。在四百多年的历史长河中，澳门屡渡难关，中西文化克服差异，澳门这艘航船避免了搁浅触礁而到达今天，并发展为一个生机勃勃的现代化城市，其中的一个关键因素就是作为澳门文化主流的中华文化的"有容乃大"思想，进而造就了澳门东西方文化的"兼容并蓄"与"和谐共存"，也造就了澳门文化的兼容性，这对当今世界面临所谓文明冲突的现象有很强的启发意义。对此，吴志良认为澳门不仅"实为泰西通市之始"，还在某种意义上成为不同文明、不同民族和平共处的典范，为国际政治发展与合作提供了一条新的路径。[③] 正是澳门文化所具有的兼容性，使得澳门作为中西方文化荟萃的历史文化名城，在传承岭南色彩的中华文化的同时，融会欧陆风情，蕴含独特魅力。生活在澳门的不同族群和谐相处，相互学习，守望相助，展示了澳门活力四射的形象。[④]

---

① 杨允中：《研究澳门文化 建设"文化澳门"》，《中国艺术报》2009年12月22日。
② 林卓华、刘景松：《澳门建设文化交流合作基地的思考》，《澳门日报》2018年8月22日。
③ 吴志良：《澳门政治制度史》，广东人民出版社，2010，第13页。
④ 杨允中主编《中华人民共和国澳门特别行政区宪政法律文献汇编》（增订二版），澳门理工学院一国两制研究中心，2015，第241页。

二 澳门文化的丰富:"一国两制"

1999年12月20日,中国政府对澳门恢复行使主权,成立中华人民共和国澳门特别行政区,澳门基本法开始正式实施,澳门进入"一国两制"、"澳人治澳"、高度自治的历史新时期。伴随着"一国两制"在澳门的实践,澳门的文化发展也迎来了一个新时代,"一国两制"方针为澳门文化的丰富注入了新的强劲动力。

"一国两制"方针是有其特定含义的。"一国两制"是指在一个中国的前提下,国家的主体坚持社会主义制度,香港、澳门、台湾保持原有的资本主义制度长期不变。如今,对港澳来说,"一国两制"早已从科学构想变成生动现实,并且实现了法律化、制度化、具体化。

十一届三中全会确立的实事求是思想路线为"一国两制"构想的产生奠定了科学的思想基础。中国政府之所以提出"一国两制",主要是考虑到以下三个方面的实际情况。

一是香港、澳门、台湾的实际情况。这三个地区长期以来都实行与内地不一样的制度,内地实行社会主义制度,而这三个地区都实行资本主义制度。当地居民早已习惯了当地的社会制度和生活方式。如果国家统一后,人为地强求这些地区改变原有的社会制度,而实行与内地一样的社会主义制度,会造成社会的不稳定甚至动荡,严重影响当地的经济发展和居民的正常生活,这既不符合广大港、澳、台居民的利益,也不符合国家的整体利益。相反,在国家统一的前提下,允许这些地区保持原有的社会制度,则有利于这些地区的稳定繁荣。

二是中国内地的实际情况。中国实行改革开放后,经济的发展需要从外部引进资金和管理技术,其中就包括从香港、澳门、台湾引进资金和管理技术等。这样一来,港、澳、台与中国内地之间便形成了一种经济上的互补互惠关系。中国内地广阔的市场为港、澳、台的经济发展带来了机遇,而来自港、澳、台的资金和技术又促进了中国内地经济的发展,也为中国内地加强同发达资本主义国家的经济联系提供了桥梁和纽带。

三是国际方面的实际情况。除台湾的情况较为特殊外,香港和澳门问题的解决直接涉及中国同英国、葡萄牙的关系。虽然在国家主权和领土完整问题上，我们必须坚持原则，但在具体对策上，则仍要从历史和现实出发，本着友好协商的精神，妥善解决历史遗留下来的问题。用"一国两制"的方式来解决香港和澳门问题，既维护了国家主权，也适当照顾了英国在香港、葡萄牙在澳门的利益，符合和平与发展这个当代世界的主题。

中国政府正是基于上述三个方面的实际情况，在尊重历史与现实的基础上，提出用"一国两制"来解决澳门、香港、台湾问题，并把"一国两制"作为实现国家统一的一项基本国策。在这个意义上说，"一国两制"是实事求是的产物。

香港、澳门回归以来的发展成就，充分证明了"一国两制"符合澳门和国家的实际情况，符合澳门居民的福祉和利益，符合澳门特区的整体和长远利益，符合国家和民族的根本利益。

"一国两制"的构想，为什么不是产生于其他国家，而是产生于中国？这也与中华文化中的"和合"理念密不可分。

"和合"理念是中华民族精神的核心理念，也是中华文化的精髓，对中国历史有着重要而深远的影响。早在春秋时期，"和""合"两字连用，秦汉以来，"和合"一词则被普遍运用。"和合"之"和"，指和谐、和平、祥和；"合"则指结合、融合、合作。"和""合"连用后，"和合"一词指在承认不同事物的矛盾和差异的前提下，把不同的事物统一于一个相互依存的"和合体"中，并在不同事物的和合过程中，吸取各个事物的优长而克其短，使之达到最佳组合。

作为中华文化重要组成部分的"和合"理念，始终贯穿于整个中华文化发展史。正是在"和合"理念的推动下，中华文化不断发展、创新，并推动中华文明绵延不断，从而推动中国社会不断向前发展。

用于解决历史遗留的香港、澳门问题的"一国两制"构想，便深深根植于中华优秀传统文化的沃土，其本身便蕴含着深厚的中华文化中的"和合"理念，是"和合"理念在处理国家统一问题上的重要反映，表达了中华民族对和平的渴望、对统一的追求，以及其和而不同、海纳百川的气概。香港、澳门由于自近代以来曾遭到英国和葡萄牙的占领，并实行与内地不同的社会制度和生活方式，但这不能改变香港、澳门自古以来就是中国领土的事实，也不能改变这些地区中国人和中华文化的主体地位，中华文化仍然在港、澳保留并得到较好的传承。中华传统文化提倡"和为贵""和而不同"

理念，体现的一个重要精神就是求大同、存大异，主张处理问题、解决矛盾要做到"和"，既承认事物的差异性，又要使不同的事物统一起来，达到"和合"境界。中华文化的上述精神和理念被邓小平成功地运用到"一国两制"构想之中：在强调国家统一的基础上，既坚持国家主体的社会主义制度，也承认港、澳的资本主义制度，两种不同的社会制度共处于一国之中，共处于中华民族的大家族中，这是对传统"和合"理念的发展。

"一国两制"科学构想首先运用于解决历史遗留的香港问题，继而又运用于解决澳门问题。正是在"一国两制"方针下，澳门不仅实现了顺利回归和平稳过渡，重新置于国家的完全主权之下，并重新纳入国家的治理体系，而且在回归后保持了繁荣稳定，与祖国内地走上了一条优势互补、共同发展的宽广道路。澳门回归以来的历程充分表明，"一国两制"在澳门的实践取得了举世公认的成功。回归祖国以来，澳门虽然经历了亚洲金融危机、非典疫情、国际金融危机的冲击，但仍然保持繁荣稳定的局面。从1999年到2017年，澳门本地生产总值从502.7亿澳门元增加到4042亿澳门元，增长7倍多，实现跨越式发展，跻身世界富裕城市前列。澳门的教育、医疗卫生、文化体育、社会保障等各项事业取得长足进步，对外交往和国际影响力日益扩大，中西文化交融荟萃的魅力更胜往昔。中央和特别行政区不断丰富和发展"一国两制"理论与实践，给"一国两制"实践不断注入新的活力。对此，国家主席习近平在庆祝香港回归祖国二十周年大会上的讲话中指出："'一国两制'是中国的一个伟大创举，是中国为国际社会解决类似问题提供的一种新思路新方案，是中华民族为世界和平与发展作出的新贡献，凝结了海纳百川、有容乃大的中国智慧。"[1] 正是在"一国两制"方针的引领下，两种不同的社会制度在"一国"之内相互尊重、相互借鉴，进而和谐并存、共同发展，这也从一个方面体现了中华文化中"和合"理念的强大生命力，并为澳门文化的丰富注入了新的强劲动力，并由此形成了澳门在"一国两制"下以"爱国爱澳"为核心价值的新文化。

澳门同胞素有爱国的传统。澳门的回归，让澳门同胞真正成为国家和澳

---

[1]《习近平在庆祝香港回归祖国二十周年大会暨香港特别行政区第五届政府就职典礼上的讲话》，中国共产党新闻网，http://cpc.people.com.cn/n1/2017/0702/c64094-29376805.html。

门的主人,这进一步激发了澳门同胞的"爱国爱澳"情怀。他们高度认同澳门事务是中国的内政,自觉维护国家的核心利益和中央的权威,坚决反对和抵御外部势力干预。他们坚持以爱国者为主体的"澳人治澳",坚持在"爱国爱澳"旗帜下的最广泛团结,以强烈的使命感和责任感参与管理澳门的各项事务,[①] 并且心系国家,关心国家发展,积极参与国家现代化建设,热心投入内地扶贫、教育、妇女儿童保护等公益事业,充分显示澳门同胞与内地民众血浓于水的亲情。在澳门,澳门同胞对国家的认同度比较高,"爱国爱澳"已从朴素的民间情怀,升华为全社会普遍认同并广泛坚守的核心价值。澳门理工学院一国两制研究中心近几年曾做过有关"一国两制"综合指标的民意调查,其中问到澳门社会的核心价值观是什么时,"一国两制""爱国爱澳"一直居于前三位的回答;问到澳门居民中的中国公民对自己作为中国公民是否感到自豪时,回答感到自豪的比例一直在八成以上。以上这些数据充分说明,澳门回归后取得的巨大成就已经证明了"一国两制"不仅是解决历史遗留的澳门问题的最佳方案,也是澳门回归后保持繁荣稳定的最佳制度安排,因而持续获得澳门居民的高度认同。"爱国爱澳"的高认同度则说明爱祖国、爱澳门的家国情怀已经深入人心,它也是"一国两制"方针在澳门同胞情感中的自然流露和必然反映。

三 澳门"以中华文化为主流,多元文化共存"交流合作基地的建设

2017年7月1日,在国家主席习近平见证下,国家发展和改革委员会主任何立峰、香港特别行政区行政长官林郑月娥、广东省省长马兴瑞和澳门特别行政区行政长官崔世安分别代表国家发展改革委、香港特别行政区政府、广东省人民政府和澳门特别行政区政府,在香港签署《深化粤港澳合作 推进大湾区建设框架协议》(以下简称《框架协议》)。与国家"十三五"规划对澳门的发展定位相比,《框架协议》除继续保持推进澳门建设世界旅游休闲中心、打造中国与葡语国家商贸合作服务平台的定位外,新增了

[①] 全国人大常委会澳门基本法委员会办公室编《纪念澳门基本法实施10周年文集》,中国民主法制出版社,2010,第5页。

澳门建设以"中华文化为主流、多元文化共存"的交流合作基地的目标。鉴于此，如何在澳门回归以来已有的发展成就基础上，进一步弘扬中华优秀传统文化，增强"爱国爱澳"意识，巩固"爱国爱澳"的社会基础，发挥澳门作为中西方文化交流平台的独特作用，为"一带一路"建设以及粤港澳大湾区建设等服务，是摆在澳门社会各界人士面前的一项时代课题，需要大家深入思考和探索。

（一）大力弘扬中华优秀传统文化，坚定"一国两制"制度自信

中华民族在几千年历史中创造和延续的中华优秀传统文化，是中华民族的根和魂。[①] 澳门文化既然以中华文化为主流，就必须大力弘扬中华优秀传统文化，坚定"一国两制"制度自信，加快澳门"以中华文化为主流、多元文化共存"的交流合作基地建设，深入推进澳门的"一国两制"实践迈向新征程。

一方面，要充分挖掘并丰富发展澳门文化的内涵。这是加快澳门"以中华文化为主流、多元文化共存"的交流合作基地建设所面临的一项艰巨任务，需要澳门特区政府以及社会各界人士做出不懈努力。作为一座历史悠久的文化名城，澳门这个古老商埠、滨海小城散发出独特魅力和令人称羡的地方，是它的宁静和谐的社会氛围。在澳门，没有政党纷争，有的是社团合作；没有族群纠葛，有的是和睦互助；没有阶层分化，有的是社会共融。澳门回归后，广大澳门居民素有的"爱国爱澳"光荣传统，与"讲团结、谋发展、求稳定、促和谐"的时代呼声和"识大局、顾大体、求大同、存大异"的协商精神有机融合在一起，形成了"爱国爱澳、包容共济、务实进取"的澳门精神。这种澳门精神，就是澳门文化独特性的一种丰富发展，也是中华优秀传统文化在澳门得以传承和发展的集中体现。对于澳门精神的丰富内涵，很有必要充分挖掘和发展。

另一方面，要结合澳门发展的新形势和国家发展的新要求，进一步发扬光大中华优秀传统文化。澳门回归后，必须加深对中华母体文化的认知和了解，以加强对民族和国家的认同感及凝聚力，提升澳门同胞的民族意识和国

[①] 杨允中主编《中华人民共和国澳门特别行政区宪政法律文献汇编》（增订二版），澳门理工学院一国两制研究中心，2015，第242页。

家观念。如今，中国特色社会主义进入了新时代，澳门"一国两制"实践也迈向了新征程。如何更好地融入国家发展大局是需要澳门全社会认真思考并探索的一个实际问题。澳门在融入国家发展大局，特别是参与粤港澳大湾区建设时，会涉及一个国家、两种制度、三个关税区的种种情况，要真正发挥自身所长、服务国家所需，必然离不开中华优秀传统文化的进一步发扬光大，尤其是其中的"和合"理念以及求同存异精神等，需要好好领会并运用至具体工作中，以发挥澳门文化中的积极作用，促进澳门各项事业不断进步。此外，澳门要利用与葡语国家进行联系所具有的语言、文化等方面的优势，在促进中国与葡语国家包括商贸合作在内的交流合作中发挥独特的桥梁和纽带作用，既帮助中国内地等企业"走出去"，特别是优秀的中国文化产品可以"走出去"，又将葡语国家高质量的特色文化产品等引进中国，促进中国与葡语国家之间文化的双向流动。

在澳门弘扬中华优秀传统文化，要着力加强澳门青少年的爱国主义教育。国家主席习近平曾经指出："青年的价值取向决定了未来整个社会的价值取向，而青年又处在价值观形成和确立的时期，抓好这一时期的价值观养成十分重要。这就像穿衣服扣扣子一样，如果第一粒扣子扣错了，剩余的扣子都会扣错。"[1] 因此，无论是特区政府还是社会各界，都要重视青少年的教育培养。要将中国历史文化和国情教育摆在青少年教育的突出位置，让青少年更多领略中华文明的博大精深，从小培养他们正确的国家观念、民族观念、法治观念，将他们塑造为"爱国爱澳"、遵纪守法、奋发有为的新一代。

（二）壮大"爱国爱澳"社团力量，巩固"爱国爱澳"核心价值

"爱国爱澳"是澳门文化以中华文化为主流的产物，"爱国爱澳"力量则是澳门特区政府和行政长官依法施政的主要依靠力量，也是澳门得以成功实践"一国两制"的重要社会基础。"爱国爱澳"力量除了管理团队中的爱国者外，"爱国爱澳"社团也是一支重要的力量。

"一国两制"在澳门的实践取得了举世公认的成功，澳门在落实"一国两制"方针和基本法以及维护国家安全方面还树立了榜样。"爱国爱澳"社团的

---

[1] 中共中央文献研究室编《习近平关于青少年和共青团工作论述摘编》，中央文献出版社，2017，第25页。

作用功不可没。在澳门30平方公里的土地上、60多万的人口中，有8000多个社团。澳门素有"社团社会"之称。大大小小的社团成为不同界别和阶层的澳门居民向特区政府反映意见与要求的一个有效平台，这也是澳门社会协商文化得以形成的一个重要因素。澳门不论在回归前还是回归后，社会整体保持稳定，澳门社团的存在是一个不可忽视的因素。澳门回归后，社团在维护社会稳定、促进特区政府科学施政等方面的作用得到了进一步加强。例如，2018年4月在澳门顺利举办了国家安全教育展活动。据统计，展览期间共接待参观团组408场次、参观人员18000多人。社团成为参观教育展的主体人群。这次展览活动提升了澳门居民对总体国家安全观的理解和认识，增强了澳门社会特别是青少年的国家意识、国家安全意识等。

正是因为澳门有着"爱国爱澳"的良好社会基础，澳门同胞国家观念强，否定"一国两制"、破坏稳定团结的言行在澳门根本没有市场。澳门今后要确保"一国两制"实践不变形、不走样，就要继续发挥"爱国爱澳"社团的积极作用，不断壮大"爱国爱澳"力量。特别是要发挥同乡会的作用，因为同乡会在联络乡亲感情、发动乡亲方面有天然优势。在事关国家主权、安全和发展利益，事关澳门繁荣稳定的大是大非问题上，所有"爱国爱澳"的同乡会，都要积极发声，支持特区政府和行政长官依法施政，维护澳门的良好发展局面。

"爱国爱澳"社团，要在规范社团事务、发展新生力量等方面下功夫。所有"爱国爱澳"社团，都要在法律规定的范围内严格按照社团章程开展活动，只有这样，社团才能得到发展。此外，"爱国爱澳"社团要关心老朋友、广交新朋友、深交好朋友，加强同乡会成员间的联系，解决同乡会成员的困难，为同乡会成员的发展搭建平台，以发挥他们的聪明才智，服务澳门，服务家乡。各个"爱国爱澳"社团特别要注重年轻人的培养，这也是事关"爱国爱澳"社团长远发展的大事。要适当吸纳一些年轻人加入"爱国爱澳"社团的领导架构层，通过传、帮、带的方式，培育"爱国爱澳"人才。另外，"爱国爱澳"社团要多开展一些年轻人喜闻乐见的活动，吸引更多的年轻人参加社团的活动。只有这样，"爱国爱澳"社团才有活力，才能够发展壮大。"爱国爱澳"社团力量壮大了，才能充分利用自身优势，在改善民生、促进团结、维护稳定、培养人才、建言献策等方面为特区的繁荣稳定做出更大贡献。

(三) 积极发展澳门特色的文化旅游业

"中西交汇"是澳门文化的一大特色，而旅游业又是澳门的重要产业，澳门规划和发展旅游业时，应在澳门特色文化方面下功夫。例如，有人提出澳门可发挥自己的优势，大力发展文化旅游：旅游景点上，澳门历史城区，文化性、休闲性及观赏性并存；节庆活动上，诸如格兰披治大赛车、美食节、国际烟花节、武林群英会、国际艺术节等，都已形成品牌，且有较好的口碑，这些都值得拓展。在已有的文化旅游资源基础上，澳门可继续开发新元素，大力发展历史文化、民俗旅游、宗教旅游、文化娱乐等旅游项目，并与粤港澳大湾区其他城市共同推出具有休闲、文化及教育元素的精品旅游路线，将澳门打造成与欧洲艺术城市媲美的文化旅游地。[1] 也有人提出，澳门历史上有不少中外文化名人，对于促进中西方文化交流做出过重要贡献，可以考虑设立介绍对澳门文化发展有突出贡献的中外历史文化名人的主题公园等。

鉴于澳门独特的文化底蕴，为了让来澳门的游客可轻松探寻澳门各区特色及风土人情，澳门特区政府旅游局推出了题为"论功行赏"的4条步行路线，鼓励大家边行边赏富有"中西交汇"特色的澳门文化。4条路线包括"历史足迹之旅"、"绿色文创之旅"、"中葡交汇之旅"和""艺文探索之旅"。为便于游客选择适合的步行路线，旅游局制作了各路线的短片，供游客出发前浏览。不同的路线，主题不一，各有风味。喜欢怀古的，"历史足迹之旅"是最佳选择；喜欢自然风光的，跟着"绿色文创之旅"漫游是个不错的选择；要找寻东西方文化交流痕迹，就不要错过"中葡交汇之旅"；喜爱文化的人，大多会选择"艺文探索之旅"。

由于特区政府因地制宜发展有澳门特色文化的旅游业，来澳门的游客近年来呈现增加的趋势，且在澳门停留的时间有所延长。据特区政府统计暨普查局2018年8月底公布的数据，2018年7月入境旅客按月增加16.6%至3034297人次。留宿旅客（1636904人次）及不过夜旅客（1397393人次）同比分别增加1.7%及6.8%。旅客平均逗留1.3日，较去年同月延长0.1

---

[1] 连信森、邱志桦：《澳门构建文化交流基地　海外推广中华文化》，《紫荆论坛》2017年9～10月号。

日；留宿旅客在澳门停留时间延长0.1日至2.2日，不过夜旅客的停留时间则维持在0.2日。

（四）因地制宜发展文化创意产业

文化是一个城市软实力的基础内容，日益成为城市综合竞争力的基石。基于澳门的文化特色，澳门特区政府2016年9月公布的第一份五年发展规划（2016～2020年）提出了打造"文化澳门"新形象，借此增强城市竞争力。澳门可因地制宜发展文化创意产业，努力打造具有核心竞争力的文化产品和文化品牌，提升自身在"一带一路"建设或粤港澳大湾区建设中的文化角色与功能。[1]

发展文化创意产业也是澳门推动经济适度多元可持续发展的一项重要内容。特区政府为此设立了专责部门，并制定了发展文创产业的政策框架，且成立了"文化产业基金"，为培育产业成长提供资金支持。[2] 也有学者认为，澳门是一个天然的"影视基地"，不少国家或地区的摄影制作队伍经常来澳取景。澳门可在政策上和资金上支持澳门影视业的发展，营造良好的营商环境，鼓励澳门影视业制作推出影视精品。特别是支持澳门影视业将本土题材故事搬上银幕，推广澳门文化。[3]

除上述几个方面外，澳门在建设"以中华文化为主流，多元文化共存"的交流合作基地时，还应加强文化人才培养、文化研究和学术交流、文化推广等工作。[4]

总之，澳门可充分运用作为澳门文化主流的中华文化所强调的和谐、协调、灵活、开放、宽容等价值观，善用400多年中西文化交汇的特色与积淀，助力澳门参与"一带一路"建设和粤港澳大湾区建设，在谋求自身更好发展的同时，根据国家所需，发挥自身所长，积极融入国家发展大局，在国家经济社会发展和对外开放中发挥独特作用。

---

[1] 连三木：《〈深化粤港澳合作 推动大湾区建设框架协议〉评议》，《澳门经济》总第43期。
[2] 连信森、邱志桦：《澳门构建文化交流基地 海外推广中华文化》，《紫荆论坛》2017年9～10月号。
[3] 林卓华、刘景松：《澳门建设文化交流合作基地的思考》，《澳门日报》2018年8月22日。
[4] 连信森、邱志桦：《澳门构建文化交流基地 海外推广中华文化》，《紫荆论坛》2017年9～10月号。

"一国两制"的重大创新与实践：
澳门首个五年规划的执行与评估

胡鞍钢　张　新[*]

摘　要：中央与澳门特区的关系是"一国两制"实践的重要组成，澳门首个五年规划（2016~2020年）的编制与实施是"一国两制"实践的重大制度创新，但如何具体落实五年规划的实施措施、充分发挥五年规划对澳门经济社会发展的重要指导作用，确保如期实现澳门首个五年规划的总目标、主要经济社会指标等，需要对澳门首个五年规划的执行情况进行客观评估和持续研究。一是要全面开展澳门首个五年规划的中期评估，及时总结成功经验，更要突出重点，补短板、强弱项；二是要做好澳门发展战略与国家规划以及粤港澳大湾区规划对接，进一步明晰澳门的区位发展优势及方向；三是要开始制定第二个五年规划的前期调研、提出基本思路，做好项目的前期准备，为启动新一轮五年规划编制工作做好制度、组织与各方面衔接，并与国家"十四五"规划的编制形成同步互动关系。

关键词：一国两制　澳门五年规划　2020年目标　中期评估

---

[*] 胡鞍钢，清华大学国情研究院院长、公共管理学院教授；张新，清华大学国情研究院助理研究员、公共管理学院助理教授。

根据党的十九大报告要求，从现在到2020年，是全面建成小康社会决胜期。2018年，开展国家"十三五"规划的中期评估，确保如期实现全面建成小康社会的目标。对于澳门首个五年规划（2016~2020年）来说，同样面临中期评估的重要节点与任务，包括如何使澳门发展规划与国家整体规划进一步对接，确保如期实现澳门首个五年规划制定的总目标、主要经济社会指标等，进而顺利完成重大任务、建成重点项目，推动澳门经济社会发展再上新台阶。

对此，我们建议，当前要加快做好以下任务：第一，深入开展澳门首个五年规划中期评估，既要总结成功经验，又要突出抓重点，补短板、强弱项；第二，做好澳门发展战略与国家规划以及与粤港澳大湾区建设规划的对接工作，进一步明晰澳门发展定位；第三，着手制定澳门第二个五年规划的前期调研、提出基本思路等，提前做好重点项目准备工作，为正式启动五年规划编制工作做好各方面准备，同时与国家五年规划编制工作同步，形成互动关系。

清华大学国情研究院长期研究地方发展规划与国家发展规划的衔接和导向作用，因此从长远来看，我们认为，澳门的发展不仅要着眼于当前的"一带一路"建设，而且需要从五年规划的角度制定更加长远的发展愿景规划。从实践角度来说，就是怎样不断创新和发挥"一国两制"独特优势，立足澳门，对接国家和区域发展战略。

一　澳门首个五年规划执行顺利、超过预期

自澳门首个五年规划实施以来，取得了明显的落实成效，本地生产总值实际增长率从2016年的 -2.1%提升到2017年的9.1%，名义增长率更是达到11.6%，出现了2015年以来首次经济大幅上扬；物价稳定特别是民生福祉得到持续改善，居民收入中位数适度增长（比2016年增长5%），失业率稳定在2.0%，人均GDP达到7.7万美元[①]（约合62.3万澳门元、49万元

[①] 数据来源于中华人民共和国国家统计局编《中国统计摘要：2018》，中国统计出版社，2018，第189页。

人民币），高居粤港澳地区之首①。可以说，特区五年规划的编制，是"一国两制"的重要创新实践。澳门首个五年规划执行顺利，充分证明实行"一国两制"不仅是伟大的创举，而且是伟大的实践。

通过对澳门第一个五年规划中期执行情况的评估，我们可以对澳门首个五年规划的工作给予首肯和高度评价。总体来说，其一，这是澳门特别行政区自主制定的第一份地方发展规划，不仅突出"促进经济适度多元""增进民生福祉"等明确的发展定位，而且强调背靠祖国、对接国家"十三五"规划的发展根基。可以说，澳门首个五年规划的编制与实施，是地方抓住国家发展机遇，主动落实国家发展战略的重要样板，也是澳门坚定不移地全面准确落实"一国两制"伟大实践的重要创举，这是澳门经济社会2017年取得飞速发展的一个重要原因。其二，从五年规划主要目标项目的执行情况来看，澳门首个五年规划实施总体顺利，成果超出预期。特别是经济增长率由负转正、民生福利进一步提高，均超过预期规划目标，显示出澳门特区政府制定和执行五年规划方案已经取得了重要的管理经验与显著的发展成就。

二 通过中期评估总结经验、突出重点

五年规划的中期评估工作，要紧紧围绕规划明确的主题主线、主要目标、战略任务、重大改革、重点工程等实施进展情况进行全面评估，并在深入分析存在的主要问题和挑战基础上，立足规划实施、着眼长远发展，提出对策建议。

（一）首个五年规划执行情况的总体评价

清华大学国情研究院先后于2013年7月、2014年3月、2015年3月和11月、2016年2月、2017年3月对国家"十二五"规划、国家"十三五"进行跟踪性评估，采用"目标实施一致性评估"方法，判断规划实施与预期目标的一致性程度。具体分四类：未达到80%视为"进度滞后"，达到或

---

① 约为粤港澳大湾区内肇庆市近10倍。2017年肇庆人均地区生产总值为53674元。数据来自肇庆市统计局，《肇庆市2017年国民经济和社会发展统计公报》2018年4月17日。

超过80%视为"进展良好",达到90%~100%视为"接近完成",达到或超过100%视为"超额完成"。从澳门《2017落实特区五年规划》统计情况来看,2017年主要工作完成率达到93%,可以认为澳门五年规划的完成质量高、执行效果显著。

主要来看,2017年,除了本地生产总值由负转正,扭转了自2014年三季度以来的负增长,作为一份"民生规划",澳门首个五年规划在民生改善方面的亮点尤为突出。人均寿命保持在世界前列(2017年达到83.4岁),居民月工作收入中位数适度增长(比2016年和2014年分别增长5%和26%),失业率维持在2%以下的较低水平,均达到规划目标;社会保障不断完善,提前完成第二层《非强制性中央公积金制度》的构建,领取养老金人数达到10.2万人,年增长率为8.9%,大大高于年均增长3.08%的规划目标;高等教育就业居民比例达到38.1%,比2015年提高4个百分点,超过香港地区(2014年36.54%);2016年、2017年空气质量水平良好至普通的日数占全年比重分别为98%和92%,达到约束性指标的要求,海岸红树林每年新种3400株和3000株,均达到约束性要求,生态环境进一步改善。

(二) 五年规划执行情况的经验总结与问题分析

紧接着,通过五年规划的中期评估工作,既要总结成功经验,又要突出抓重点、补短板、强弱项,真正发挥中期评估对五年规划执行的监测与指导作用。

一方面,监测与评估本身不是目的,根本目标在于分析原因并指导和调整工作,要总结成功经验,包括哪些是没有料想到的成功。这就要充分总结首个五年规划执行情况超过预期的主要施政经验,吸收和借鉴内地各级政府在规划引领上的重要经验,包括如何形成"一年一监测、三年一评估、五年一编修、十年一升级"的动态规划管理方式。

另一方面,需要进一步调研7%未完成目标没有实现的原因,主要在于外部因素还是内部问题。对于意外的冲击,属于不确定、不可控、不可预期因素,在下一年要及时调整目标、做好预案;对于制约发展的思维定式、路径依赖、体制机制等内部原因,属于可控、可作为、可预期因素,要找准痛点,坚持在"立足澳门、对接国家规划"主线下,进一步激发澳门社会的市场活力,更加善于发挥"一国两制"下澳门的制度优势与政策创新,支持和引导特区政府、市场与市民形成"三方合力",在关键领域努力推进、久久为功,全面完成规划提出的目标任务。

从澳门五年规划的中期评估来看,稳步推进社会善治、不断加强区域合作,是澳门首个五年规划取得重大发展成就的最重要制度保障与最关键施政抓手。制度创新是根本保障,在政府施政、法治社会方面,到2017年,澳门已完成第一阶段的部门职能及架构重整,咨询组织委员中社会人士占总席位比重达到71.1%,电子化项目总数完成率达到147.3%,超过规划预期目标,这成为五年规划顺利实施的根本推动力;政策推动是关键助力,在区域合作方面,国家发展改革委与粤港澳三地政府签署《深化粤港澳合作 推进大湾区建设框架协议》,以及澳门实施一系列助力"一带一路"建设行动,这成为引导全社会形成政策预期、汇聚发展合力的重要制度机制保障。

三 如何进一步规范五年规划的中期评估工作

从国家经验来看,五年发展规划已经成为中国实现国家战略目标、弥补市场失灵、协调利益关系、有效配置公共资源等方面最为重要也是独有的治理工具。自国家实施"十二五"规划、"十三五"规划中期评估制度以来,这项工作的主要任务就是对标既定目标、聚焦发展短板,应对发展条件和环境的变化,在确保规划年度预期目标完成的基础上,为中长期发展奠定坚实基础。

(一)五年规划中期评估的主要内容

充分认识五年规划中期评估的指导作用,深入把握五年规划对年度发展计划的引领地位,需要通过评估五年规划的中期执行情况,整理以下方面内容。

一是总结经验。规划实现引领的核心是有各方一致的共识与发展愿景,在此基础上才能够形成"政府+市场+市民"的发展合力,积极推动和落实五年规划主要目标、发展主线和重大任务的实现。在这一点上,澳门特区政府在"一国两制"的框架下实现了特色有效、符合地方具体情况的政治运行体制创新,应该很好地总结经验、扩大宣传,以争取获得更大领域、更多社会阶层和更多市民的支持。

二是优化机制。从国家五年规划的执行实践来看,如何协同各个部门的组织、资源和行动是决定规划能否切实发挥效力的关键。澳门社会的政治架构、经济社会运行模式与内地不同,这就需要根据两年来规划的实际运行效果，及时总结成功的治理经验，同时根据规划执行中出现的"梗阻"和"痛点"，切实理顺规划执行中的部门协调、区域协同关系，以及与内地的政策规划对接等问题，整合步骤、简化流程、优化政策的执行过程。

三是目标监测。根据《澳门特别行政区五年发展规划（2016—2020年）》提出实现建成"一个中心"的愿景目标①，特别是按照第一阶段"加速建设"的要求，对标居民生活、财政储备、区域合作、生态治安等方面的落实进度。

四是任务聚焦。按照澳门五年规划提出"建设'一个中心'与发展多元经济、增进民生福祉"的发展要求，聚焦发展理念转变、发展质量提升、体制机制创新和市民获得感、幸福感、安全感增强等重点、难点和关键点，总结经验、查找短板、分析原因、提出对策，注重挖掘深层次矛盾和风险隐患，及时发现新情况、新问题，明确规划实施后半程的重点任务和要求。

五是与国家规划对接。澳门五年规划的最大特色在于推进"一国两制"的伟大实践，发挥自身独特优势，融入国家发展大局，促进澳门长期安定繁荣，这就更需要注重与国家规划、区域规划的协调对接问题。目前来看，按照国家"十三五"规划的要求，最重要的是通过自身建设世界旅游休闲中心、中国与葡语国家商贸合作服务平台等，支持"一带一路"建设、推动粤港澳大湾区和跨省合作平台建设。这就需要专门梳理在这些方面规划衔接中存在的问题与协调难题，做出更多体制创新与"两制"创举。

（二）五年规划中期评估的基本程序

从国家五年规划中期评估的框架来看，五年规划中期评估是对前两年经济社会运行情况的全面分析，主要是在以下三个方面：实施总体情况评估与主要指标进度的跟踪；存在主要问题和挑战的分析；继续强化执行的主要措施建议。

从国家五年规划中期评估的程序来看，五年规划中期评估通常是在五年规划执行的第三年年初就开始启动，一直延续到当年年底，以国家发展改革委提交全国人大常委会审议为止。具体包括以下程序。

---

① 指到21世纪30年代中期（2030年），将澳门建成一个以休闲为核心的世界级旅游中心，成为具有国际先进水平的宜居、宜业、宜行、宜游、宜乐城市。

第一轮，当年2月开始，由各地区（省、自治区、直辖市及地级市）提交中期规划评估报告，对本地区五年规划指标的进展情况特别是约束性指标的进展情况进行分析评价，包括指标完成进度、完成五年目标的态势判断等。以"十二五"规划中期评估为例，按照《中华人民共和国各级人民代表大会常务委员会监督法》要求，由国家发展改革委牵头，组织国务院各部门、各省市发展改革委分别对本领域、本地区五年规划实施情况进行中期评估并提交评估数据和评估报告，2018年中期评估采用数据截止时点为6月30日。

第二轮，当年7月起，国家发展改革委结合国家统计局7月中旬前后公布的上半年全国经济数字以及各地陆续公布的数据，并综合各地对照国家规划纲要对本地区实施情况的中期评估报告，进一步摸清全国五年规划中期的完成进度，全面检查国家规划纲要的主要目标和主要指标，特别是约束性指标和具体体现发展要求的指标的实现情况。

第三轮，到年底之前，对约束性指标的进展情况进行分析评价，包括指标完成进度、完成五年目标的态势判断等，同时组织自身以及第三方和专家进行评估，并对于下一阶段完成目标等各个方面提出政策建议。最终形成评估报告，履行相关程序后，到年底提交全国人大常委会审议。

从立法和审议程序上来说，澳门可以借鉴以上步骤制定符合本地特色和实际情况的五年规划中期评估的基本程序。

（三）五年规划中期评估的主要形式

一是地方评估与全国评估结合。五年规划评估首先是自下而上的全面评估。按照发展改革委系统的要求，各地发展改革委（省、自治区、直辖市及地级市发展改革委部门）要对本地推进落实国家五年规划纲要主要目标任务、重大工程项目、重大改革政策情况进行全面评估，不仅包括各地五年规划的多个指标进展情况，特别是约束性指标进展情况的分析评价，还包括指标完成进度、完成五年目标的态势判断等，形成全面评估报告。

二是自身评估与三方评估相结合。五年规划评估也是自评与第三方评估相结合。除了各地发展改革委要对本地区五年规划执行情况进行分析评价，还必须组织各有关方面和专家作为第三方开展本地规划实施情况的中期评估工作，并对于下一阶段完成目标等各个方面提出政策建议，形成本地规划实施情况的中期评估报告,报送本级人民政府并抄报国家发展改革委。

从形式上来说,澳门同样可以借鉴以上内容制定符合本地实际情况的五年规划中期评估的方式,组织各类社会咨询组织和专业人士参与评估。

(四) 如何突出五年规划中期评估的总体统领

做好五年规划中期评估的总体统领,是保证和发挥发展规划总体战略导向作用,健全财政、货币、产业、区域等经济政策协调机制的关键。

从澳门首个五年规划的情况来看,要确保实现澳门经济社会发展规划提出的"追求优质、高效、均衡的增长"的要求,需要聚焦实现经济社会持续健康发展,加强目标间的衔接平衡。其一,要评估规划中总量性指标与结构性指标的统筹情况,从而既保证经济稳健发展,又注重产业结构适度多元,既注重经济发展质量,又注重提高民生福祉;其二,要评估规划中约束性指标和预期性指标的统筹情况,在五年规划设定的六大类、21项项目中,强化环保、施政指标的刚性约束,评估经济、医疗、社保、教育、法治等预期性指标的导向作用,有效引导社会资源配置和市场预期;其三,要评估澳门五年规划与国家"十三五"规划、区域规划的对接工作,确保国家战略的有效实施,提升澳门在国家发展战略中的地位,推动澳门与内地优势互补、共同发展。

(五) 如何避免五年规划落实中的问题

"一分部署,九分落实"。五年规划具有总体统领性,但从实施角度来看,如何确保规划落地、保证政策落实是最大的挑战。以国家五年规划实施为例,除具有高度代表性的国家五年发展规划之外,中国的发展规划还在特定领域实现了专项领域应用化,发展出了具有高度中国特色的专项规划。

更为特殊的是,中国的各级地方政府也编制了与本地区发展紧密相关的地区规划。这些专项规划和地区规划与国家五年规划彼此分工、配合,共同组成了中国的发展规划体系。这包括:第一,以时间为主轴的总体规划,这主要指国家和各省制定的国民经济和社会发展规划;第二,以空间为主轴的主体功能区规划,主要对国土空间和布局方面进行总体性的规划;第三,以某一特定领域为主轴的专项规划,是指各部门编制的各种行业规划、专项规划、重点专项规划和项目规划；第四，以跨区域为特点的区域规划，是以跨行政区的特定区域的国民经济和社会发展为对象编制的规划；第五，以土地利用为主轴的土地规划，包括城乡规划和土地利用规划。

但随着各类规划的不断增多，诸多规划之间分工不清、落实不力、相互重叠的问题也日益凸显。集中体现在以下方面，必须加以重视和防范。

第一，规划制定主体过多。五年规划的制定是对经济社会发展的总体部署，必然需要各个职能部门分领域、分地区的具体落实，这在实际执行过程中就会出现子规划过多的情况。

第二，规划功能定位不清。一是同级规划功能定位不明，相互独立，同类规划上行下效，内容雷同，简单重复；二是不同规划之间的定位与功能存在模糊和重复。

第三，规划隶属关系不清。一是不同类型规划之间的隶属关系不清，二是不同层级规划之间的隶属关系不清，三是不同层级之间不同类型规划的隶属关系不清。

第四，规划实施缺乏抓手，一是不同类型的规划缺乏具体的抓手，其中最为突出的是主体功能区规划；二是规划年限较长，缺乏细致的年内计划。

第五，规划之间衔接不足，难以同时发挥分工协作。例如，各类总体规划、区域规划的编制主体大部分为各层级的发展改革部门，但是也有一部分专项规划由负责特定领域的专项部门负责，导致编制的科学性、专业性和可落实性降低。

四 强化五年规划引领、完善年度宏观调控

党的十八届三中全会之后，我国首次提出加快国家治理能力和治理体系现代化这一重要目标，这也标志着中国发展规划体系由此前"摸着石头过河"的快速发展阶段进入制度化、法治化和体系化的成熟发展阶段。最重要的标志是逐步实现了发展规划体系、主要原则和发展蓝图的系统性与延续性。特别是通过对五年规划的中期评估，不仅厘清了编制五年规划与实施宏观调控之间的政策逻辑关系，而且增强了中长期规划和年度计划对公共资源配置的宏观引导能力。

从理论上说，五年规划是政府宏观调控的重要载体，集中体现的是政府

的战略意图和中长期发展目标。中国宏观调控体系的建立与创新，实质上是围绕五年规划对宏观调控的指导、决策、实施建立一个跨中央地方、跨部门协调的体制机制，从而最大限度地形成了宏观调控共识和政策实施的合力，这至少具有四点优势：一是大大降低内外部经济决策信息不对称性；二是缩短经济决策的时滞，决策具有高效性；三是大大降低政策执行的制度成本和运行成本，政策实施的协同性大大提高；四是提高了政策实施的延续性和长期性，使得宏观调控的政策效应明显提升。

从实践来看，我们的实证研究也表明，国家五年规划执行好的时期，宏观经济的大起大落就比较少，经济与社会发展指标完成得也比较好。其中最关键的原因，就是政府需要针对当年规划落实困难的核心问题，制订和完善与发展规划相衔接的年度计划。

一方面，政府应当着重推动规划目标在年度范围内的可测量、可分解和可落实；另一方面，应当进一步明确年度计划的定位及与中长期规划的关系，即发展规划是规划期内年度计划编制的依据，年度计划是保障发展规划实施的重要手段。通过年度计划与发展规划的衔接，对规划目标的财政、人力资源进行有效配置，从而保持重大经济政策和重大建设项目的连续性，落实发展规划、目标和重大任务，确保规划期内经济社会发展总体目标的实现。具体来说，这需要做好以下政策引导与约束协同工作。

一是强化规划对宏观调控政策的引导约束。增强中长期规划和年度计划对公共预算、国土开发、资源配置等政策措施的宏观引导、统筹协调功能，实现宏观调控的目标和措施有机结合，提高规划的引领性、指导性和约束性。

二是健全规划体系。加强规划统筹管理，构建层次分明、功能清晰、相互协调的发展规划体系，强化专项规划和区域规划对总体规划、地方规划对国家规划的支撑，提升规划的系统性。

三是创新规划实施机制。在中长期规划纲要中期评估和终结评估的基础上，组织开展年度监测评估，强化国家战略在各个层面的统一落实，确保一张蓝图干到底。

五　做好规划衔接、确保2020年目标全面实现

在此基础上，我们建议，应当充分结合国际环境与内部环境发生的主要

变化，着手制定澳门2035年目标以及第二个五年规划，尽快开展澳门第二个五年规划的前期调研、提出基本思路等，提前做好重点项目准备工作，为正式启动五年规划编制工作做好各方面准备，同时与国家五年规划编制工作同步，形成互动关系。

目前，通过"十三五"规划中期评估，各地方已经认识到了自身在执行"十三五"规划中的一些深层次问题。从澳门的实际情况来看，一方面，需要进一步分析2018年国际经贸形势与政治环境发生的重大变化；另一方面，还需要立足本地，深入研究经济增长要素和约束条件对经济社会发展产生的中长期影响，例如土地资源匮乏、人力资源不足、专业人才短缺、市场规模有限等因素。这类深层次制约澳门经济长期发展的问题，需要尽快找到解决措施，提前做好五年规划的调整与衔接工作。主要来说，包括以下几个方面的建议。

第一，补齐澳门五年规划的发展短板。澳门首个五年规划的发展主线是"以人为本，科学决策"，"发展经济、改善民生"，推进人的全面发展，致力维护社会和谐、促进社会公平。可以说，完成五年发展规划中六大类、21项主要指标，就意味着首个五年规划确定的经济社会发展任务胜利实现。对照澳门五年发展规划的要求，目前经济增速、居民收入、就业、城市绿化以及优化咨询组织等都完成良好，城市的空气质量改善完成进度也良好，这都表明澳门五年规划的大部分指标完成进度良好。但在教育、就业、环境保护等方面的指标尚须加大跟进力度，这就需要结合25项重点工程、重点工作的推进情况，加快推进4项行动计划，力争完成年度规定任务。

第二，注重挖掘深层次矛盾。要根据澳门首个五年规划实施情况的中期评估，立足"注重与国家规划、区域规划的协调和对接"，坚持"推进建设'一个中心'与发展多元经济、增进民生福祉的一致性"，"坚持经济社会的全面、协调、可持续发展，重视澳门社会的整体进步"，按照"优质、高效、均衡的增长"的发展要求，满足广大居民向往美好生活的期望，聚焦发展理念转变、发展质量提升、体制机制创新和居民获得感、幸福感、安全感增强等重点、难点和关键点，总结经验、查找短板、分析原因、提出对策，注重挖掘深层次矛盾和风险隐患，及时发现新情况、新问题，明确规划实施后半程的重点任务和要求。

第三，做好区域规划衔接，发挥澳门资源集聚优势。从地区发展来看，继续做好澳门发展战略与粤港澳大湾区建设规划对接工作，进一步明晰澳门的发展定位，共同打造世界级城市群。目前澳门与粤港澳大湾区的规划对接至少要破解两大问题：一是发展定位，二是政策特殊性。

其一，从产业发展来说，李克强总理在2017年政府工作报告中首次明确提出研究制定粤港澳大湾区城市群发展规划，2018年在政府工作报告中提出"出台实施粤港澳大湾区发展规划纲要，全面推进内地同香港、澳门互利合作"，首先要明确粤港澳大湾区的发展方向。从国际情况来看，旧金山湾区被称为"科技湾区"、纽约湾区被称为"金融湾区"、东京湾区被称为"产业湾区"。实际上，从国家"十三五"规划来看，粤港澳至少是深化港澳与内地融合、带动泛珠三角发展、助力"一带一路"建设三者的交会区，这就需要对澳门包括澳门与三地关系进行再定位。

其二，国家提出要高质量、高起点谋划好粤港澳大湾区建设，这就需要做好深度和充分的前期政策调研，解决"一个国家、两种制度、三种货币"面临的问题，充分打造澳门乃至在粤港澳地区的资源集聚优势，发挥澳门的人才吸引优势。2017年，粤港澳大湾区11座城市常住人口共计6956.83万人，较2016年增加159.85万人，成为人才"引力场"。据预测，粤港澳大湾区的人口到2050年将达到1.2亿~1.4亿人，如何做好"一国两制"的政策创新，是澳门发展下一步面临的重大课题。

第四，紧紧抓住"一带一路"发展机遇。通过到很多地方和大型央企的实地调研，我们发现各主要负责领导都深刻感到2013年成为企业发展再上新台阶的重要时点，一个重要原因就是通过"一带一路"国际合作"走出去"，中国已经是世界第二大经济体、第一大货物贸易国和主要对外投资大国，中国正处于吸引外商直接投资（FDI）和扩大对外直接投资（ODI）并重的窗口期，ODI年均增速保持两位数。随着"一带一路"倡议的提出，《丝绸之路经济带和21世纪海上丝绸之路建设战略规划》（2014）和《推动共建丝绸之路经济带和21世纪海上丝绸之路的愿景与行动》（2015）的发布，特别是"一带一路"国际合作高峰论坛（2017）的成功召开，中国已经成为自身和世界包括周边沿线地区的最大机遇提供者和经济增长发动机。2017年中国已经成为第二服务贸易大国和服务外包接包国；不仅中国的进口占全球1/10左右，是世界最大的市场之一，而且对发展中国家和新兴市场的外贸比重已达到 46.2%,^① 可以说,澳门只有找准与国家发展同行的定位和切入点,才能最大化自身的发展利益。

第五,适时提出 2035 年澳门的发展目标。经过"一国两制"的成功实践,澳门经济和综合实力产生了历史性跨越。当前,中华民族伟大复兴事业迈入新时代,澳门建设"一个中心"进入新阶段,加快建设步伐、丰富建设内涵、优化建设结构是澳门经济社会发展的未来趋势,这就需要与国家 2020 年全面建成小康社会、2035 年基本实现现代化的发展目标和任务相对接,更重要的是在"一国两制"的框架内创新制度优势,做好澳门第二个五年规划与国家规划的对接,参照规划方法明确自身发展目标、总体方向、解决发展问题,这既需要对标国家的发展战略与要求,又要结合自身的发展特点和发展阶段,根本是发挥好政府与市场"两只手"的作用。这就需要进一步做好以下研究:一是澳门自身定位,明确澳门的发展水平、发展阶段、特色优势;二是国家对澳门发展的战略定位,明确澳门在国家发展战略中服务什么、为谁服务的重大战略问题;三是澳门怎样承担国家发展规划的重要任务,如何借助国家经济发展与对外开放,推动澳门经济适度多元、拓宽发展空间。

---

① 国务院研究室编写组:《十三届全国人大一次会议〈政府工作报告〉辅导读本 (2018)》,人民出版社,2018,第 70 页。

粤港澳合作参与"一带一路"建设的制度分析

李雁玲　鄞益奋[*]

摘　要：粤港、粤澳分别出台了合作参与国家"一带一路"建设的制度文本，确立了合作重点。粤港、粤澳合作参与"一带一路"建设，存在合作联席会议机制松散、中央顶层设计缺失以及执行机制不到位等问题，未来需要改革和完善粤港澳携手参与"一带一路"建设的合作制度，成立一个专责管理粤港澳合作事务的常设性机构，加强中央政府的协调作用，形成通畅的政策制定—执行链条。在粤港澳大湾区建设的机遇面前，应该着手从合理定位粤港澳大湾区在"一带一路"建设中的角色、促进要素自由流动以及创新通关模式等方面进行制度创新。

关键词：粤港澳合作　一带一路　粤港澳大湾区

前　言

"一带一路"倡议于2013年习近平主席出访哈萨克斯坦和印度尼西亚时提出，是中国提供的惠及沿线数十个国家的国际公共产品。近年来，"一

---

[*] 李雁玲，经济学博士，思路智库监事长；鄞益奋，澳门理工学院社会经济与公共政策研究所所长、副教授，思路智库副理事长。

带一路"建设从无到有、由点及面，取得了举世瞩目的成绩，得到全球100多个国家和国际组织的积极响应与支持。

对于参与"一带一路"建设，广东省政府和香港、澳门特区政府都高度重视、积极参与。2015年3月，《推动共建丝绸之路经济带和21世纪海上丝绸之路的愿景与行动》发布后，广东省便在全国率先发布《广东省参与建设"一带一路"的实施方案》，成为全国首个上报实施方案、完成与"一带一路"建设规划衔接的省份。香港特区政府也建立了较为系统的组织机构体系，在香港贸发局成立了"一带一路"委员会并下设五个专责工作小组，分别就国际、中国内地及东盟市场、专业服务、中小企业及青年、宣传及传讯等范畴，针对不同市场加强推广。澳门高度重视参与和助力"一带一路"建设。在《推动共建丝绸之路经济带和21世纪海上丝绸之路的愿景与行动》发布后不久，行政长官崔世安就表示，特区政府十分重视并将全力配合中央政府有关澳门特区参与"一带一路"的路径，澳门将以积极的态度参与"一带一路"建设，为国家发展做出最大努力，并借此推动澳门特区新一轮的发展。

当前，广东省政府和香港、澳门特区政府决定携手合作，共同参与"一带一路"建设。广东省政府和香港、澳门特区政府携手合作参与"一带一路"建设，是基于优势互补、互利互惠的需要。在助力"一带一路"建设中，香港有着金融、交通物流、专业服务、开放平台、人文交流五大优势，澳门有着建设世界旅游休闲中心和中国与葡语国家商贸合作服务平台优势，广东省则是内地与沿线国家经贸合作量最大、人文交流最密切的省份。通过粤港澳三地合作，可以发挥港澳的高度国际化、商贸自由港、独立货币金融政策、低税率以及国家政策支持等优势，同时克服港澳本身存在的劣势和不足，在携手参与"一带一路"建设中促进港澳经济社会的全面发展，确保香港和澳门长期繁荣稳定。

香港和澳门自回归祖国以来，从CEPA及其补充协议的签署实施，到跨境工业园区等一系列重大基础设施建设项目的启动，从开放内地居民"个人游"、批准港澳银行开办人民币业务，到《粤港合作框架协议》《粤澳合作框架协议》的签署，广东省与香港、澳门合作的广度和深度不断拓展。共同参与"一带一路"建设，是未来粤港澳合作的突出内容，也为粤港澳合作迎来了全新的发展机遇，为广东省率先全面建成小康社会、香港的可持续发展、澳门的"一个中心"和"一个平台"建设提供了重要的支撑。

一 粤港澳合作参与"一带一路"建设的制度文本

广东省充分意识到,香港和澳门是国家推进"一带一路"建设的重要枢纽,同时也是广东省"走出去"、参与"一带一路"建设的合作伙伴,由此形成了粤港合作参与"一带一路"建设和粤澳合作参与"一带一路"建设的两大制度文本。

(一)《粤港携手参与国家"一带一路"建设合作意向书》

2015年,广东省和香港双方密切配合,成功举办了粤港经济技术贸易合作交流会和"海博会",组织两地政府部门、商协会和企业就联手参与"一带一路"建设开展务实交流,推动商会间建立常态化联络机制,借助香港平台和渠道"走出去"。在2016年粤港合作联席会议第十九次会议上,广东省和香港特区签署了《粤港携手参与国家"一带一路"建设合作意向书》,着力发挥香港"超级联系人"和广东制造业发达的优势,支持、引导粤港两地企业携手到"一带一路"沿线国家投资发展。粤港双方携手参与"一带一路"建设,是2016年粤港合作联席会议的一大亮点。

根据《合作意向书》,粤港携手参与"一带一路"建设主要涵盖四大领域:深化国际贸易服务合作,推动香港和广东优势互补,加强与"一带一路"沿线国家的市场对接;深化投资、金融服务合作;加强法律、会计等专业服务合作;深化航运服务合作等。为此,香港金融管理局已成立"基建融资促进办公室",为香港、内地以及"一带一路"沿线国家的投资者提供一个资讯交流和经验分享的平台,促进基建投融资活动。此外,香港投资推广署将与广东省政府部门及相关的商贸机构合办更多投资推广活动,以加强宣传香港作为内地企业"走出去"的理想平台,并鼓励广东的企业利用香港的营商优势,拓展"一带一路"沿线国家的业务。

(二)《粤澳携手参与国家"一带一路"建设合作意向书》

在2016年粤澳合作联席会议的会后,广东省政府和澳门特区政府签署了《粤澳携手参与国家"一带一路"建设合作意向书》，确定了广东省和澳门将从促进要素便捷流动、培育粤澳合作新优势、加快重点合作区域建设、促进粤澳旅游产业合作发展四个方面来强化合作，携手参与国家"一带一路"建设。

首先，粤澳两地人流、物流、资金流、信息流流动的自由化和便捷化是促进粤澳两地合作进程和合作成效的关键所在，也是粤澳两地合作内容的重点突破口。因此，在粤澳携手参与国家"一带一路"建设合作意向中，首要的重点便锁定在粤澳两地要素的便捷流动上。

其次，如何整合发挥广东省和澳门的既有优势，为粤澳合作参与"一带一路"建设提供一个可靠的支点，是粤澳携手参与国家"一带一路"建设的第二个合作重点。粤澳合作需要不断培育合作的新优势，才能为自身在参与"一带一路"建设中寻求更为牢固和扎实的基础。粤澳两地在参与"一带一路"建设中有自身不可代替的优势，广东省有中外海上贸易枢纽的历史优势、中国重要出海口的区位优势、内外畅达的通道优势、先发先行的产业链分工优势、合作密切的商贸优势以及华人华侨众多等优势，澳门也有中国与葡语国家商贸合作服务平台、博彩旅游业和多元文化交融等优势。

再次，粤澳在重点合作区域建设上已经有良好的基础。重点合作区域的建设，进一步充实和丰富了粤澳携手参与国家"一带一路"建设的内容。

最后，"一带一路"倡议和旅游业的发展有着密不可分的关系。习近平主席就曾经说过，"应该发展丝绸之路特色旅游，让旅游合作和互联互通建设相互促进"。[①] 随着"一带一路"建设的不断推进，旅游作为"一带一路"建设的重要组成部分，在"一带一路"建设中越来越彰显其重要性。在这种情况下，粤澳两地政府决定，深化粤澳国际旅游产业的合作，促进粤澳旅游产业向"一带一路"沿线国家拓展及延伸。由此，促进粤澳旅游产业合作发展也自然成为粤澳携手参与国家"一带一路"建设的重点内容。

---

① 《"一带一路"和互联互通相融相近、相辅相成》，载《习近平谈治国理政》（第二卷），外文出版社，2017，第498~499页。

二 粤港澳合作参与"一带一路"建设面临的问题

多年来,在中央的指导支持下,粤港澳合作的内容、层次和范围都在不断深化拓展。通过粤港澳合作联席会议机制,粤港澳三地在经济、社会、文化等领域的合作不断取得新进展。然而,粤港澳合作至今仍没有建立一个涵盖动力机制、协调机制、分配机制和补偿机制等的系统化合作制度。目前,粤港澳合作参与"一带一路"建设在制度上存在的问题,主要体现在合作联席会议机制的松散性、中央顶层设计的缺失以及执行机制的不到位等方面。粤港澳合作制度存在的这些不足在一定程度上牵制和阻碍三地携手参与"一带一路"建设的成效。

(一)合作联席会议机制的松散性

香港和澳门回归以后,粤港和粤澳合作逐渐由自发性的民间主导上升为制度化的政府主导,形成了政府间的协调合作机制。自1998年起,为促进粤港合作,广东省和香港特别行政区每年一次轮流在广州和香港举办"粤港合作联席会议",由广东省与香港特区政府高层人员组成,由两地行政首长共同主持。联席会议的目的是全面加强粤港的多方面合作,加强两地在贸易、经济、基建发展、水陆空运输、道路、海关旅客等方面事务的协调,"粤港合作联席会议"下设立15个专责小组。

2001年,"粤澳高层会晤制度"开始运作,设立粤澳合作联络小组作为常设机构,每年轮流在广东和澳门举行不少于一次的全体会议。同年,粤澳合作联络小组在澳门召开首次会议,决定下设经贸、旅游、基建交通和环保合作四个专责小组以及多个专项小组。2003年,"粤澳合作联席会议"取代了原有的"粤澳高层会晤制度"。2003年以来,"粤澳合作联席会议"每年举行一次,两地行政首长共同出席并主持会议,对合作方向、合作重点及重大经济社会问题进行磋商,使合作能够有计划、有组织地开展。"粤澳合作联席会议"下设联络办公室作为常设机构,同时设立了环保、科技、供水、服务业、食品安全、中医药产业、珠澳合作等领域的合作专责小组。

但粤港合作联席会议和粤澳合作联席会议没有设立固定化的机构对双方的合作行为进行规范、执行和监督，而主要依托于合作联席会议机制进行合作。虽然合作联席会议下面有多个合作专责小组，但小组基本上也以开会的方式来进行运作。换言之，合作联席会议的制度体系基本上止于会议形式的制度和机制。因此，合作联席会议虽有着定期性、针对性、高端性等优点，但本质上并非一个控制紧密的科层组织，存在着松散性和约束性不足的缺陷。合作联席会议机制本身的局限还在于，两地最高行政领导一旦换届和更替，就可能对原有合作的稳定性和连续性有所损害。

（二）中央顶层设计的缺位

广东省与香港和澳门两个特别行政区的合作，是"一国两制"下的地方政府与特别行政区政府的合作。这种合作离不开中央政府的统一领导和规划。这是因为，"广东与港澳在经济社会发展事权方面并非处于同等地位，深度整合及制度构建中遇到的问题及解决的事权，更多在中央层面，需要中央加以协调"①。

"一带一路"是国家层面的倡议，中央政府有责任制定协调各级地方政府间合作的规划，以确保该倡议的良性运作。国家发展和改革委员会、外交部、商务部联合发布的《推动共建丝绸之路经济带和21世纪海上丝绸之路的愿景与行动》是"一带一路"中央顶层设计的重要方案。它划定了中国经济对外发展的五条国际大通道，圈定了沿线18个省份，并将新疆、福建分别设定为陆海"两翼"核心区。在该方案下，中国不少地方政府积极参与"一带一路"建设。但这份方案并没有鲜明指出地方政府间合作的问题。"从规范合作而言，如果不从顶层设计上管理地方政府间合作行为，不制定一套指导性政策，则会导致地方政府间无序竞争，更谈不上开展有效合作。"② 这就意味着，在粤港澳合作参与"一带一路"建设方面，中央政府的顶层设计至少在制度文本层面是缺位的，在粤澳两地合作的实际过程中，

---

① 黎泽国：《粤港粤澳合作框架协议实施考察》，《开放导报》2017年第2期，第30~35页。
② 齐峰：《地方政府参与"一带一路"战略的竞合关系探析》，《天津行政学院学报》2015年第6期，第46~53页。

本应该对粤港澳两地合作起重要作用的中央政府的作用边界、干预方式、组织依托等尚未明确。这就容易导致粤港澳合作在化解合作冲突、分配合作利益等实际问题上，难以更好地从整体观和大局观方面来把握方向，从而影响粤港澳合作成效的进一步提升。

（三）执行机制的不到位

在粤港和粤澳签订了合作意向书后，香港金融管理局成立"基建融资促进办公室"，澳门特区政府成立了有关的委员会，来执行和落实参与"一带一路"建设的工作。在粤澳合作中，粤澳两地政府设立了联络办公室，分别为广东省港澳事务办公室和澳门行政长官办公室，构建了合作参与"一带一路"建设事宜的联络机制。由此，在政策执行层面上，粤港澳携手参与"一带一路"建设已经具备了相应的机构依托。但从政策执行机制的角度来看，仍需要进一步审视和把握粤港澳携手参与"一带一路"建设在执行层面所存在的问题。

比如，作为粤澳合作联席会议下的珠澳合作会议，就没有很好地起到作为粤澳合作联席会议执行链条的作用。从制度设计的本意来看，珠澳合作专责小组最初设立的目的是作为粤澳合作联席会议下辖的工作小组，直接向粤澳合作联席会议负责。然而从粤澳合作和珠澳合作的实践看，粤澳合作联席会议和珠澳合作会议的关系并没有预想中紧密，没有形成较为严格的"计划—执行"关系。比如，近两年珠澳合作会议基本上在粤澳合作联席会议举行的半年后才举办，而且珠澳合作会议的既定内容都是在总结珠澳一年来的合作成果以及提出新的合作思路，粤澳联席会议的精神和计划没有成为珠澳合作的必要讨论议程。可见，粤澳合作联席会议的执行机制是没有完全到位的，虽然有了诸如珠澳合作会议等形式的执行小组，但执行小组没有真正承担起粤澳合作联席会议的执行者角色。

三 粤港澳携手参与"一带一路"建设合作的制度改革方向

为顺利推进粤港澳携手参与"一带一路"建设，需要从当前存在的问题出发，不断改革和完善粤港澳携手参与"一带一路"建设的合作制度，成立一个专责管理粤港澳合作事务的常设性机构,加强中央政府层面的顶层设计,形成通畅的政策制定—执行链条。

(一) 成立粤港澳合作的专责机构

粤港澳的合作主体间是一种平等合作的关系,而不是一种自上而下的科层关系。尽管粤港澳两地在经济实力方面有所差别,但粤港澳三地的合作本质上是一种平等互动、相互依赖、利益协调的关系。从理论上讲,"利益协调需要有一定的组织机构来组织和实施"[1]。从国际视野看,区域合作成功的地区往往有专责机构来协调。例如,欧盟可借鉴的宝贵经验之一在于其拥有完备的组织机构,保证了其区域政策运作的规范性。在欧盟体制中,欧盟一级的协调机构就包括欧洲委员会、部长委员会、常任代表委员会、欧洲议会、经济与社会委员会和区域委员会。

因此,为了提升粤港澳合作的成效,从长期看应该成立一个专责管理粤港澳合作事务的常设性机构。在这方面,有学者提出,"我国目前应建立起超越地方政府的具有政治权威的区域管理机构,并以法律化的形式将固定下来,明确其职权,并赋予其高度的监督及调控区域利益的权力,而不是一种无实权的'虚设'机构"[2]。"总体来看,粤港澳的合作应该从现在以地方为主的双边协商机制转变为中央主导下的三边协商机制;由联席会议机制向联席会议与常设机构相结合的机制转变。"[3]

(二) 加强中央政府的协调作用

在粤港澳携手参与"一带一路"建设中,中央政府发挥着宏观规划、整体控制及利益协调等方面的积极作用,是合作协调机制不可或缺的重要一环。正如有研究指出的,"我国区域经济发展的加快,也内在地需要中央政府着力加强深化区域合作管理的职能建设,处理好区域合作中的规划、监督、资金分配和利益平衡等问题。通过国家层面的统一规划,使各地区产业错位发展、相互衔接。中央政府既应对国家区域经济发展规划的落实进行监

---

[1] 王克修:《对泛珠三角区域利益协调机制建设的思考》,《湖南行政学院学报》2008年第5期,第72~74页。
[2] 杨玉梅:《欧盟区域政策述评》,《经济问题探索》2007年第1期,第47~51页。
[3] 陈广汉:《推进粤港澳经济一体化研究》,《珠江经济》2008年第6期,第4~9页。

督，也应对各种形式的地方政府之间的合作协议的实施情况和利益分配补偿情况进行监督"[①]。

一方面，中央政府在城市间合作中可以发挥宏观规划的作用，可以在国家宏观层面对城市间的合作发挥整体规划的指导作用。另一方面，中央政府可以对城市间可能的利益冲突充当公正裁判的角色，可以发挥作为超越于地方政府利益争端的公正裁判的作用，并进一步促进城市政府的利益激励和利益补偿。

2018年8月，"粤港澳大湾区建设领导小组"举行第一次全体会议，国务院副总理韩正任组长，香港行政长官林郑月娥及澳门行政长官崔世安均担任小组成员。香港和澳门特区行政长官参与中央高层架构的工作，既显示了中央政府对港澳在大湾区建设和港澳融入国家发展大局方面的高度重视与信任，也意味着中央政府的协调作用在粤港澳合作的实践中将日益彰显和强化。

（三）形成通畅的政策制定—执行链条

从粤港澳合作多年来的实践看，粤港澳合作不仅涉及广东省政府与香港、澳门特区政府的合作关系，而且涉及中央政府以及广州、深圳、珠海等城市政府与香港、澳门特区政府的关系。表面上，粤港澳合作中的政府间关系就是广东省政府与香港、澳门特区政府的关系，但粤港澳合作的落实要依托深港合作、珠澳合作、穗澳合作等城市间的合作。因此，在粤港澳合作的实践中，不可避免地会涉及城市政府间的合作关系，而城市政府事实上充当了粤港澳合作的执行者角色。

理顺城市间的合作关系，需要构建城市间的自我协调机制。应该着重从实际情况出发，共同深入讨论合作要求、合作优势以及合作障碍等议题。例如，香港、澳门与深圳、珠海等城市的合作，就应该从彼此的实际情况出发，更为具体而有针对性地细化和明晰双方最为紧迫与实际的利益要求，把解决困扰两地的问题和实现两地的要求作为合作的共同目标与宗旨。

---

① 重庆市中国特色社会主义理论体系研究中心：《加强地方政府合作　促进区域协调发展》，《人民日报》2011年8月30日。

四 粤港澳大湾区下的粤港澳合作制度创新

粤港澳大湾区是由香港、澳门两个特别行政区和广东省的广州、深圳、珠海、佛山、中山、东莞、肇庆、江门、惠州九个城市组成的城市群,是中国建设世界级城市群和参与全球竞争的重要空间载体。粤港澳大湾区建设标志着粤港澳合作进入崭新的发展阶段。在粤港澳合作参与"一带一路"建设中,需要将粤港澳大湾区建设和"一带一路"建设有机结合起来,进行制度创新,实现粤港澳大湾区建设和"一带一路"建设的共同推进。

(一) 合理定位粤港澳大湾区参与"一带一路"建设的角色

自"一带一路"倡议提出以来,中国各大省市和各大区域都根据自身的特点和优势纷纷提出参与和助力"一带一路"建设的定位、角色和策略。比如,北京立足于"首都城市"定位,着力打造"对外交往平台""人文交流平台""科技支撑平台""服务支持平台"四大平台,积极参与"一带一路"建设;上海则突出自身在外资企业方面的突出优势,将上海的主要角色之一确立在"外资进入中国的桥头堡"方面,致力不断改善外商在上海的投资环境,期望抓住"一带一路"的机遇,进一步提高上海的城市竞争力;香港则以"全球最为自由的经济体"和"中国最为国际化的城市"的特色出发,将香港在"一带一路"建设中的角色定位在"超级联系人、投资者、运营者"等方面。

粤港澳大湾区包括香港特别行政区、澳门特别行政区和广东省广州市、深圳市、珠海市、佛山市、惠州市、东莞市、中山市、江门市、肇庆市,"总面积5.6万平方公里,2017年末人口约7000万人,是我国开放程度最高、经济活力最强的区域之一,在国家发展大局中具有重要战略地位"。[①]粤港澳大湾区具备扎实的经济基础、强劲的经济增长能力,拥有"21世纪海上丝绸之路"战略要冲地位,具有侨乡、英语和葡语三大文化纽带。依

---

① 《粤港澳大湾区发展规划纲要》,新华网,2019年2月18日,http://www.xinhuanet.com/politics/2019-02/18/c_1124131474.htm。

靠这个基础，粤港澳大湾区应定位为"一带一路"的重要枢纽和核心发力点，成为"一带一路"建设的重要支撑区。

（二）促进要素便捷流动

众所周知，粤港澳处于不同的关税区，拥有不同的货币，实行不同的税制，这是"一国两制"优势的集中体现，但同时限制了粤港澳三地人流、物流、资金流、信息流等生产要素的自由流动。其中，人流、物流和资金流可以说是粤港澳合作乃至粤港澳大湾区融合的三大关键点。目前，由于税率、政策限制、政策宣传不到位等诸多因素，粤港澳两地的人才和人力资源无法自由和便捷流动。比如，以税率为例，按照目前广东省的规定，在广东省工作的港澳及境外科研人员，受限于"183天"的个人所得税规定，即按目前的规定，境外人士在内地就业超过183天，需要按照内地税率来交税。而在香港和澳门，个税起征点比较高，如在香港月收入两万港元基本不用交税。另外，粤港澳两地在物流方面也存在一定的障碍，比如在科研设备的流通上，就需要征收关税，还要办理申请许可，以及各种各样的流程，没有物流的绿色通道，限制了粤港澳三地在科技创新等方面的合作成效。

（三）创新通关模式

要促进粤港澳经济深度合作，促进人流、物流、资金流等生产要素的自由流动，最终往往要落实到粤港澳通关模式的制度创新上。目前，粤港澳三地口岸通关能力已经逐渐不能满足人流、物流迅猛增长的实际需求，反映了粤港澳三地在口岸通关方面存在重复查验、耗时耗力的问题，造成了粤港澳人员往来不便的问题。

为此，不断探索三地通关模式的便利化，是粤港澳三地不断融合的主要风向标，也是粤港澳大湾区建设的一个重要内容。目前，在粤港通关模式方面，已经逐步推动广深港高铁口岸"一地两检"合作安排协议正式签署，扩大粤港检验检测结果互认范畴，实施"一机一台、合作查验、分别处置"的关检合作查验模式；在粤澳通关模式方面，港珠澳大桥通车后在通关模式上采取"三地三检"，三地口岸由三地政府各自负责设立和管理。其中，珠海、澳门之间更是首次探索实现"合作查验、一次放行"和"入境查验、出境监控"的创新模式。

结　语

粤港澳合作参与"一带一路"建设，既能弥补粤港澳三地的短板、实现优势互补，又承载着探索实践"一国两制"的历史使命，是未来粤港澳合作的重点内容。对香港和澳门而言，和广东省一同参与"一带一路"建设更是意味深长，它是发挥香港和澳门所长、满足国家所需的一个发力点，也是香港和澳门深度融入国家发展的重要依托。为了确保粤港澳携手参与"一带一路"建设的顺利推进，需要检讨粤港澳合作制度存在的问题，理顺粤港澳三地的合作关系，在新的历史机遇面前进行对接"粤港澳大湾区"和"一带一路"建设的制度创新；为粤港澳合作参与"一带一路"建设确立良好的制度保障。

澳门携手东南亚国家青年，积极投身"一带一路"建设

何嘉伦[*]

摘　要：青年是旅游经济体系的生力军，澳门与东南亚地区都是热门的旅游地，酒店、会展、旅游业是两地区的龙头行业，是两地区整体经济的最重要组成部分，借着"一带一路"建设这个契机，从企业岗位实习培训、青年创业孵化、交流平台建立、政府政策补助等层面，带动两地区青年在酒店、旅游、会展行业发挥所长。澳门青年以实际行动通过文化和创新诠释民族品牌的国际力量，助力中国文化"软实力"的输出，开拓文化输出之路。抓住澳门获评"美食之都"的良好机遇，发挥澳门在会展、旅游等领域的优势，为青年搭建交流平台，提供创业支持。

关键词：旅游经济　美食文化　文化输出

"志合者，不以山海为远"，古丝绸之路绵亘万里，延续千年，积淀了以和平合作、开放包容、互学互鉴、互利共赢为核心的丝路精神。这是人类文明的宝贵遗产。中国与东南亚国家相距数千里，但在经济、外交和人文领域有深厚的合作基础，经贸联系尤其活跃。"一带一路"建设将加深中国与东南亚国家在经济方面的相互紧靠程度，成为关系更紧密的贸易伙伴。"一

---

[*] 何嘉伦，工商管理学博士，思路智库副会长、澳门青年企业家协会会长。

带一路"这一重大倡议不是中国的独奏曲，而是各国共同参与的交响乐，它顺应世界多极化、经济全球化、文化多样化、社会信息化潮流，坚持共商、共建、共享原则，传承和弘扬丝路精神，契合沿线各国多元、自主、平衡、可持续发展的需要，致力于构建全方位、多层次、复合型的互联互通网络，受到国际社会普遍欢迎和积极参与，已成为中国首倡、各国受益的重要国际公共产品。在"一带一路"倡议下，许多中国有实力的企业搭乘快车道大规模投资东南亚国家，推动东南亚国家的经济发展。

一 发挥青年力量，推动旅游经济发展

青年是旅游经济体系的生力军，澳门与东南亚地区都是热门的旅游地，酒店、会展、旅游业是两地区的龙头行业，是两地区整体经济的最重要组成部分，借着"一带一路"建设这个契机，从企业岗位实习培训、青年创业孵化、交流平台建立、政府政策补助等层面，带动两地区青年在酒店、旅游、会展行业发挥所长。澳门特别行政区政府旅游局研究编制了《澳门旅游业发展总体规划》，制定了澳门旅游业未来十五年的发展蓝图和行动纲领，确保澳门旅游业能朝着全面配合国家及特区政府的发展方向迈进，并将成立由社会文化司司长领导的澳门旅游业发展总体规划跨部门策导小组，实现澳门建设"世界旅游休闲中心"的愿景，并积极对接和参与"一带一路"建设，为澳门旅游业的发展开拓新契机。而在数千公里外的东南亚，凭借极具诱惑力的伊甸园一般的岛屿、古老的寺庙和美味的食物成为近年极受欢迎的旅游目的地。

2017年，中国成为东南亚国家最大的旅客来源国。以新加坡为例，2017年1月至9月，新加坡1740万名旅客中，中国旅客有320万人，总花费超30亿新币。造访东南亚的人数在过去10年增加了4倍，而这样的热潮若要持续，基础建设和人才培养、吸纳必须有所改善。

为了配合澳门与东南亚地区蓬勃发展的旅游业，积极推动两地区青年企业家及早投入"一带一路"建设，加强东南亚青年企业家交流。从人才培训入手，建议增加青年企业家在"一带一路"沿线国家旅游、酒店、餐饮、会展等行业名优企业的交流机会，也邀请东南亚等"一带一路"沿线国家和地区的青年企业家来澳交流，进行旅游服务业培训，借此为澳

门及东南亚等"一带一路"国家和地区储备更多的人才。建立随访机制和校友会，邀请曾参加实习交流的人士回校与同学交流心得。另外，着眼于青年创业孵化，组织两地区青年创业者、青商协会、孵化机构走进校园。亦可邀请创业先行者走进校园做演讲分享经验，让澳门和东南亚等"一带一路"沿线国家和地区的在校青年了解创业心得、市场动向、社会发展动态等，加强两地区青年对创新旅游事业发展的启蒙。为在校青年组织现金流工作坊及创业分享，定期于"孵化中心"举办经验交流会，推动青年创业孵化。

建立沟通交流平台，让澳门和东南亚及其他"一带一路"沿线国家和地区从事创意产业发展的青年企业家合作交流，共同打造具有特色的国际精品旅游线路和旅游产品，进一步扩大与东南亚国家的合作空间。可利用社交平台让两地区青年交流意见，亦可邀请创业先行者进驻平台，便于青年按自身情况提出问题。

特区政府应优化青年创新创业政策，构建可持续培训机制，可提供创业方面的进修课程，定时邀请顾问及导师提供专业意见，提高创业青年的商业、管理能力。

推动创新创业扶助，制定更加符合创新创业机制的政策，优化各类援助计划。据国家旅游局预计，"十三五"时期，中国每年将为"一带一路"沿线国家输送1.5亿人次中国游客、拉动2000亿美元旅游消费。同时，中国将吸引"一带一路"沿线国家约8500万人次游客来华旅游、拉动旅游消费约1100亿美元。当今，全局旅游发展时代已经来临，以景点旅游为发展模式已不适应未来经济发展。国家旅游局将在强化现有景区建设的同时，加快"一带一路"等重点旅游带、区域旅游发展。"一带一路"建设将为旅游业发展带来巨大机遇。

澳门中西文化荟萃，既是购物天堂，又是美食之都；既有大都会的动感魅力，也有怡人的大自然景色。澳门是全球最受欢迎的旅游目的地之一，对"一带一路"沿线地区的民众具有较大的吸引力。同时，澳门地处枢纽位置，与广东和香港景点的互补性很强。国家应支持深化两地旅游产业合作，发挥澳门的优势，实现建设中国与葡语国家商贸合作服务平台、世界旅游休闲中心的目标，形成"一程多站"的旅游体，以利用"一带一路"建设所带来的机遇，进一步做大、做强澳门的旅游业。

二 发挥青年才智，助力中国"软实力"输出

中华文化博大精深，而东南亚文化亦多彩多元。在文化领域，澳门青年应紧抓"一带一路"建设机遇和澳门这一中葡交流平台，助力中国文化"软实力"的输出，开拓文化输出之路，同时吸收东南亚丰富多元的文化。

电影《中国推销员》讲述一位中国通信工程师远赴非洲开拓市场，最终获得了成功并阻止了某国内战爆发。这部电影成为中国电影业领跑在"一带一路"上的一匹黑马，60多个国家的电影发行商签订了《中国推销员》版权售卖及50%分账发行合同，销售总额突破600万美元。这部原名《中国梦》的电影，被《华尔街日报》称为"一带一路"电影，它在海外的销售成功，令人格外振奋。《中国推销员》就是通过"一带一路"将中国文化输送到世界各地的成功范例。中华文化源远流长，紧抓"一带一路"发展机遇，以实际行动积极响应，通过文化和创新诠释民族品牌的国际力量，助力中国文化"软实力"的输出。而中国的文化要"走出去"，中西方文化融合的澳门会起到很大的作用。

中国文化底蕴深厚，而推广中国文化和中国历史需要一个平台。澳门每年有数以千万计的游客到访，正是一个传播中华文化的窗口，以中华优秀传统文化为根基，将中华文化传播到世界各地。

澳门拥有众多中葡双语人才，能将中华文化元素翻译成葡语，透过"一带一路"传送到葡语系国家甚至更远。葡语系国家分布在四大洲，总人口达2.64亿人，市场庞大，中葡文化共冶一炉的澳门可利用自身的葡语优势，通过举办文化周、艺术节、电影展，增进"一带一路"沿线国家文化艺术工作者的交流，令澳门成为连接中国和葡语系国家的重要平台。

文化具有巨大而深远的影响力和传播力。面对"一带一路"建设的新契机，澳门与东南亚国家的文化机构和团体应进一步深化交流合作，建立更为紧密的联系，包括加强作家、学者、学生三方互访交流，将优秀文化作品翻译为葡文、东南亚国家语言等出版，组织开展两地区文化采风活动，联合举办图书展和学术研讨会等。还可考虑设立文化奖项，奖励为两地区文化交流做出突出贡献的作家、学者和社会活动家；建立两地文化中心，并设立专项基金，邀请东南亚著名作家与学者来华进行中短期的写作和研究工作；组

织两地区优秀文化青年互相走访，走进对方学校的校园内体验当地文化，开展文化交流。

三 推动青年创业，发挥澳门文化优势

澳门是粤港澳大湾区发展战略中的重要一环，正积极探索建设世界旅游休闲中心，打造中国与葡语国家商贸合作服务平台，建设"以中华文化为主流、多元文化共存"的交流合作基地，促进经济适度多元可持续发展。澳门应联手东南亚地区大力发展特色金融业、文化创意产业以及扶持培育中小企业发展，从人才实务培训、金融专才培养、名优企业发展、生活便利措施各方面着力，为澳门和东南亚地区的青年提供完善的发展平台，会聚多地人才，推动粤港澳大湾区建设。

人才实务培训上，期望在澳门和东南亚地区设立人才培训基地，推动高等学府及培训机构与内地和海外专业机构合作，为有志青年提供专业证书课程和实务培训。金融专才培养方面，提供机会让青年到两地区的金融机构实习，邀请各地金融专才到两地区金融机构或学校做讲师，增强人员培训，同时更可增加投资者的信心，加大投资者对澳门和东南亚地区的投资力度。在推动两地区名优企业在粤港澳大湾区发展方面，特区政府应加大力度支持东南亚及其他"一带一路"沿线国家和地区的名优企业来澳发展，为中葡企业和中葡青年创业者提供便利优惠措施，加强本地企业的窗口角色。在两地区青年投身大湾区发展方面，建议特区政府在生活便利措施上多加考虑，与大湾区和东南亚地区有关工商部门协调在澳门设立办事处，为企业提供申请、登记、咨询等一站式服务，强化配套措施，为澳门和东南亚青年提供完善的发展平台。

随着粤港澳大湾区建设全面启动，与毗邻城市推动相关建设成为澳门目前区域合作的重点工作之一。除了特区政府的推动外，社会各界亦积极参与、出谋献策，协助澳门把握国家发展机遇。主动加强与中央的紧密沟通，在中央的领导下，促进澳门更好地融入国家发展；做好澳门自身建设，统筹协调建设"一个中心"和"一个平台"，推进经济适度多元等各项重大工作，与粤港澳大湾区、东南亚地区的"一带一路"建设形成"铁三角"合力发展；深化融合发展，坚持优势互补、合作共赢的原则，先行先试、创新

发展；积极善用各方资源，放眼国际、国内两个市场，广泛调动社会各界的积极性及各种资源。

餐饮业是澳门与东南亚地区青年的创业首选，投身其中创业的人日益增多。可以在会展活动、文化融合、旅游美食等方面实行各类措施推动青年创业。

2017年，澳门被联合国教科文组织评为"创意城市美食之都"，这项新的美誉将带来前所未有的新机遇，是澳门推动经济多元发展的一项助力。澳门可以将美食作为动力促进本地文化保育，并且全面迈向可持续发展，扩大国际合作。澳门获评"美食之都"，将使新一代人对美食文化特别是土生菜产生兴趣，并且提供有利条件让美食文化传统得以流传，历久不衰。美食在国际交流中的影响力和作用不可估量，它不仅联结着国与国，也联结起每一个人；不仅联结着物质，也联结着文化。"一带一路"沿线国家，政体不同，民族、文化亦不同。在差异性如此大的情况下，美食无疑是一种最好的"润滑剂"。如今海外的中餐馆已成为中国文化中一张色香味俱全的"名片"。与此同时，世界各地的美食文化也走进中国，如面包、饼干等都成了中国百姓的日常饮食。

澳门作为美食之都，各国菜系应有尽有，糅合东西方文化。澳门归侨侨眷会聚，澳门人创意百出，时而为澳门美食注入创新元素。将全世界各地不同菜式的食材、香料和烹饪技术加以创新性的融合，在本地菜式中引入异国风味，打破种族和地域的界限，汇集全球美食，澳门"美食之都"之名当之无愧。

凭着"一带一路"建设这一契机，将澳门长久以来积淀的美食文化传往世界各地，同时将各个国家的美食吸收过来，更加丰富澳门的美食文化，充实"美食之都"这一称号。可通过举办及支持与美食相关的国际性活动，以"美食"作为推广澳门文化形象的主题，加强与"创意城市"成员的交流。另外，亦可邀请各个国家的旅游部门参与活动，既可吸收世界各地美食文化，亦可吸引各地游客到访澳门，兴旺澳门旅游业。可以与"一带一路"沿线国家的电视台合作，拍摄旅游特辑。澳门电视台可以走访葡语国家以及"一带一路"沿线地区，可透过"一带一路"，吸收多元文化，共同拓展国际交往。同时与东南亚等"一带一路"沿线地区的城市加强合作交流，举办及支持以青年企业为主体、与美食相关的国际性活动。例如，组建"一带一路"青年美食创业交流团，带领澳门青年企业家走近东南亚等"一带一路"沿线地区，走访当地美食集中地。

  澳门是世界级的会议展览中心，澳门贸易投资促进局为有意在澳门筹办活动的会展组织者提供全方位支持服务，包括引进海外知名会展活动在澳门举办、为展览组织者提供会展信息、委派专人协助跟进落实在澳门举办的会展项目、协助转介会展专项扶助计划的申请、协助澳门贸促局参与的境内外活动的宣传推广、协助在澳门成立的公司开展会展项目、提供会展合作配对服务、协助寻找合作伙伴。在"一带一路"建设中，将会衍生大量商务旅游、展览招商等业务。特别是港珠澳大桥落成将给澳门酒店、旅游和会展业带来更大需求，与"一带一路"建设产生协同效应。澳门应持续丰富会展活动，组织青年企业参与，同时邀请东南亚及其他"一带一路"沿线地区的机构参展，专门举办各类有关澳门及东南亚的商务会展活动，包括有关"一带一路"的国际研讨会、论坛等。吸引"一带一路"沿线国家以及内地各省市在澳门举办旅游产品展览，利用澳门会展业的优秀软硬件，既可加强对"一带一路"的宣传，服务"一带一路"建设，也有利于会展旅游业的共同持续发展。

  "相知者，不以万里为远。"中国和东南亚国家虽然远隔重洋，但丝绸之路这一历史的纽带将我们紧紧连在一起。中国和东南亚国家走过了不平凡的历程，成为好朋友和战略伙伴，人民从中受益良多。"求木之长者，必固其根本；欲流之远者，必浚其泉源。"中国与东南亚国家的关系能达到今天的高度，最重要的经验是双方坚持相互尊重和平等互利的原则，我们应紧抓中国与东南亚国家关系发展的"黄金时代"并注入新动力，以互敬增进互信，以互学换取互鉴，以合作实现共赢，以交流筑牢友谊。

抓紧"一带一路"机遇，全力打造澳门旅游休闲大业态

李居仁　何锡江[*]

摘　要：《推动共建丝绸之路经济带和21世纪海上丝绸之路的愿景与行动》指出要"加强旅游合作，扩大旅游规模"，联合打造具有丝绸之路特色的国际精品旅游线路和旅游产品，"一带一路"建设必将促进区域旅游、跨国旅游、旅游线路和产品开发等多方面的合作，为澳门打造旅游休闲大业态提供前所未有的契机。澳门要抓紧机遇，发挥自身独特优势，适时解决发展中的难题。着力加强旅游软硬基础设施建设，深入了解"一带一路"建设的内涵和核心意义，拓展与"一带一路"沿线国家与地区的旅游合作，争取打造成"一带一路"特色旅游合作基地和世界旅游目的地，加速推动澳门旅游休闲大业态的形成和发展，把澳门建成世界旅游休闲中心，为实现"一带一路"倡议的伟大愿景做出贡献。

关键词：一带一路　旅游休闲大业态　澳门

"一带一路"倡议是划时代的伟大构想，顺应世界和平与发展大潮流，必将促进全球共同发展迈上新台阶，也给澳门带来了千载难逢的发展机遇。澳门积极参与和助力"一带一路"建设，一步一个脚印，把愿景转化为行动。

---

[*] 李居仁，思路智库副会长；何锡江，经济学博士。

一 "一带一路"沿线迎来重大的旅游发展新机遇

目前"一带一路"沿线国家和地区的国际旅游规模占全球旅游的70%左右[①]。2017年5月,国家旅游局对旅游业落实"一带一路"倡议提出了新的要求和方向,指出要从战略和全局的高度持续推进"一带一路"旅游合作,加快"一带一路"旅游经济带建设;按照《"十三五"旅游业发展规划》中提出的"一带一路"旅游业发展内容,细化落实方案;提高"一带一路"旅游品牌知名度和影响力;推进"一带一路"沿线国家签证便利化;推动建立"一带一路"沿线国家和地区直航机制;发挥旅游外交作用,打造中国旅游品牌;不断注入旅游新内涵。[②] 2017年9月,联合国世界旅游组织第22届全体大会发布了《"一带一路"旅游合作成都倡议》,旨在加强"一带一路"旅游合作,加强政策沟通,提高旅游便利化水平,创建旅游合作机制,开展旅游联合推广,加强旅游教育交流。

设施联通是"一带一路"倡议的主要内容,"一带一路"建设将以公路、铁路、海路、空路等作为重点,推动沿线各区域之间的交通骨干通道建设,逐步形成亚洲各区域之间以及亚洲、欧洲、非洲之间的交通基础设施网络,畅通沿线海陆空联运通道,提升沿线人流和物流通关便利化。可以预期,"一带一路"沿线将会实现更加便捷、高端的互联互通,沿线的旅游通达性将必大幅提升。

国家旅游局预计,"十三五"时期,中国将为"一带一路"沿线国家输送1.5亿人次中国游客、2000亿美元中国游客旅游消费;同时,还将吸引8500万人次沿线国家游客到中国旅游,拉动旅游消费约1100亿美元。[③]

[①] 《李金早:"一带一路"沿线国际游规模占全球旅游七成》,中国新闻网,2018年5月28日,http://www.chinanews.com/cj/2018/05-28/8524578.shtml。

[②] 《落实"一带一路"战略 加快建设"一带一路"旅游经济带》,《中国旅游报》2017年5月24日。

[③] 《旅游局:"一带一路"的旅游愿景如何实现》,中国政府网,2015年4月1日,http://www.gov.cn/xinwen/2015-04/01/content_2841172.htm。

二 发挥独特优势，突破发展瓶颈，迎接"一带一路"旅游发展新机遇

澳门城市面积虽小，但发展旅游业具有独特的优势，经过多年的积淀和深度开发，澳门旅游业在"一带一路"建设中具有不可替代的作用。澳门在国家的支持下，要继续发挥"一国两制"的制度优势，善用自身的独特优势，突破发展瓶颈，乘着"一带一路"旅游发展的机遇，形成澳门旅游休闲大业态，重点可从以下五个方面着手。

（一）巩固和拓展澳门主体的旅游客源和市场

内地游客是澳门最重要的客源，根据澳门统计暨普查局最新的数据，内地游客占澳门游客总数近七成，内地游客消费占澳门游客总消费约八成，在澳门众多的旅游客源当中，内地游客人均消费最高。同时，内地游客到访澳门的旅游目的呈现多元化，旅游目的主要包括度假、过境、购物、探亲、业务公干、娱乐、参加会展等。另一方面，香港和台湾地区到访澳门的游客数量分别列第二位和第三位。因此，有必要巩固和拓展大中华地区的旅游客源，进一步加强相互的交流合作，为澳门旅游业的稳定和发展打下扎实根基。

（二）充分发挥澳门的区位优势

积极开拓东南亚旅游市场及客源，协调和组织以澳门为关键节点的新旅游路线，促使东南亚多国透过澳门与大中华地区联结起来，串联各地的特色旅游资源，形成新颖、具有地方特色、有丰富内涵的旅游新地图。

澳门聚居了众多的东南亚归侨侨眷，与东南亚多国人民有着紧密的联系，有深厚和广泛的人脉网络。归侨积极参与"一带一路"建设，对推动"民心相通"定能起到事半功倍的作用。政府鼓励，旅游业界主导，侨界参与和协助，将更有效地促进大中华地区与东南亚的旅游合作，便于开发更多以澳门为枢纽的旅游路线，吸引更多大中华游客与东南亚游客相向互访，同时拓展大中华和东南亚地区的旅游市场。

（三）利用澳门中西文化汇聚的优势

拓展"一带一路"沿线的旅游市场，尤其是葡语系国家和地区的旅游

市场及客源，发挥澳门中葡文化的内涵底蕴，透过文化共鸣，着力吸引葡语系国家和地区的游客到澳门旅游。全方位拓展文化旅游发展，让澳门成为联结中西文化的重要纽带，背靠祖国，面向世界，打造文化旅游城市品牌。

近年，以文化体验为内涵的旅游产品需求不断增长，文化旅游是国际旅游产业的一个重要增长点。澳门要积极推动文化产业和旅游产业深度融合发展，加大力度对澳门与"一带一路"沿线文化旅游产业的策划和推广，把旅游营销方面的丰富经验、渠道、方法等融入文化传播，让文化生活融入旅游体验。创造条件便捷文化旅游人才的流动，透过研究交流深挖文化旅游产业的内涵，开发更多文化体验的旅游产品。借着发展文化旅游产业，丰富"一带一路"沿线游客的文化内涵，促进民心相通。

（四）持续提升旅游承载力

近十年来，澳门旅游业取得了长足发展，一步步向国际休闲娱乐旅游大都会前进，访澳游客人数和旅游收益均获得显著增长，不过，旅游规模迅速扩张亦反映出澳门旅游承载力有待提高的状况。根据澳门统计暨普查局的数据，2008~2017年的10年间，澳门土地总面积由29.2平方公里扩展至30.8平方公里，只增加了5.5%；道路行车线由404.2公里延长至427.5公里，只增加了5.8%；劳动人口由32.7万人增长至38.7万人，增加了18.3%。与此同时，机动车总量由18.2万辆增至24.1万辆，急增了32.4%；访澳游客总数由2293万人次增至3261万人次，大幅增长了42.2%。可见，用于支撑旅游承载力的基本要素（土地面积、道路行车线、劳动人口等）的成长远远赶不上旅游发展所衍生的压力要素（机动车和游客总量），旅游承载力增长与旅游业发展不对称的问题十分突出。

澳门要形成旅游休闲大业态，建成世界旅游休闲中心，必须先处理好旅游承载力与旅游业发展的关系。旅游业实现可持续发展，需要想方设法拓展澳门的空间，包括扩大土地面积、积极研究填海造地、善用海域等。拓展空间是增加承载力的基础，没有足够的空间，增加承载力所遇到的瓶颈就难以突破。

空间的拓展是中长期的过程，需经年累月才能见效。短期而言，澳门应着力优化旅游承载力，完善旅游环境，尽力缓解因旅游承载力不足所产生的问题。例如，对访澳游客的高峰时段、聚集地点加以研究，引入大数据分析，运用科学手段，更透彻地掌握游客活动的变化趋势，及时疏导游客，迅速应对旅游热点的交通拥堵问题；完善出租车相关的法律制度，致力提升出租车服务水平；加强景区安全管理；着力解决旅游业人力资源不足的问题，尤其是中小企业，一方面旅游业发展带来机遇，生意额增加，但另一方面面临劳动力供应不足，生意应接不暇而错过机遇。

（五）大力发展智慧旅游

智慧旅游是现代旅游发展的新趋势，完善智慧城市基础设施建设是发展智慧旅游的基础。目前，澳门建设智慧城市处于起步阶段，仍未能满足游客需求，而访澳游客对智慧服务的需求与日俱增。澳门需加速建设智慧城市，扩大免费 Wi-Fi 覆盖范围，完善大数据、云计算等重要基础设施。

透过智能手机实现移动支付、智慧出行、获取实时旅游信息、处理旅行所需的衣食住行购物等方面的应用，是对新一代智能型旅游城市发展的要求。澳门要追上时代，顺应智慧旅游发展新趋势，有必要加快旅游产业与信息产业的融合发展，鼓励更多企业使用互联网和智能技术提供服务，引导旅游消费，完善旅游大数据的收集和应用，减少旅游服务经营者与游客之间的信息不对称，更广泛地运用互联网、新媒体等向世界尤其是"一带一路"沿线宣传澳门。通过"互联网＋旅游"，向游客提供智慧服务，提高游客的旅游体验质量。

三　完善澳门旅游软硬设施，融入"一带一路"发展理念

（一）提高澳门的旅游服务素质

酒店业、餐饮业、休闲娱乐业、零售业等都是与澳门旅游业直接相关的行业，这些行业的服务水平直接反映澳门旅游业的服务素质。要提高旅游服务素质，必须加强对相关人员的培训，大力培养旅游服务人才。一方面，要强化与旅游服务直接相关的专业知识培训，如餐饮管理、烹饪技艺、酒店管理、人力资源管理、销售技巧、旅游消费心理等。

另一方面也要加强与旅游服务间接相关的文化软知识培养，"民心相通是'一带一路'建设的社会根基"，借着民心相通，增进"一带一路"沿线人民对彼此的了解，加深友谊和信任。文化交流和学习是达致民心相通的重

要渠道，澳门社会各界尤其是旅游业界，应积极与"一带一路"沿线国家和地区广泛开展文化交流活动、人才交流合作、媒体合作，组织业界走访"一带一路"沿线，深入体验当地民族风情，了解传统礼俗和禁忌，学习美食特色，用心感悟历史文化，提升澳门旅游从业人员的文化内涵修养。

同时，加强向"一带一路"沿线推广中华文化，实现"一带一路"沿线人民相互了解，从而提升"一带一路"沿线人民对澳门旅游从业人员的信赖和认可，从整体上提高澳门旅游业的服务素质。

（二）不断构筑和完善澳门对外对内的交通基础设施

基础设施互联互通是"一带一路"建设的优先领域。澳门要抓好"一带一路"建设的机遇，必须先从内外交通基建着手，及早实现与"一带一路"沿线国家和地区的互联互通，为推动澳门发展旅游业，形成旅游休闲大业态提供有利条件。目前，新的氹仔客运码头已落成启用，港珠澳大桥实现通车，澳门国际机场扩建规划有序开展，粤澳新通道建设如火如荼。可以预见，在不久的将来，澳门将建成规模更庞大、配套更完善、接待水平更优质的海陆空三维立体对外交通体系，吸收和发送游客的能力将大大提升。

内部交通也须大力改善，除了要加大力度推动轨道交通建设，还要加紧落实兴建澳门和氹仔之间的新跨海通道，想方设法筹建连接各区和各口岸之间的快速通道；运用大数据等先进技术，发展智能交通，减少城市内部交通拥堵，让游客能更顺畅地穿梭于各景点，更容易和舒适地到达目的地。

（三）优化游客访澳通关模式

简化通关手续、提高通关便利化水平是"一带一路"建设的重要内容，澳门也应积极探索，研究制度创新，提高"一带一路"沿线国家和地区游客访澳签证便利化水平，创新通关模式，为游客更便捷地进出澳门创造更佳条件。

2018年5月1日起，在海南省实施59国人员入境旅游免签政策，确立了海南省今后将以国际旅游市场需求为导向，促进国际旅游消费中心建设的新方向。

此外，国家为更好地贯彻落实"一带一路"和内地省市的协同发展战略，沪苏浙（上海市、江苏省、浙江省于2016年1月）、京津冀（北京市、天津市、河北省于2017年12月）以及辽宁省部分口岸（于2018年1月）对53个国家游客实施144小时过境免签政策，意味着相关国家游客可免办理签证在上述地区内停留6天，进行短期旅游活动。

近年内地有关省市的入境旅游免签新政策，标志着国家持续扩大开放，在优化国际旅游环境方面向前迈进了一步。内地在制度创新、签证便利、通关优化等方面的新经验和新模式值得澳门学习和借鉴。

四 把澳门打造成"一带一路"特色旅游合作基地和平台

当前，澳门正全力推进建设"世界旅游休闲中心"，打造"中国与葡语国家商贸合作服务平台"，形成旅游休闲大业态、建设平台经济是澳门发展的重要目标。澳门要积极争取国家的支持，加强与"一带一路"沿线国家和地区展开旅游合作，主动协调和发展特色旅游项目，力争成为一个具备多种特色的旅游交流合作基地和平台。

（一）提质提速建设"以中华文化为主流、多元文化共存"的交流合作基地

《深化粤港澳合作 推进大湾区建设框架协议》明确指出推进澳门"建设以中华文化为主流、多元文化共存的交流合作基地"，这是澳门在粤港澳大湾区建设中的重要定位之一。基于文化交流合作基地的定位和建设，澳门要继续发挥中西文化在澳门交汇历史悠久的优势，助力建设文化大湾区，进一步提升澳门自身定位与国家建设发展相联结所产生的协同效应，促进大湾区与"一带一路"沿线国家及地区的文化交流和合作，为"一带一路"沿线的广大民众提供一个新的文化交流渠道，助力构筑和实现"一带一路"倡议的民心相通，借此带动澳门文化旅游发展，并助力推动粤港澳大湾区以至"一带一路"沿线的文化旅游发展。

借助构筑文化交流合作基地的契机，把澳门打造成特色文化旅游中心。澳门拥有丰富的文化背景，与葡语系国家保持紧密的历史文化联系，中文及葡文在官方和民间广泛应用，澳门人和企业熟悉葡语系国家的风土人情、文化习惯。400多年来，中西文化尤其是中葡文化在澳门交融荟萃，为澳门成为中葡文化交流中心积淀了肥沃的土壤。目前，澳门已具备必要的条件，发展为中葡文化旅游中心，将来可推动以澳门为中心，与"一带一路"沿线

共同设立中葡文化旅游联盟，定期在澳门举办高级别的专题文化旅游会议、国际性的文化表演活动，创新以中葡文化为特色的旅游产品。

积极发挥文化交流合作基地的作用，把澳门打造成特色世界遗产旅游中心。2005年联合国教科文组织把"澳门历史城区"作为世界文化遗产列入世界遗产名录，由澳门20多座历史建筑和相邻广场街道连接而成的历史街区，成为中国第31处世界遗产。据统计，"一带一路"沿线国家和地区分布着400多项世界遗产[1]。"一带一路"沿线世界遗产旅游资源丰富，澳门早已凭借世界文化遗产的亮丽名片，每年吸引数千万游客，带来庞大的经济收益。乘着"一带一路"发展契机，澳门应与拥有世界遗产的"一带一路"沿线国家和地区加强联系，促进沿线人民、专家学者、政府官员等游览和互访彼此的世界遗产。因应各地世界遗产的特点，开拓世界遗产精品旅游路线，分享对世界遗产保育的经验、技术和心得，把澳门打造成拥有特色主题的世界遗产旅游中心。

（二）打造特色美食旅游交流平台

2017年澳门正式获评成为联合国教科文组织创意城市网络美食范畴的新成员城市，成为第三个获评"创意城市美食之都"的中国城市。"美食之都"是澳门一张新的名片、一个新的美誉。成为"美食之都"，为澳门旅游业带来新的发展机遇，澳门可以城市美食为载体，扩大与"一带一路"沿线的旅游合作。

除了加强宣传推广，举办美食节、美食年等活动吸引游客外，还要有所创新，为澳门新一代提供更多学习烹饪技艺的机会，加强学习制作本地美食，确保本地美食文化得以传承。举办澳门特色美食与"一带一路"沿线美食交流会、沿线烹饪大赛，派出厨师和厨艺学员赴"一带一路"沿线学习交流，拓展澳门烹饪从业人员的国际视野，提高烹饪技艺水平。加强澳门业界与"一带一路"沿线业界的联系，以澳门为总部，创办"一带一路"沿线美食联盟，定期举办大型国际美食展、美食论坛；以澳门为节点，开拓"一带一路"沿线美食旅游路线。

---

[1] 王心源等：《"一带一路"文化遗产保护与利用的挑战与应对》，《中国科学院院刊》2017年第32期，第42~51页。

五 加强澳门与"一带一路"沿线国家和地区的旅游合作

(一)澳门要积极参与"一带一路"沿线旅游合作组织

为实现"一带一路"的旅游愿景,中国有关省市以及"一带一路"沿线国家和地区的政府与非政府组织,已相继开展沿线旅游相关的会议活动,筹建旅游联盟和组织,积极扩大旅游合作。级别较高的主要有2018年5月在郑州举行的"一带一路"旅游城市市长峰会;2017年9月国家旅游局与联合国世界旅游组织在成都共同举办"一带一路"国家旅游部长圆桌会议,并倡议成立"一带一路"国家和地区旅游合作共同体;2015年10月内地30多个城市在开封成立了"一带一路"城市旅游联盟。

澳门要打造世界旅游休闲中心,形成旅游休闲大业态,就要把握好"一带一路"的旅游发展机遇,配合国家"一带一路"旅游发展战略,主动参与"一带一路"沿线有关的旅游合作组织,牵头成立以澳门特色为标志的国际旅游组织,借助具有权威和影响力的旅游组织,加强与沿线国家和地区的旅游合作,积极筹办"一带一路"沿线旅游推广周、宣传月,打造融入澳门特色的"一带一路"国际精品旅游线路和旅游品牌。

(二)澳门要深度融入"一带一路"的旅游发展主流

透过参与旅游合作组织,澳门应加深对"一带一路"旅游发展的认识,及时掌握沿线旅游的新信息和新动态,融入"一带一路"旅游发展的主流,对"一带一路"最新旅游发展保持敏锐的触觉,努力走在"一带一路"旅游发展的前沿位置,避免被边缘化,与"一带一路"沿线国家和地区共同把旅游业的蛋糕造大,共同分享旅游业的发展成果。

"一带一路"旅游发展一日千里,各种不同主题的旅游项目不断涌现,2016年在比利时布鲁塞尔成立的"一带一路"欧中文化旅游委员会,着力推动欧洲和中国在文化旅游领域的交流合作;2016年由世界中国烹饪联合会牵头成立的中国"一带一路"美食旅游联盟,旨在传播中华优秀饮食文化,促进"一带一路"沿线饮食业、旅游业的可持续发展;2017年国家旅游局、国家体育总局联合发布《"一带一路"体育旅游发展行动方案

(2017—2020年)》，指出"大力发展体育旅游是丰富旅游产品体系、拓展旅游消费空间、促进旅游业转型升级的必然要求"；香港方面正积极筹划发展"一带一路"邮轮旅游、"一带一路"商务会展旅游。

可见，不同的地方、不同的机构正陆续筹谋，以自身的优势，积极打造不同主题的"一带一路"旅游盛宴。澳门不可错过时机，要全力发挥自身的独特优势，尽快投入各种有利于自身发展的主题旅游项目，开创以澳门为中心的主题旅游活动，与"一带一路"沿线国家和地区共同发展，谱写"一带一路"旅游新篇章。

六 加速形成澳门旅游休闲大业态，联合打造"一带一路"世界旅游目的地

（一）澳门旅游休闲大业态正在加速形成和持续发展

旅游业是澳门的支柱产业之一，大力发展旅游业是澳门实现经济适度多元的重要手段。澳门未来长期发展的愿景是建成以休闲为核心的世界级旅游中心，澳门特区五年发展规划把"旅游休闲大业态逐步形成"作为主要目标。

当前是澳门首个五年发展规划向纵深推进的关键时期，逐步形成旅游休闲大业态目标有序落实，一系列推动澳门旅游业可持续发展的重点工作正在加速进行，历史文化旅游和休闲娱乐旅游发展成效显著，拓展海洋旅游、养生旅游、小区旅游的工作踏实进行，旅游休闲产业形态越来越丰富，旅游产业链条不断延伸，产业效益持续提升。

澳门在休闲娱乐产业方面的发展经验丰富，休闲娱乐业具有较强的国际竞争力。近年来，特区政府通过清晰的目标导向，加强政策引领，强化业界合作等手段，力争到2020年，非博彩业务收益占幸运博彩企业总收益的比重由2014年的6.6%上升到9%或以上[1]。经过特区政府的大力推动和业界的积极响应，2016年博企非博彩收入已上升至10.7%[2]，提前达到特区五

---

[1] 《澳门特别行政区五年发展规划（2016—2020年）》，澳门特别行政区政府，2016年9月，第71页。
[2] 《政策"组合拳"力促非博彩元素发展》，《澳门会展经济报》2017年11月24日。

年发展规划所定下的目标。

随着多项大型娱乐度假设施相继落成开业,加上非博彩元素显著成长,澳门休闲娱乐业的综合实力不断加强。同时,内地与澳门共同建立的"促进澳门世界旅游休闲中心建设联合工作委员会"正积极推进横琴国际休闲旅游岛与澳门世界旅游休闲中心的协同发展,以及推动"已到澳门的外国人72小时免签进横琴"等政策①。澳门与横琴协同发展,优势互补,将形成一个规模巨大、优质高端的国际休闲娱乐旅游区块,促进澳门旅游业提质发展。

此外,澳门作为开放型的旅游目的地,与国家发展全局旅游的大方向一致。全局旅游是以旅游业带动并促进经济社会协调发展的一种新的区域协调发展理念和模式,体现了国家旅游业发展走向国际化、开放型的模式,与国际旅游业发展相对接。国家大力发展全局旅游,推动"一带一路"全局旅游合作,有利于"一带一路"沿线旅游业可持续发展和升级转型,为澳门打造旅游休闲大业态创造极其有利的条件。

2017年公布的《澳门旅游业发展总体规划》在特区五年发展规划目标的指导下,制定澳门旅游业今后发展的目标和策略,内容涵盖了旅游资源和产品、旅游质量和服务体系、旅游品牌和市场策略、城市发展、旅游承载力、创新科技及智慧旅游、旅游业发展协作体系、国际和区域旅游合作等多个方面。目前,针对这些内容的行动计划已逐步开展,澳门构建大旅游、大休闲产业的工作已踏上新征途。

(二)加强与"一带一路"沿线国家和地区的合作,打造成世界旅游目的地

澳门要与"一带一路"沿线国家和地区共同把握发展机遇,发挥各自优势,促进彼此合作。建立"一带一路"沿线旅游新形象,助力推动"一带一路"沿线成为重要的世界旅游目的地。

"一带一路"沿线涵盖60多个国家,当中有发达国家、发展中国家、欠发达国家等不同的经济体,人口达40多亿;"一带一路"跨越了埃及文明、巴比伦文明、印度文明、中华文明等世界多个最重要的古文明发源地;"一带一路"联通东南亚、欧洲等当代最受欢迎的旅游目的地。目前,中国

---

① 《澳门迈向世界旅游休闲中心》,《人民日报》(海外版)2017年10月27日。

已经与近 40 个沿线国家和地区签署共建"一带一路"合作协议,其中旅游是重点合作领域之一。

沿线发达国家经过多年的建设,旅游设施完善和成熟,旅游路线和景点已具有相当的吸引力,有条件带动沿线其他国家的旅游业共同发展;发展中国家和欠发达国家虽然旅游设施相对落后,但对旅游设施和景点的开发及投资空间巨大,给沿线旅游业提供了升级改造的商机。

争取成为具有竞争力的旅游目的地,需要拥有一定数量、可以满足游客需要的旅游资源和旅游活动项目;需要具备与旅游资源性质相匹配的旅游设施和交通条件,便于游客抵达和在当地停留游玩;需要具有旅游吸引力,形成一定规模的旅游市场需求。可见,"一带一路"沿线拥有了成为具有竞争力旅游目的地的基本要素,下一步是要加强沿线国家和地区之间的合作与沟通,加强官方和民间的旅游交流活动,积极探索把澳门与"一带一路"沿线的特色旅游景点有机连接起来,形成新的旅游线路和热点,产生新的旅游产品和项目,拓展以澳门为关键节点的旅游联线;协力互助,共同建设和完善旅游资源、旅游环境、旅游基础设施,突出沿线作为世界旅游目的地的主要特色,研究旅游项目的设置和开发规模,联合推动沿线旅游重大项目建设;共同编制沿线旅游一体化的发展规划,确定旅游发展战略和目标,着力为来自世界各地的游客提供有别于其他旅游目的地的旅游体验。

结　语

愿景已经明确,实现愿景的蓝图也逐渐清晰。诚然,为了实现愿景,必须付诸行动。澳门要参与和助力"一带一路"建设,推动实现"一带一路"倡议的愿景,把澳门建成世界旅游休闲中心,形成旅游休闲大业态,就必须积极探索、努力创新、勇于尝试、有所作为,以实际的行动逐步实现宏大的愿景!

"一带一路"下澳门"一个中心"建设的新契机

于茗卉 郝雨凡[*]

摘 要：澳门"世界旅游休闲中心"的建设是澳门特区政府实现经济适度多元化和长远发展目标中的重要部署。"一带一路"倡议的提出，给澳门"一个中心"建设提供了更为广阔的发展平台和难得的契机。将"一个中心"放在"一带一路"建设框架中，澳门应逐步、分阶段地与"一带一路"沿线国家形成双向互动。一方面，在区域合作和广泛交流中打造世界级旅游休闲中心的澳门品牌，拓展"澳门模式"的内涵。另一方面，挖掘澳门特色文化，探寻文化交流、文明对话机制，跟随"一带一路"建设推动中华优秀文化"走出去"，实现世界舞台上独有的澳门城市定位。

关键词：一带一路 世界旅游休闲中心 澳门模式

2016年9月，澳门特区政府正式公布《澳门特别行政区五年发展规划（2016—2020年）》，定位澳门未来发展为世界旅游休闲中心，并以此为基础来落实澳门经济适度多元。该文件中，澳门特区政府进一步明确"到本世纪三十年代中期，建成一个特性具有以旅游为形式、以休闲为核心、以中心

---

[*] 于茗卉，澳门大学社会科学学院政府与行政学系政治学博士研究生；郝雨凡，香港中文大学（深圳）校长讲席教授，全球研究项目主任，思路智库理事长。

为方向、以世界为品质，具有国际先进水平的宜居、宜业、宜游、宜乐的城市。"① 据此，学界和政界围绕着澳门能够和需要发展什么样的"一个中心"，以及澳门要怎样实现"一个中心"的建设等重要问题展开了激烈的讨论。然而，时至今日，澳门"一个中心"建设始终缺乏总体的战略规划，进展也不尽如人意。

澳门作为一个资源、空间均受限的海港小城，其产业转型和多元化发展的推动必然离不开祖国的发展，尤其是中央政府的支持。"一带一路"倡议恰恰给澳门"一个中心"建设提供了更为全新的思路和广阔的发展平台，也为澳门的未来发展和定位带来不可错失的新机遇。澳门该如何深入挖掘自身发展优势，立足长远发展战略，将澳门的发展与国家的命脉联系在一起，融入"一带一路"建设，建立具有本地特色和借鉴性的"澳门模式"，则是一个值得探讨的问题。

一 世界旅游休闲中心的内涵与意义

伴随着经济发展水平和全球化的推动，越来越多的国家和地区开始关注旅游休闲产业的开发，国内外相关研究随之蓬勃发展。关于世界旅游休闲中心的基本内涵和构成要素，学界基本形成共识：第一，具有特色丰富的旅游休闲资源，以休闲为基本要素②；第二，具有成熟的旅游休闲基础设施，以旅游为基本形式③；第三，具有稳定的市场规模和较高的国家化水平，以世界为定位；第四，具有特色的旅游产品，以中心为立足点等④。在旅游休闲者的需求角度，张作文从经典理论"旅游六要素"出发，明确提出世界旅游休闲中心应当衡量旅游休闲元素、城市基础设施建设、服务质量以及政府主导四个方面，以满足游客的游购娱需求和食住行需求。⑤ 这些对于世界各国如何规划和发展世界级旅游休闲中心起到了重要启发作用。

---

① 《澳门特别行政区五年发展规划（2016—2020年）基础方案》，澳门特别行政区政府，2015年11月17日，https://www.cccmtl.gov.mo/files/foundation_plan_cn.pdf。
② 陈章喜：《世界旅游休闲中心模式比较与澳门的选择》，《澳门理工学报》2015年第4期。
③ 陈庆云：《对粤澳合作框架协议的理论思考》，《澳门理工学报》2011年第4期。
④ 陈章喜：《澳门世界旅游休闲中心竞争力分析：理论与实证》，《港澳研究》2017年第1期。
⑤ 张作文、王亮：《澳门建设世界旅游休闲中心：差距与策略》，《港澳研究》2013年第1期。

"一带一路"下澳门"一个中心"建设的新契机

在学界，旅游休闲的相关研究主要集中于从实证层面对现有的世界旅游休闲中心进行的归纳性研究。按照不同的发展模式，基本划分为两大模式，即资源驱动模式和区位驱动模式[①]。根据陈章喜的定义，核心资源驱动发展模式是"具有突出特色与质量的旅游资源为依托，根据旅游市场需求和变化，通过对核心旅游资源的开发，建设相应的基础设施和公共服务设施等，开发能够满足人们对旅游休闲需求的旅游中心"[②]。例如，毛润泽将其分为依托自然旅游资源的旅游综合体、依托人文旅游资源的旅游综合体、依托主题公园类的旅游综合体、依托社会类旅游资源的旅游综合体[③]；而马谊妮、姜芹春则将其划分为滨海型旅游休闲中心、湖泊型旅游休闲中心、温泉型旅游休闲中心、乡村型旅游休闲中心、体育型旅游休闲中心、旅游综合体型旅游休闲中心六种。[④] 而区位驱动发展模式则是根据其所处区域位置的优势而进行定位的发展模式，这也符合罗名义等所认为的"客源市场导向发展模式"，即靠近旅游客源市场的地区，充分发挥其区位优势与基础设施优势，通过对旅游客源市场的调查分析，大力开发休闲旅游产品，构建与旅游需求对接的国际旅游休闲中心，以此为标准可分为国际旅游综合体、区域旅游综合体、本地旅游综合体。[⑤]

其他学者也有不同的分类标准。毛润泽以旅游休闲中心的主体功能为标准，分为度假类旅游综合体、游憩类旅游综合体、商贸类旅游综合体；以旅游休闲中心的规模为标准，分为大型旅游综合体、中型旅游综合体、小型旅游综合体。[⑥] 学者Lew、McKercherb则根据旅游目的地的多寡和旅游线路的空间结构将旅游休闲中心的模式划分为单一目的地模式、中途点模式、目的

[①] 金丽：《国际旅游城市形成发展的动力机制与发展模式研究》，《天津商业大学学报》2010年第3期。

[②] 金丽：《国际旅游城市形成发展的动力机制与发展模式研究》，《天津商业大学学报》2010年第3期。

[③] 毛润泽：《旅游综合体：概念、类型与模式》，载中国区域科学协会区域旅游开发专业委员会编《第十五届全国区域旅游开发学术研讨会暨度假旅游论坛论文册》，成都：第十五届全国区域旅游开发学术研讨会暨度假旅游论坛，2010年10月26日。

[④] 马谊妮、姜芹春：《休闲旅游与休闲旅游目的地研究》，云南大学出版社，2013。

[⑤] 罗名义、许南垣、徐虹、朱晓辉：《休闲型旅游目的地培育研究——理论、实证、个案》，科学出版社，2013。

[⑥] 罗名义、许南垣、徐虹、朱晓辉：《休闲型旅游目的地培育研究——理论、实证、个案》，科学出版社，2013。

地模式（辐射状模式）、疏散旅游模式和中心旅游模式。[①]

现在已有的世界旅游休闲中心有以纽约、巴黎和中国香港为代表的大都市综合型和以拉斯维加斯和威尼斯为代表的都市特色型两种模式[②]。前者凭借的是国际大都市和城市整体的旅游空间资源，建立以城市风景为核心特色的旅游名片，通常是依托国家政治、经济、文化或者金融中心城市已有的城市功能，对国内外进行全面影响力吸引。而后者往往是该城市已经具备特色的产业、自然、人文类资源，通常是通过休闲旅游来发挥辐射带动作用的城市。

表1 世界旅游休闲中心模式比较

模式分类	旅游休闲中心	面积（平方千米）	基本特点
大都市综合型	纽约	1214	国际大都市、丰富的休闲旅游资源；完善的基础设施，强大的经济实力；经济、金融、文化中心
	巴黎	2845	国际大都市；政治、经济、文化和交通中心；丰富的休闲旅游资源；得天独厚的地理位置；完善的旅游基础设施
	香港	1104	国际大都市；经济、金融、会议发展、服务业、航运和贸易中心；旅游休闲资源丰富；旅游基础设施完善
都市特色型	拉斯维加斯	340	国际博彩中心；丰富的休闲旅游资源；完善的旅游设施
	威尼斯	<7.8	国际文化中心；旅游休闲资源丰富；旅游基础设施完善

资料来源：陈章喜：《澳门世界旅游休闲中心竞争力分析：理论与实证》，《港澳研究》2017年第1期。

国家"十二五"规划纲要、"十三五"规划纲要明确提出"支持澳门建设世界旅游休闲中心"之后，学界和政界关于澳门建设世界旅游休闲中心也进行了相关的讨论，然而相关研究仍处于起步阶段。澳门特区政府于2015年发布的《澳门特别行政区五年发展规划（2016—2020年）基础方案》提出加快建设、提速建设、基本建成和全面建成"一个中心"的四个阶段，却缺乏深入、具体的规划以及相应的配套政策和措施。从自身发展而

[①] Lew, A. A., McKercher, Bob, "Trip Destinations, Gateways and Itineraries: The Example of Hong Kong", *Tourism Management*, Volume 23, Issue 6, 2002.
[②] 陈章喜：《澳门世界旅游休闲中心竞争力分析：理论与实证》，《港澳研究》2017年第1期。

言，澳门发展策略研究中心认为"一个中心"的发展是不可脱离博彩业的适度、有序的发展，但也需要在优化其发展模式的基础之上以博彩业为"发动机"和"助推器"来推动适度多元的综合旅游休闲业。[1] 从对外合作而言，杨道匡认为澳门"一个中心"的建设主要受土地面积狭小、人口密度高的困扰，唯有在珠澳合作中拓展新的空间。[2] 正如杨允中等提出："微型经济体的比较优势是以区域甚至全球作为基础的，透过加强区域合作与世界经济的整合，微型经济体更能凸显他们自身优势。"[3] 庄金锋提出加强澳门本身实力发展、加强粤港澳三地区域合作和借鉴周边国家经验三管齐下的方法是澳门建设"一个中心"的首要任务。[4] 郑炎潮等则更有针对性地提出共建"澳门-横琴"一体化的"世界旅游休闲中心"，营造以博彩业为核心的世界旅游休闲产业链和聚集区。[5]

二 澳门"一个中心"建设发展现状和问题

一般而言，一个成熟的世界旅游休闲中心需要具备几个要素：驰名的国际知名度、突出的国际旅游产品、领先的国际服务水平和通达的交通网络。澳门都市特色型"一个中心"的建设具有良好的基础，这得益于澳门良好的商业环境、旅游安全和健康卫生条件与相对丰富的旅游设施规模（酒店客房数目及标志性景点数量）等，在内地开放"自由行"后拥有庞大的旅客量。然而，澳门在国际旅游开发、机场容量、旅游产品多元化以及产品品质方面仍有较大的改善空间。究其本质，澳门"一个中心"建设面临关键性的两大难题。

第一，博彩业作为主导产业，其产业集聚和带动作用差，对旅游业、酒店业、会展业的挤出作用明显。目前世界微型经济体的发展专业化特征都极

---

[1] 《澳门打造"世界旅游休闲中心"的内涵与策略》，澳门发展策略研究中心，2011年5月23日。
[2] 杨道匡：《横琴开发、珠澳合作建设世界旅游休闲中心》，《澳门理工学报》2014年第1期。
[3] 杨允中、蔡永君、连信森：《微型经济与微型经济学》，香港中文大学出版社，2006。
[4] 庄金锋：《澳门建设"世界旅游休闲中心"的几点思考》，《澳门研究》2010年第3期。
[5] 郑炎潮、卢晓媚：《共建"澳门-横琴"一体化的"世界旅游休闲中心"——营造以博彩业为核心的世界旅游休闲产业链和聚集区》，《南方经济》2011年第11期。

为明显,例如芬兰的手机业、瑞士的钟表业和瑞典的林木产业等①。然而,澳门博彩业发展的专业化程度存在较多问题。一是在产品类型上,过度依赖赌桌、角子机,产品类型单一;二是生产制造商方面,并不具备本地或者就近制造的能力,采购成本较高;三是在经营管理上,参照西方的经营理念和模式,尚未形成具有澳门特色的博彩业品牌。

澳门较短的博彩产业链条,也导致其产业集聚和带动作用较差,甚至出现对相关产业的挤出现象。长期以来,在博彩专营制度下,澳门的博彩业和旅游业其实是分开的②,酒店业、会展业在极大程度上依附于博彩业,受其挤出效应的影响,人力和社会资源有限,没有形成产业规模,也更难发挥其对经济发展的促进作用。根据澳门统计部门计算③,在现有的澳门旅游业增加值分布中,博彩业以常年超过90%的占有率居于引领地位,但其他相关产业所创造的增加值加总也不足10%,其中,酒店业、饮食业徘徊于2%上下,而客运服务业和旅行社则每年只能创造不足1%的增加值,形成了"一枝独秀、百花黯然"的局面。

表2 澳门旅游业旅游增加值分布(以生产者价格计算,按当年价格)

单位:%

年份	博彩业	零售业	酒店业	饮食业	客运服务业	旅行社
2010	90.87	4.15	2.04	1.75	0.78	0.40
2011	91.81	4.00	1.79	1.48	0.60	0.32
2012	91.87	3.88	1.71	1.56	0.63	0.34
2013	92.06	3.84	1.68	1.49	0.63	0.29
2014	92.18	3.36	1.94	1.49	0.66	0.38
2015	90.36	3.75	2.35	1.90	1.12	0.51

资料来源:澳门特别行政区政府统计暨普查局统计数据库。

第二,澳门旅游业发展软件、硬件设施较差,特色产品较为单一。就澳门旅游业硬件设施而言,虽然过去几年澳门特区政府一直在不断加强国际、

---

① 毛艳华:《澳门经济适度多元化:内涵、路径与政策》,《中山大学学报》(社会科学版) 2009年第5期。
② 王五一:《赌权开放的制度反思》,澳门理工学院,2005年。
③ 澳门特别行政区政府统计暨普查局数据库,https://www.dsec.gov.mo/TimeSeriesDatabase.aspx。

区域和本地的交通网络建设，例如澳门国际机场的扩建和氹仔北安客运码头的启用。然而，澳门尚未达到世界级旅游休闲中心对于交通建设的要求，也给访澳游客带来了较差的旅游体验。澳门特区政府在2015年10月和2016年2月进行了两次访澳游客以及澳门居民对澳门旅游业满意度调查①，报告显示访澳游客对搭乘交通工具的满意度最低，表示澳门在交通系统服务方面有较大提升空间。

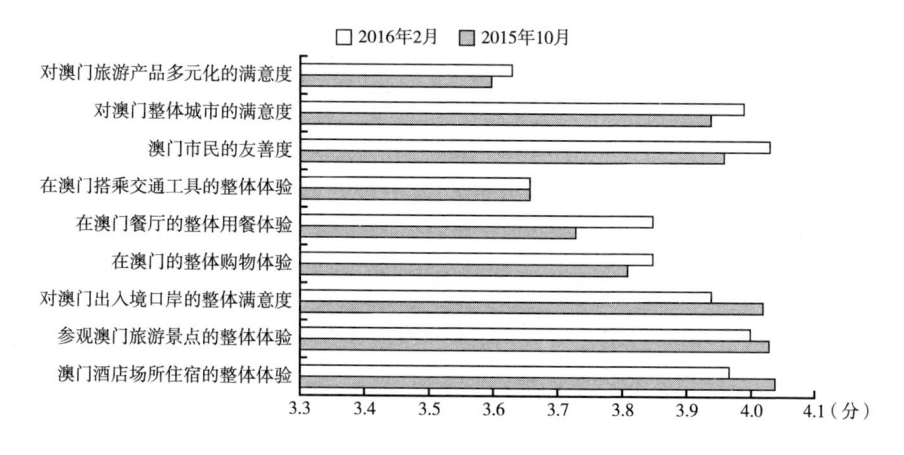

图1 澳门旅游品质满意度评分

注：评分标准：5分为最高，1分为最低。
资料来源：《澳门旅游业发展总体规划综合报告》，澳门特别行政区政府旅游局。

旅游经济学理论认为，目的地旅游文化形象是一个综合概念，既是历史的、文化的传统积淀②，又是经济发展在旅游业的现实反映，它反映的是整个目的地作为旅游产品的特色和综合质量等级③。从特色发展角度来看，过去澳门的旅游形象一直以"赌城"为主，而其独特的历史、文化等面的形象则相对不突出④。这会影响游客的消费和行为模式，同时也使其他产业被边缘化，这也是近年来博彩业快速发展而相关的旅游业却未能得到很好发展

---

① 《澳门旅游业发展总体规划综合报告》，澳门特别行政区政府旅游局，2017年9月。
② 杨俭波、乔纪纲：《动因与机制——对旅游地社会文化环境变迁理论的研究》，《热带地理》2003年第1期，第75~79页。
③ 邵琪伟：《推动旅游产业与文化产业相互促进共同发展》，载《行政管理改革》，http://theory.people.com.cn/n/2013/0903/c207270-22790440.htm。
④ 阮建中、崔恩明：《澳门博彩旅游形象的实证研究》，《澳门理工学报》2007年第2期。

的原因之一。事实上，澳门"中西交融、多元共存"的独特文化魅力，使澳门在发展文化旅游产业方面具有先天优势。

三 "一带一路"建设中澳门"一个中心"的战略地位

澳门未来"一个中心"战略部署应强调其综合性特征，借助"一带一路"平台，立足博彩业，同时引导文化等产业发挥作为新的经济增长点的支撑作用，并通过吸收优质资本、先进经验和技术，形成"博彩+旅游+文化"的一体化综合发展模式。具体而言，应从以下两个层面考虑。

第一个层面，在区域合作和广泛交流中打造世界旅游休闲中心的澳门品牌，拓展澳门模式的内涵。

"澳门模式"，首先要强调的是"澳门"，即本地化。澳门"一个中心"的建设，依然必须突出澳门"博彩"的城市名片[1]，在广度上挖掘博彩业的标准化和全产业链发展，在深度上从投资转向管理，建立相关行业的高标准，以创造澳门品牌。

澳门对于博彩业的全产业链发展一直寄希望于运用内部资源来实现，并未将其建立在区域合作的基础上[2]，受限较多。"一带一路"区域合作发展，则恰是一个新的发展机会。"一带一路"沿线国家和地区的产业体系呈现阶梯形，产业层次具有多元性和完整性，这种体系框架为澳门博彩制造业的产业转移提供了很好的条件。澳门可以利用珠江或东南亚国家中较为成熟的制造业的产业优势，将博彩业产业链的生产制造环节就近迁移，发挥澳门的产业辐射作用，在区域合作中共同打造博彩全产业链。

澳门应转变重建设轻管理、重硬件轻软件、重投资轻运营的理念，打造酒店业和会展业的澳门城市名片，逐步形成综合旅游业的竞争优势。如何进一步发展酒店业和会展业，澳门可以吸收借鉴的是拉斯维加斯的成功转型经验。拉斯维加斯第一次转型是从博彩业转向集娱乐、博彩、休闲、购物和表

---

[1] 顾相伟、庄金锋：《博彩业转型发展与澳门世界旅游休闲中心建设》，复旦大学出版社，2017。
[2] 杨英：《澳门经济"适度多元化"与大珠三角经济一体化研究》，《亚太经济》2012年第2期。

演等多位一体化发展的综合性旅游业。近年来拉斯维加斯的游客年均为 4000 万人次，消费金额达 320 亿美元，但其中来自博彩业的消费仅占 25%，约合 80 亿美元。第二次转型是集中拓展会展业。2016 年，拉斯维加斯接纳会展人数高达 630 万人次，是游客访问量增长的首要驱动力，会展及其相关收入逾 82 亿美元，比 2001 年的 60 亿美元增长了 36.7%[①]。

拉斯维加斯的成功转型，是发挥政府引导和市场良性竞争的双向效果。根据拉斯维加斯成功转型的经验，澳门在保持博彩业发展的同时，应抓住博彩业经营权开放为澳门博彩业内部多元化发展所创造的有利条件，积极发展非博彩旅游业。一方面是特区政府发挥的引导作用，积极扶持非博彩性质的行业发展，在税收政策、土地供应等方面对相关投资进行鼓励，并加强非博彩人员相关培训和多元人才储备；另一方面，充分调动市场的作用，利用博彩业的竞争机制，来推动投资者转变经营方式和经营理念，在博彩业市场几近饱和的情况下，将良性竞争扩大到综合性旅游的各个方面。这就意味着，未来博彩公司的竞争，不仅仅是角子机、赌桌等赌博产品的竞争，更多的是提供全方位的综合旅游服务产品和服务的竞争，更是优秀管理经验和具有战略眼光经营理念的竞争。

同时，澳门模式强调的是"模式"，即可借鉴性。"澳门模式"是丰富的行业发展经验、新的城市治理模式，也是创新发展模式，这意味着澳门要在"一个中心"建设中摸索行业发展与本地优势资源、独有特色有效结合的澳门经验；探索特区政府与市场的作用，在鼓励市场经济发展中加强特区政府的服务和监督职能；寻求在经济发展模式中的不断创新，定位新的经济增长点。"澳门模式"也是可行的对话模式、沟通方法和协调机制，这意味着澳门在"一带一路"建设的前沿要发挥窗口作用，在不同的政治制度、经济制度和行政管理方式中搭建澳门、中国与世界的沟通桥梁，而这在全球化发展的今天，对于解决不同地区、政体间矛盾和冲突，寻求新的合作发展模式，提供机制上的参考。

第二个层面，挖掘澳门特色文化，探求文化交流、文明对话机制，跟随"一带一路"建设推动中华优秀文化"走出去"。

中国是外来文化的巨大消费市场，某些本土文化产品难抵舶来品，在一

---

① 数据参考拉斯维加斯会展和观光局统计数据、统计报告等。

定程度上是受到了体制和意识形态的影响①。在国际舞台上迅速崛起的中国需要在世界范围内扩展软实力，改变和调整国际社会对中国的看法，平滑过去与崛起中国的磨合过程。但迄今为止，中国还没能把快速增长的经济财富转变成自己的软实力②。这个目标的实现取决于突破现有的思维和体制束缚，进而把文化产业做大做强。目前，中国很多城市都在对文化产业跃跃欲试，意图将其打造为经济发展的新增长点，但现有的制度条件使这一行业的发展受限，而澳门的制度特点恰恰是其他城市难以媲美的。

澳门的"一个中心"建设可围绕澳门中西文化交会的独有特色，充分利用丰富的文化资源，积极推动文化旅游和文化贸易，努力拓展文化金融，逐步完善文化产业链，打开区域协作的大门，拓展广阔的区域和国际市场。如果规划得当，文化产业不仅能使澳门更具旅游城市魅力，也可帮助提高中国软实力，对于未来中国如何理解世界以及世界如何理解中国都具有极其重要的意义。

结　语

一直以来，澳门被称为"亚洲的蒙特卡罗"或"东方的拉斯维加斯"。对于过去的澳门，这是国际社会对澳门经济发展模式和经济发展水平的肯定，但对于未来的澳门，却意味着澳门的发展总是处于追随和模仿的位置，这也在极大程度上限制了澳门的世界定位。

澳门"一个中心"的规划和建设，应将眼光放在"一带一路"这样更为广阔的框架和平台上。澳门作为"世界第一赌场"，应该在"一带一路"建设中，与周边地区和国家不断地交流互动和开展区域合作，寻求澳门模式发展的独特性和可借鉴性，不断寻求创新经济增长点，共同探讨未来世界创新发展、创新治理、创新合作的模式。

---

① 马戎：《创建中华民族的共同文化，应对21世纪中国面临的严峻挑战》，《西北民族研究》2012年第2期。
② 20世纪90年代初，哈佛大学教授约瑟夫·奈创立"软实力"（soft power）概念，将其归纳为导向力、吸引力和效仿力，是一种同化式的实力，即一个国家思想的吸引力和政治导向的能力。

澳门参与国家中医药"一带一路"发展方向研究

叶桂平[*]

摘　要："一带一路"建设及中医药走向"一带一路"沿线国家，为澳门中医药产业甚至是经济适度多元化带来了机遇。为了全面了解澳门如何参与国家中医药"一带一路"发展，本文围绕中医药"一带一路"发展规划，结合澳门的优势，提出了澳门在国家中医药"一带一路"发展的切入点，并因应澳门中医药发展中存在的问题，提出了相应的政策建议。

关键词：一带一路　中医药　澳门

粤港澳大湾区城市群发展规划和"一带一路"建设得到澳门特区政府的高度重视，澳门在参与过程中具备"一国两制"、多元文化、资金充足、对外联系、中葡平台、世界旅游休闲中心等多方面的优势。具体来说，澳门有中药质量研究国家重点实验室、横琴粤澳合作中医药科技产业园以及世界卫生组织传统医药合作中心三大支柱。结合国家《中医药"一带一路"发展规划（2016～2020年）》中有关实现政策沟通、资源互通、民心相通、科技联通及贸易畅通的具体任务，澳门可以通过发挥上述优势，从中医药领域的"五通"任务中找到在国家中医药"一带一路"发展中的方向，集中力量开展"精准联系"。

---

[*] 叶桂平，澳门城市大学协理副校长、教授，思路智库副理事长。

一 发挥科教优势，积极参与推动中医药国际标准化

中医药进入国际标准体系的三大渠道 ISO、WHO、世界中医药学会联合会（以下简称"世中联"）均已打通。然而，中医药国际标准化仍存在着一系列的问题。例如，缺乏中医药国际标准化人才；缺乏国际经验，不熟悉国际规则；科研技术支撑有待加强等。[①] 这也为澳门参与其中提供了机会。

在 ISO、WHO、世中联这三大渠道都有澳门机构的代表参与其中，有些在其中还发挥着核心作用。澳门科技大学刘良校长为 ISO/TC249 第一工作组召集人，澳门生产力暨科技转移中心为该委员会的观察员；世界卫生组织在澳门设立传统医药合作中心；澳门大学王一涛教授为世中联主席团执行委员，也有多位来自澳门中医药社团的代表为世中联的常务理事。澳门应重视在 ISO、WHO、世中联这三大渠道已建立的基础，充分发掘参与的潜力，扩大在这三个渠道的角色，争取在中医药国际标准化中发挥更大的作用。

（一）充分发挥世界卫生组织传统医药合作中心的作用

澳门特区政府于 2011 年与世界卫生组织签署了为期 4 年的传统医药合作计划，致力为各国传统医药领域的卫生官员和专家学者构建国际合作和交流平台，促进全球传统医药的发展。为延续与世界卫生组织的良好合作关系，2015 年 8 月 18 日，世卫批准澳门特区政府卫生局下设"世界卫生组织传统医药合作中心"（以下简称"合作中心"），继续与澳门在多方面开展进一步合作，如推动各国把传统医药纳入初级卫生保健服务系统、传统医药卫生官员和专业人士的培训以及确保传统医药质量和安全性等。它的设立代表着国际对澳门传统医药发展的认可，它将是各成员国和地区分享经验、传统医药发展策略等的重要平台。

---

① 史楠楠、韩学杰、宇文亚、王丽颖、刘兴方、吕爱平：《中医药国际标准化活动的主要途径及工作建议》，《世界科学技术（中医药现代化）》2011 年第 4 期，第 591~595 页。

传统医学在维护健康和治疗疾病中的积极作用已得到普遍认可。澳门特区政府应把握 ICD-11 TM 正式颁布使用的契机，充分利用合作中心这一平台，连接世卫组织、西太区及其他合作中心，更广泛地开展传统医学研究领域的多边合作，积极协助推广 ICD-11 TM，加强信息、技术等方面的共享，在传统医学国际事务中发挥更大的作用，提高澳门在中医药领域的知名度及技术水平。

目前，合作中心设于澳门卫生局之下，然而澳门卫生局缺乏专责中医药事务的部门，这也意味着该中心缺乏熟悉中医药事务的部门支撑。为此，本文建议：①卫生局应发挥主导作用，制定有关政策和措施，建立评估机制和奖励机制，鼓励合作中心积极开展工作；②卫生局应对合作中心的工作给予更多的支持和保障，促进合作中心的持续发展；③加强与其他地区合作中心的沟通与协作，相互学习，取长补短；④建立并完善人力资源和信息资源共享机制，利用世界卫生组织传统医学合作中心主任会的定期例会制度，促进交流。

（二）加强参与 ISO 中医药技术委员会

自 2011 年开始，澳门的一些高校主导并推动相关标准的研究和制定工作。澳门科技大学于 2013 年 9 月 23 日正式设立了澳门中药国际标准研究中心，并被国家中医药管理局中医药标准化办公室认定为 TC249/WG1 技术依托单位。WG1 负责中药原材料和传统炮制工艺相关的质量与安全标准制定工作。经 WG1 审议并提交 ISO/TC249 的人参种子种苗标准，成为全球首个中药材国际标准。目前 WG1 已经成功推动两项 ISO 标准发布，在研的标准项目有 20 项，是 TC249 下设七个工作组中最为活跃、产出最高的小组。

中医药标准对中医临床实践、中药产品、中医诊疗设备产品从技术研发、原材料采购、生产加工，到产品销售、售后服务及行业内部管理的各个环节进行规范，从而保证了产品质量的可控性。目前中医药国际标准化正进入快速发展期，仍有大批中医药产品和服务需要制定国际标准。澳门特区政府应加强对澳门中医药科研机构的支持，推动他们参与 ISO/TC249 的工作组，并承担标准研究项目。澳门积极参与中医药国际标准化的工作，将进一步提高澳门中医药服务能力、推动行业科研创新。

(三) 建设中医药国际化研究智库

中医药服务"一带一路"发展规划的有效实施，需要智库组织的投入，澳门应该利用现有的科教及国际化优势，建设中医药国际化研究专业智库。智库应设在澳门的高等院校内，以非政府组织的形式，把建立全球性智库作为目标，不局限于沿线国家，而是要吸引全球智库机构和多学科专家参与。通过定期举办学术交流、主题论坛等方式为中医药"一带一路"发展集聚世界智慧。针对"一带一路"的每一个国家、每一个区域，基于经济和地域的比较优势，进行中医药海外发展战略研究。

(四) 开展中医药大数据研究

中医药具有大数据的容量（Volume）、多样性（Variety）、速率（Velocity）、价值（Value）四大特征。从中医药产业中提炼大数据，是中医药现代化发展的方向之一，有利于高效统筹、可持续利用资源。澳门的大数据发展已经有了较好的基础，澳门大学的智慧城市物联网国家重点实验室已经获国家批准设立，该实验室的一项主要工作就是利用大数据技术对中药质量研究中所产生的数据进行深入分析，从而深入挖掘，以求得到意想不到的价值。特区政府可集中资源支持这一崭新、交叉的研究领域，从中深入探索中药的机理。

(五) 建设面向沿线国家的培训基地及学术交流平台

澳门科技大学首开中医药学院，随后澳门大学也成立了中华医药研究院，培养本科、硕士和博士水平的中医药专业人才，两所大学均设有中药质量研究国家重点实验室，有着比较丰富、强盛的中药教研实力。特区政府可以依托这两所大学，在世界卫生组织传统医药合作中心的框架下，在粤澳合作中医药科技产业园建设中医药培训基地，面向"一带一路"沿线国家开办短期的中医药培训课程，课程内容可以覆盖中医药的医疗、管理、生产、测试等多方面。与此同时，将目前产业园赴莫桑比克开展中医药培训的模式拓展到其他沿线国家。学员们通过培训可以更多地了解中医药技术，有助于中医药技术在当地的推广。此外，通过澳门培训基地这一桥梁，联系起内地与沿线国家的学员，建立起沿线国家中医药从业人员的网络，向网络中的各方提供中医药发展的最新信息，同时收集他们的需求，有针对性地开展后续的培训。

此外，澳门也可以构建常规性学术交流平台，鼓励国内及"一带一路"沿线国家的相关学者开展中医药文化、知识及技术的国际化研究，形成论坛、杂志等多渠道、多层次、全方位的中医药国际学术交流与合作平台，扩大国际影响力。通过一系列学术层面的研究活动增进沟通、学习与融合，在学理层面为中医药文化在"一带一路"沿线国家的传播提供支撑。通过国际学术交流，中国与"一带一路"沿线国家的专业人士能够更深入地了解彼此的医学文化资源、特点和个性以及各自文化的发展潜力，不同医学文化可以建立起相互理解、欣赏、学习和互补的关系，使中医药文化的国际传播得以实现。

二 发挥旅游业优势，发展中医药健康与养生服务产业

悠久的历史、多样的文化、丰富的旅游资源、完善的配套……澳门对海内外的吸引体现在方方面面。在全球集中迈向老龄化的形势下，健康、养生以及旅游作为市场潜力巨大的新兴产业，在多个国家的规划中都成为重要内容。健康服务产业、旅游产业作为现代服务业的重要组成部分，蕴含拉动经济发展的巨大潜力。中医药健康与养生服务的范畴非常广泛，其中针灸、按摩、推拿、药膳食疗等主要的中医养生保健服务广受海内外民众欢迎。

澳门正在着力建设"世界旅游休闲中心"，为此，澳门在参与"一带一路"建设的过程中，应着重将中医药健康与养生服务业、旅游业两者相结合，推出"旅游+养生"的模式。澳门只有60多万人口，市场非常有限，但澳门每年要接待超过3000万人次游客，因此必须结合游客市场来开发中医药健康与养生服务业。一般来说，可从以下四方面将旅游业和中医药健康与养生服务业结合起来。

一是将旅游与中医就诊相结合。很多游客慕名到著名的老中医处就诊，在旅游的同时解决自己的健康问题。

二是将旅游与保健相结合。旅游的途中，由于行程紧密，一般会比较疲

累。游客通常喜欢通过针灸、推拿、按摩、足浴等中医药特色的保健方式减压放松。

三是将旅游与药膳相结合。2017年11月1日，联合国教科文组织将澳门列为"美食之都"。中医药提倡"药食同源"的概念，"美食之都"的衔头，为澳门发展药膳、向游客推广药膳提供了有利的条件。特区政府应致力于推广药膳产品，使之成为中医药旅游产品中的一大亮点。

四是将旅游与美容养生相结合。美容养生是许多女性游客比较喜爱的一项活动，若将美容养生同休闲旅游结合起来，能取得较好的互动作用。既能丰富旅游活动的内容，又能增强旅游产品的吸引力。

围绕上述四个方面，特区政府应将发展中医养生保健服务作为建设"世界旅游休闲中心"的一环，参考国内外做法制定中医养生保健服务类规范和标准，鼓励和扶持相关的健康与养生服务企业，为这些企业引入相关的专业人才提供协助；推动企业在澳门各大酒店开设高水平的健康与养生服务店、中医药美容店、药膳餐厅等，邀请知名中医、针灸师、推拿师等来澳短期驻店并提供服务，培育一批技术成熟、信誉良好的知名中医养生保健服务连锁机构；加快推进粤澳合作中医药科技产业园有关国医馆—养生中心综合项目、主题医疗区的建设；参考饼食手信企业的成功经验以及日韩等国家保健品开发的经验，支持本地企业开发高水平的保健品并推向市场，大力推广澳门的诚信品牌，逐步扩大市场。

此外，特区政府应借助设于外地的旅游推广机构，在政府和民间交流的基础上，按照日韩两国、东南亚国家、华人华侨和留学生较多的"一带一路"沿线国家、其他"一带一路"沿线国家的顺序，进行集中宣讲推介。澳门若发展中医药与健康养生、旅游休闲相结合的新兴产业，不仅有内地稳固的客户群体，还有日本、韩国、东南亚、欧美等多个国家与地区潜在的市场需求，其便利条件多、发展潜力大。

三 发挥文化优势，推动中医药文化在沿线国家的传播

澳门有400多年同西方经济、文化交流的历史，是中西文化交会之地。2017年7月1日，国家发展改革委、广东省、香港特区及澳门特区共同签

订了《深化粤港澳合作 推进大湾区建设框架协议》，其中提到澳门有悠久的多元文化交融历史，应该发挥澳门的优势，将澳门打造为"以中华文化为主流，多元文化共存"的交流合作基地，促进以中华文化为主流，不同社会制度、不同文化背景之间的文化共存、友好合作。澳门的文化优势能够助力中医药文化在"一带一路"沿线国家的传播。

一方面，特区政府应该结合自身中医药发展的历史，同时整合优秀的中医药文化资源，在澳门建设中医药文化馆之类的中医药文化区。通过为参观者提供观赏服务、中医药医疗养生知识讲座、医疗保健咨询、中医药文化展演、保健养生服务、中医药发展历史介绍等，使参观者感受中医药文化的博大精深，了解中医药医疗养生知识，亲身体验养生之道。

另一方面，特区政府也可结合会展业的优势，举办中医药国际展览会、博览会、交易会等类型的活动。由此既可宣传源远流长、博大精深的中医药文化，又可展示中医药在医疗、保健、养生方面的特点和优势，促进中医药在国际上的推广应用，推动中医药的国际合作。

四 发挥平台优势，推动中药产品走向沿线的葡语系国家

澳门特区在"一国两制"和《澳门基本法》的框架下开展了一系列对外事务。它背靠祖国，并得益于对外事务权的授权保留及扩充，其对外关系和对外交往能力不断增强，国际双边和多边合作关系不断发展，在经贸、文化等方面努力拓展同世界各国和地区的交流与合作，建立起广泛和密切的关系。其中，澳门作为中国与葡语国家商贸合作服务平台的作用越来越得到葡语系国家的认同。

中医药在欧洲的发展潜力巨大。中医药产品进入欧洲，就要遵循欧洲范围内的法规。目前中医药在葡萄牙可以通过以下两种方式销售。一是作为膳食补充剂，以简化和更容易的方式注册，但不作为保健品在商店和超级市场里自由销售。二是作为保健品，需要通过葡萄牙药物局登记进口。透过葡萄牙的联系，可让葡语系国家和欧洲的消费者接触到他们未知的药品。

以澳门与欧盟的关系，特别是与葡萄牙一直以来的特殊关系，澳门

应专攻中医药走向葡萄牙,从而推动葡萄牙对中医药立法,通过这个过程可以令中医药国际标准化取得意外的突破,也可使澳门中医药产业从中受益。澳门定位为"中国与葡语国家商贸合作服务平台",可以组织语言及中医药的专家学者,为走进葡萄牙或其他葡语系国家的中医药药品及器材进行葡语翻译,让当地消费者可以充分理解该产品的功效、用法、用量及副作用等。另一方面,波尔图大学从2006年起便设立中医硕士研究生课程,该校目前的师资和教材主要来源于德国,澳门应与国家中医药管理局合作,组织内地与澳门的葡语及中医药专家共同合作翻译中医药教材。

此外,国家中医药管理局于2015年遴选了国内具有一定对外交流合作基础的中医药医疗、教育、科研和文化机构,确定了首批17个中医药国际合作专项。通过开展"一带一路"海外中医药中心、中医药产品国际市场标准化体系、中医药健康服务产业国际化和中医药文化国际传播等示范项目建设,推动中国中医药理论、文化、服务和产品整体走向世界。澳门应与国家中医药管理局合作,以澳门中药质量研究为基础,在澳门设立境外中药质量研究中心,并在葡萄牙等葡语系国家建设海外分中心。

五 发挥制度优势,与周边地区互惠互补,推动中医药走向沿线国家

在中药产业链中,澳门在中药研发、中药标准研究及中药检测等方面有一定基础,但缺少中药材种植加工及中药产品生产的环节,这使研发、标准及检测等成了无源之水。所以,澳门在中药研发、中药标准研究及中药检测的优势要得以发挥,必须与内地中药材基地及中药生产企业紧密合作。在这个合作工程中,必须有一个载体才能实现,粤澳合作中医药科技产业园便是最佳的载体。

粤澳合作中医药科技产业园是"一国两制"下制度创新的成果。澳门特区政府应主动与有关部委及地方政府协商,以政府引导,产业园作为载体,科研院所、企业、大学与医院共同参与的形式,一起围绕地方与澳门在中医药产业、科技、医疗等领域展开合作交流,充分发挥澳门"国际桥头堡"与资源整合优势。从而促进内地省份传统医药的优秀产品与技术"走

出去"。同时，透过吸引当地优秀的企业与机构入园，对产业园的中医药产业集群发展将起到积极的推动作用。

六 发挥资金优势，与内地设立联合资助机制，鼓励澳门与沿线国家的中医药科研合作

中医药国际科研的交流与合作具有十分重要的现实意义，它能深化中医药的学术本质和科学内涵，使之得到国际医学界、科学界的了解和认同，得到世界民众的理解和关注。《国家中医药对外合作与交流中长期规划纲要（2011~2020）》中明确指出："支持有条件的中医医疗机构、科研院所、高等院校和中药企业与国际科研机构、知名企业、名牌大学开展科技合作，利用国际先进的现代科学技术和方法，联合开展中医药基础理论、临床和中药产品等重点领域研究。"

澳门特区政府要充分发挥科学技术发展基金的作用，与国家科技部及国家自然科学基金委员会、葡萄牙科技基金、欧盟等机构或地区建立联合科研资助的机制，推动澳门中医药科研的国际合作。同时要积极参与国家自然科学基金建立起的"一带一路"科学基金的合作框架，主导中医药相关的合作资助。此外，特区政府也可以与国家中医药管理局等部门合作推出面向"一带一路"沿线国家的联合资助项目。

通过上述合作机制，鼓励澳门中医药研究机构主动地与"一带一路"沿线国家的科研机构、知名企业、名牌大学等开展科技合作，有针对性地选择一些在澳门有一定科研基础，并在中医药防治重大疾病和疑难杂症等方面有一定优势和特色的项目进行联合攻关。通过一批标志性的科研合作成果，不断提升中医药的国际学术地位和影响力。

融入祖国发展大潮，与祖国共同进步："一带一路"视角下的澳门

高婕 盛力[*]

摘　要： "一带一路"倡议提出以来，中国逐渐迎来了全方位开放的新格局。这是澳门实现产业多元化、建设"一个中心"和"一个平台"难得的机遇，也是澳门融入祖国建设的机会。澳门的区域发展战略与"一带一路"建设具有协同性。澳门具有政治稳定，社会和谐，经济、财政及金融状况稳健的优势。长期以来，澳门实行市场化、国际化的经贸金融制度，货币自由兑换、资本自由进出等自由港优势使其营商环境具备较强国际竞争力。澳门与葡语国家历史悠久的传统友谊是无价的资本，是中国与葡语国家沟通的最佳桥梁。可见，澳门在"一带一路"建设中必有用武之地。当然，澳门的建设也需要国家的鼎力支持、区域的相互配合。

关键词： 一带一路　自由港　粤港澳大湾区

2013年9月和10月，习近平主席在出访中亚和东南亚国家期间，先后提出共建"丝绸之路经济带"和"21世纪海上丝绸之路"（简称"一带一路"）的重大倡议，受到国际社会高度关注和认可。2015年3月28日，国家发展改

---

[*] 高婕，香港中文大学地理系助理研究员；盛力，澳门大学社会科学学院副院长、教授，思路智库副理事长。

革委、外交部和商务部联合发布了《推动共建丝绸之路经济带和21世纪海上丝绸之路的愿景与行动》,进一步推进实施这一重大倡议。共同建设"一带一路"是国家主席习近平统筹国内国际两个大局,顺应地区和全球合作潮流,契合沿线国家和地区发展需要,立足当前、着眼长远而提出的重大倡议及构思。回顾澳门回归祖国这近20年,特区创造的经济奇迹离不开国家的支持;同时,澳门特区与中国各城市之间的合作均有不同程度的深化。"一带一路"为澳门带来了经济结构调整、实现可持续且多元发展的契机。

一 "一带一路"建设在澳成果

"一带一路"秉持共商、共建、共享原则,坚持开放合作、和谐包容、市场运作和互利共赢。聚焦于政策沟通、设施联通、贸易畅通、资金融通和民心相通;着力于构建互利合作网络、新型合作模式,打造多元合作平台;致力于携手开拓绿色、健康、智力、和平的丝绸之路,打造互利合作的命运共同体和利益共同体;致力于贯穿亚欧非大陆,联通活跃的东亚经济圈和发达的欧洲经济圈,是一项统筹海陆的系统工程。澳门在"一带一路"大格局中属于"丝路新图"的"南线"范畴,连接广州、福州和东南亚地区。作为中国的对外开放窗口和通道,把握"一带一路"发展契机,推动澳门地区进入社会经济发展的新高度势在必行。

澳门近年来积极参与及助力"一带一路"建设,在"一带一路"建设特别是"21世纪海上丝绸之路"建设中发挥着重要的作用。2017年和2018年,澳门特区政府政策研究室、澳门基金会及思路智库,先后举办了两次"'一带一路'与澳门发展国际研讨会"。这两次研讨会成功吸引了不同区域的政商名人,如外交部长、参赞和投资集团代表人等。研讨会除了围绕澳门参与"一带一路"建设展开讨论,如何携手粤港澳大湾区的其他城市参与国家建设也是讨论重点。从会议的筹备到举办后对社会的影响程度来看,澳门积极融入祖国发展大潮可谓诚意十足。

粤港澳大湾区的建成和繁荣将为澳门发展提供新的机遇和动能。因此,澳门特区政府高度重视大湾区建设,希望能在今后的湾区经济分工中为澳门谋一席之地。2017年11月,澳门特区政府《2018年财政年度施政报告》也明确指出:"努力把本澳'一中心、一平台'的发展定位与'一带一路'

建设、与粤港澳大湾区规划紧密结合，抓住重点，形成合力。"2018年3月，国务院总理李克强会见中外记者时指出："我们要建设粤港澳大湾区，把它建成世界级的大湾区……大湾区的规划纲要正在制定过程当中，很快会出台实施，港澳居民到内地来，特别是到广东来工作、生活，在住房、教育、交通等诸多方面将逐步享受同等的待遇。我们愿意和港澳同胞一起共享国家发展的机遇。"①

2018年6月，特区行政长官崔世安进京汇报澳门对于《粤港澳大湾区发展规划纲要》的意见和建议时表示："建设粤港澳大湾区将为澳门带来新的发展机遇，澳门特别行政区政府将广泛听取社会各界意见，积极主动做好规划纲要落实工作。"② 2018年8月，粤港澳大湾区建设领导小组第一次全体会议在京召开，崔世安表示："粤港澳大湾区建设将为澳门带来前所未有的发展机遇，澳门特区将全力配合国家统一部署，积极发挥自身独特优势参与大湾区建设，推动澳门经济多元发展，促进民生持续改善。"③

特区政府在积极参与"一带一路"建设的同时，重视维护国家安全和澳门社会的稳定，为澳门今后更好地参与国家战略和融入祖国发展奠定完备的制度基础。2018年8月27日，澳门特区政府行政会完成讨论《澳门特别行政区维护国家安全委员会》行政法规草案。草案建议澳门特区设立维护国家安全委员会，协助行政长官就澳门特区维护国家安全事务进行决策并负责执行统筹工作。

二 澳门发展优势与局限性

澳门参与和助力"一带一路"建设具有独特的优势，这些特点和优势与"一带一路"建设的"五通"合作内容的重点高度吻合。

从国家层面来看，澳门被赋予了独特的定位和使命。

"一国两制"的制度优势是澳门最根本、最重大的优势。澳门必须充分

---

① 《李克强：发挥粤港澳各自优势，形成互补，打造新的增长极》，新华网，2018年3月20日，http://www.xinhuanet.com/politics/2018lh/2018-03/20/c_137051989.htm。
② 《韩正会见澳门特别行政区行政长官崔世安》，新华网，2018年6月28日，http://www.xinhuanet.com/politics/leaders/2018-06/28/c_1123049745.htm。
③ 《特首：配合中央促多元利民生》，《澳门日报》2018年8月16日，A01版。

发挥"一国"优势，祖国是其坚实后盾，需深刻理解、用好用足中央各项支持政策，深化与内地省区互补合作，促进特区更好、更快地发展；同时利用好"两制"优势，深入学习和研究澳门基本法所赋予的制度安排，发挥和强化澳门各项独特优势，有效参与"一带一路"建设。

国家"十三五"规划明确支持澳门建设"世界旅游休闲中心"，打造"中国与葡语国家商贸合作服务平台"。澳门特别行政区五年发展规划中，对"一个中心"和"一个平台"的发展建设定位进行了统筹谋划，并使之服务于"一带一路"建设。2016年10月，李克强总理访问澳门期间，给澳门送来了"18项支持中葡论坛的新政策"以及"19项中央惠澳措施"，为澳门的"一个平台"建设增加了"中葡商贸合作金融服务平台""葡语国家人民币清算中心"等多种内涵和功能。

从澳门自身层面来看，澳门具有人文优势。澳门在历史上曾经是中国对外贸易的主要窗口、海上丝绸之路的重要节点、各国人士进入中国的重要通道。长期的中西文化交融，造就了澳门多元包容的文化特质，形成了澳门和谐共融的社会传统。不同国籍、不同种族、不同信仰、不同文化背景的人士能在澳门和平友好相处，这正与"和平合作、开放包容、互学互鉴、互利共赢"的"丝绸之路精神"相互承接，澳门在这方面发挥了示范作用。另外，澳门拥有来自多个国家和地区尤其是东南亚的归侨侨眷。他们遍布"一带一路"沿线国家和地区，从事各行各业工作，熟悉中外语言文化，具有广泛的社会网络和人脉资源，是澳门参与"一带一路"建设十分重要的一股力量。

澳门拥有完善的基础设施和完备的金融服务体系。澳门自"赌权开放"和"自由行"政策实施以来，大量投资于基础设施建设，澳门国际机场、四个码头、港珠澳大桥等现代化设施将支持澳门成为"世界旅游休闲中心"。金融业是澳门的经济支柱之一，澳门经济高速增长刺激了金融业的发展，而特色金融业又是特区政府重点扶持、中央政府积极支持的多元化目标产业。

此外，澳门政治稳定，社会和谐，经济、财政及金融状况稳健。特区政府持续增强的公共财政实力、稳固的对外收支状况、具有高度信誉的政策框架、可靠的联系汇率制度、稳健的金融体系，都是澳门建设好"一个平台"的有利条件。澳门长期实行市场化、国际化的经贸金融制度，低税率、货币自由兑换和资本自由进出等自由港优势，使澳门的营商环境更加具备国际竞争力，可以吸引中葡产能合作等领域的企业借助澳门这一便利平台达成实质性合作，也可以为中国与葡语国家扩大各自的产品市场提供机制性保障和配套服务。

澳门还可以在中国和葡语国家间承担不可替代的"桥梁"作用，可以有效服务于"一带一路"建设。第一，地理桥梁。大部分葡语国家曾是葡萄牙的海外殖民地，长期以来与澳门保持频繁的经贸往来关系。同时，澳门连接广东省，与内地经贸往来密切。第二，文化桥梁。澳门拥有400多年中西文化交汇的历史，相当一部分澳门土生居民曾侨居巴西、莫桑比克等国，对这些国家的文化和习俗十分了解并拥有一定的人脉，由此构成澳门独特的具有极高经济价值的葡语世界社会资本。第三，资金桥梁。目前所有葡语国家的经贸办事机构均在澳门设立办事机构，利用澳门与葡语国家已经发展成熟的信息对接优势、人员交往优势开展与祖国内地以及其他有市场发展潜力区域的贸易往来。同时澳门已经成为广东通往全球和欧共体市场的桥梁和通道，大量的资金通过澳门在广东和世界各国之间流动。第四，交流桥梁。目前各葡语国家在澳门均有单独或联合成立的不同类型的官方组织、半官方组织及民间组织。这些组织和澳门特别行政区政府、中国—葡语国家经贸合作论坛（澳门）一起，在澳门构成了一个相互间联系密切的多层次"网络平台"，这些平台为中葡双方扩大全方位的交流提供了切实的服务，同时也为提升粤葡金融合作提供了更加便捷的途径。

澳门的建设和发展在理念上都与"一带一路"建设契合，在实施路径上也与"一带一路"建设相辅相成，在合作领域上与"一带一路"建设高度吻合。只要澳门找准定位、充分发挥自身优势，相信一定可以在"一带一路"建设中发挥助力作用，并实现自身经济多元转型。

当然，澳门也存在着地区局限性，包括受到制约的土地和人力资源、尚待完善的内外交通对接、进入深度调整的经济发展和存在多种不确定因素的内外环境等，这些将给澳门参与"一带一路"建设带来挑战，需要在接下来的工作中予以重视。笔者建议，今后澳门特区可积极向祖国内地、港台、葡语国家等地的政府、企业家乃至市民多宣传澳门参与"一带一路"建设的优势。让他们了解特区所能提供的具体服务和能发挥的重要功能。但仅靠宣传是不足的，落到实处的经济合作、人才共享更有必要。但是，区域间的发展差异，如产业、经济规模、法律制度、税收等，都是限制区域深化合作、互通有无的因素。例如，早年签署的《内地与澳门关于建立更紧密经贸关系的安排》由于在服务贸易领域及投资领域的条款缺乏落实细则，间接减弱了澳门作为贸易服务平台的优势。因此，在今后的区域合作中，除了在态度上的支持，具体到货物贸易、服务贸易、投资和经济技术合作等方面都需要有确切的区域合作方案。澳门在未来海域规划方面也离不开中央和其他区域的扶持和配合。在享受区域合作带来的福利的同时，澳门应树立全局观念，区域的发展和整个国家的发展是荣辱与共的。

结　语

澳门参与"一带一路"建设等是在国际国内稳定发展大背景下落实澳门特区五年发展规划的发展战略，有助于为本地经济适度多元发展注入新动力，为中小企业转型升级创造新的条件，为广大居民尤其是年轻人提供新的发展机会。同时，有助于乘着国家新一轮发展的东风，推动澳门进一步融入国家经济发展大势，提升澳门在国家经济发展和对外开放中的地位和功能。

"一带一路"是促进共同发展、实现共同繁荣的合作共赢之路，是增进理解信任、加强全方位交流的和平友谊之路，是国家扩大对外开放的重大举措和经济外交的顶层设计，是国家今后相当长时期对外开放和对外合作的总体规划，是国家推动全球治理体系变革的主动作为。

澳门作为一个开放程度高、实行"一国两制"的国际化城市，既是中国改革开放的窗口，也是建设"一带一路"的关键节点。澳门自身具备全面服务"一带一路"建设的能力和优势，同时参与"一带一路"建设也能有效支持澳门经济的继续转型和升级。因此，澳门应抓住这个机遇，借助自身优势，发挥好"一带一路"的支点作用，积极融入国家战略，以开拓的姿态和创新的思路推动澳门实现产业多元化和可持续发展，与祖国共同繁荣进步。

建设世界旅游休闲中心，构筑"一带一路"重要支点

马聪玲　李淑冰[*]

摘　要： "一带一路"建设是构建人类命运共同体的重要途径，也是共商、共建的对外合作平台。作为粤港澳大湾区建设的重要一极，澳门未来发展面临着历史性的机遇。通过立足澳门自身条件，审视机会和挑战，澳门应通过积极推动粤港澳大湾区发展，打破资源约束，寻求腹地支撑，拓展平台服务功能，更深度地参与"一带一路"建设。在中国同非洲、拉美、东南亚等地区的经贸、旅游和文化交流中发挥更大作用。

关键词： 一带一路　澳门　粤港澳大湾区　世界旅游休闲中心

一　"一带一路"的合作进展

自"一带一路"倡议提出以来，"一带一路"建设合作取得了很多进展。2014 年 12 月，旨在推动丝绸之路沿线国家合作的丝路基金成立，资金规模为 400 亿美元，截至 2016 年底，丝路基金实际投资额达到约 40 亿美元，覆盖中亚、南亚、西亚、中东、中东欧等多个地区[①]。2017 年，第一届

---

[*] 马聪玲，博士，中国社会科学院财经战略研究院副研究员；李淑冰，博士，思路智库副理事长。

[①] 《专访丝路基金监事会主席杨泽军：两年累计合同额料达 60 亿美元　国、民企业合作一视同仁》，《21 世纪经济报道》2016 年 12 月 31 日，新浪网，http：//finance.sina.com.cn/roll/2016 - 12 - 31/doc - ifxzczff3485498.shtml。

"一带一路"国际合作高峰论坛在北京举办，100多个国家和地区的代表参加，并与中国签订了"一带一路"合作备忘录。自2013年至今，中国对"一带一路"沿线国家直接投资超过774亿美元，中国企业在沿线国家建设80个经贸合作区，创造就业岗位22.4万个。2013～2017年，中国与"一带一路"沿线国家的进出口总额达到69756.4亿美元。2018年1～7月，中国企业对"一带一路"沿线的54个国家新增投资达85.5亿美元，同比增长11.8%；"一带一路"沿线国家对华投资同比增长29.8%[①]。"一带一路"成为实现沿线国家经贸合作、优势互补、互利共赢的新平台。

二 粤港澳大湾区建设与澳门定位

自20世纪80年代起，东部沿海地区就是中国改革开放的前沿阵地。港澳地区由于其区位优势、制度差异、资金优势、产业优势等，在推动中国内地改革开放中发挥了重要的作用。在新时期，围绕"一带一路"，中国对外开放的新格局正在形成。位于"一带一路"沿线的省市，在未来的对外开放格局中处于优先和重点发展的有利地位，还承担着中国投资和企业"走出去"的任务，融入"一带一路"建设好比进入了发展的快车道，国内沿线省市针对其在"一带一路"合作中的定位也纷纷出台了详细的实施规划。

《推动共建丝绸之路经济带和21世纪海上丝绸之路的愿景与行动》首次提出了"粤港澳大湾区"的概念，并提出"支持福建建设21世纪海上丝绸之路核心区"，"充分发挥深圳前海、广州南沙、珠海横琴、福建平潭等开放合作区作用，深化与港澳台合作，打造粤港澳大湾区"。虽然粤港澳合作由来已久，也取得了很多进展，但提出"粤港澳大湾区"概念还属于首次，这是粤港澳合作的升级版，其目的在于构筑"21世纪海上丝绸之路"的重要支点。这也是在新时期新的改革开放格局下，粤港澳地区继续引领中国对外开放的重大机遇。

澳门曾是海上丝绸之路的节点之一，以广州为中心的通航线路曾经包括日本、东南亚、欧洲、美洲等地。20世纪60年代以后，在香港的带动下，

---

① 《"一带一路"倡议五周年，互利共赢，经贸投资合作成效明显》，新华网，2018年8月18日，http://www.xinhuanet.com/2018-08/18/c_1123289218.htm。

澳门经济得到快速发展，形成了以博彩业、工业、建筑房地产业、金融保险业为主的经济结构。回归后澳门社会经济得到了全面繁荣，粤港澳联系更为紧密。2003年，由中央政府主办、澳门特区政府承办的第一届"中国－葡语国家经贸合作论坛"在澳门成立，开辟了中国与葡语系国家交流合作的新纪元，澳门也定位为"中国与葡语国家商贸合作服务平台"（以下简称"一个平台"）。这一定位充分发挥了澳门与葡语系国家语言相通和法律体系、社会文化类似等优势。随着回归后澳门经济的快速发展，在中国"十二五"规划中，明确提出"把澳门建设成为世界旅游休闲中心"（以下简称"一个中心"），"一个中心"和"一个平台"的定位是基于澳门优势资源、优势产业而提出的，非常明确，也被广为接纳。无论在未来粤港澳大湾区的建设中还是在与"一带一路"沿线国家和地区的合作中，澳门都要坚持并不断夯实"一个中心"和"一个平台"的地位。

三 澳门参与"一带一路"建设需要厘清的几对关系

虽然澳门是典型的微型经济体，但因其特殊的地理位置和特区身份，其发展还是引发了各个层面的广泛关注。回归后澳门经济快速发展同中央政府的支持和区域合作的推进不无关系。同时，特区政府努力推动经济适度多元化发展、建设世界旅游休闲中心、建设中国与葡语国家商贸合作服务平台等都取得长足进展。当前围绕大湾区建设、"一带一路"建设，各项政策、规划、项目、合作、投资纷纷推出，可以说澳门发展面临回归以来的最大战略机遇，这对澳门未来发展具有不可估量的深远意义。但如何把握机遇、找准定位，实现快速发展，就需要深刻理解这些机遇，统筹考虑自身的社会经济条件，首要的就是思考并处理好当前的几对关系。

首先，澳门"一个中心"和"一个平台"的发展定位同"一带一路"建设的关系。葡语系国家和地区包括葡萄牙、巴西、莫桑比克、安哥拉、佛得角、几内亚比绍、东帝汶、圣多美和普林西比，总人口约2.64亿[①]。这些国家和地区经济发展参差不齐，有发达国家，也有新兴经济体，还有经济

---

① 《中国－葡语国家经贸合作论坛》，中国新闻网，2016年10月10日，http://www.chinanews.com/ga/2016/10-10/8026292.shtml。

相对不发达的低收入国家和地区。这些国家同澳门经济互补性差,存在一定的经贸往来,但又不是澳门经济联系最为紧密的地区。因此,澳门作为中国与葡语国家商贸合作服务平台的定位,主要是基于澳门历史、文化、社会条件所做出的,未来"一个平台"地位的拓展,也仍将在社会文化领域以及提升经贸服务功能方面不断强化。"一个中心"是"十二五"规划中从国家层面给澳门在区域、国际发展中的定位,主要是基于三个事实。其一,回归后澳门经济社会发生了翻天覆地的变化,从1999年到2013年,澳门生产总值由502.7亿澳门元增长至4134.7亿澳门元,年均增长16.2%。人均GDP由1.5万美元增至8.7万美元,位于亚洲第二、世界第四[①]。其二,澳门的博彩娱乐业已经成长为国际性的产业,无论是规模、竞争力还是发展速度都位于世界前列,但也面临"一业独大"到"多业兴旺"的重要转折。其三,从区域发展来看,随着CEPA等港澳同内地更紧密经贸安排的实施,澳门同内地的经济联系更为紧密,广东一直是中国经济发展活跃的发达地区,旅游经济更为发达,这都为澳门提供了必要的腹地支撑。因此,"一个中心"的定位更是着眼于澳门在区域乃至全球的产业分工而做出的。未来在"一带一路"建设中,"一个平台"建设要更注重社会文化领域的广泛联系,更强调联系国内、放眼全球的服务功能拓展;而"一个中心"建设则应更关注发挥澳门优长、培育新的增长极,更强调立足粤港澳大湾区,加强同"一带一路"沿线国家和地区的经济合作。

其次,粤港澳大湾区建设和"一带一路"建设之间的关系。"一带一路"倡议提出之后,不仅将重新架构中国同世界各国的经贸关系,同时给国内各个省份和区域的发展也会带来重大影响。当前国内城市群发展风起云涌,围绕"京津冀""长江经济带""中原城市群""成渝城市群"等,打破行政壁垒、促进要素流动,推动区域快速发展成为主流。在"一带一路"建设背景下,构建大通道,位于口岸和通道上的城市群就构成"一带一路"合作的重要支撑。粤港澳大湾区建设就是构建"21世纪海上丝绸之路"的重要支撑,广州是历史上海上丝绸之路的重要港口之一,现今还有大量相关的"海丝"遗存,同东南亚、南亚等地具有密切的地缘和亲缘关系。粤港澳地区人口密集、经济发达、社会富庶、文化繁荣,是对外经贸合作和文化

[①] 《澳门回归15年人均GDP冲至世界第四》,《羊城晚报》2014年11月22日。

交流的前沿。粤港澳大湾区建设就是在"一带一路"建设背景下，构建面向太平洋、东南亚、大洋洲、南亚、非洲等海上经贸合作平台的龙头。

表1 "一带一路"合作重塑对内对外关系

关系分类	同内地的关系	同国际的关系
机制和安排	CEPA（同内地更紧密经贸安排）	中国与葡语国家经贸论坛
重点支撑	粤港澳大湾区（9+2）	"一带一路"沿线国家与地区
重点领域	腹地要素支撑	市场和国际分工

再次，经济适度多元化与"一带一路"建设的关系。促进经济适度多元化发展一直是澳门特区政府着力推进的事情。经济的多元化发展是澳门增强抗风险能力、推动经济社会全面健康可持续发展的必由之路。在"一带一路"建设背景下，一方面，澳门经济结构的适度多元化也会成为澳门拓展与葡语国家经贸关系，与东盟、南亚、非洲等"一带一路"沿线国家和地区进行有效合作的先决条件。当前"一带一路"沿线既有经济发达的欧洲国家，产业体系较为高端，现代服务业发达，服务业占比较高；也存在新兴市场，还有一些以能源、资源为主的经济较不发达的国家和地区，而澳门相对单一的经济结构在未来的合作中将很难找到交集，错失发展的良机。另一方面，"一带一路"合作特别是粤港澳大湾区建设有利于澳门打破资源要素约束，拓展发展空间，拓展"一带一路"沿线国家和地区市场，为经济适度多元化提供机会。

四 新时期澳门的主要发展思路

（一）新时期澳门发展环境分析

第一，澳门面临的机遇。"一带一路"合作框架下的粤港澳大湾区建设，首先为澳门实现经济多元化发展提供了良好的契机。对内有利于澳门打破城市经济体的土地、人力、水、基础设施、居住空间等多重约束，为旅游休闲、文化创意、中医药等多个产业的发展提供了要素支撑。其次，为夯实澳门的"一个平台"定位提供了良好机遇。在拓展葡语系国家关系之外，

"一带一路"合作框架为澳门拓展更为广泛的地缘、亲缘关系，拓展更为广泛的地区和全球市场提供了机会。再次，对推动澳门参与国际分工与合作，利用高端人才、高新技术成果，连接国际航空、海运、陆上运输的大通道提供了机会。

第二，制约和短板。澳门未来发展存在三个方面的主要制约。第一，自然条件约束。澳门地域狭小，发展空间有限。土地、能源、居住空间等非常有限，人口密度极高。在粤港澳地区的广州、深圳、香港纷纷建设邮轮母港，推动邮轮旅游发展的态势下，澳门由于其港口条件有限，在未来航运中心、交通综合运输枢纽建设中处于不利地位。第二，人力资源制约。澳门人力资源总量小、结构偏下，特别是博彩业对教育的冲击导致人力资源后续储备不足。这使得澳门在高新技术发展、互联网经济、创新创业方面缺乏本土支撑。第三，经济结构单一，对外合作互补性差，对外部政策等环境敏感度高，经济脆弱性强。

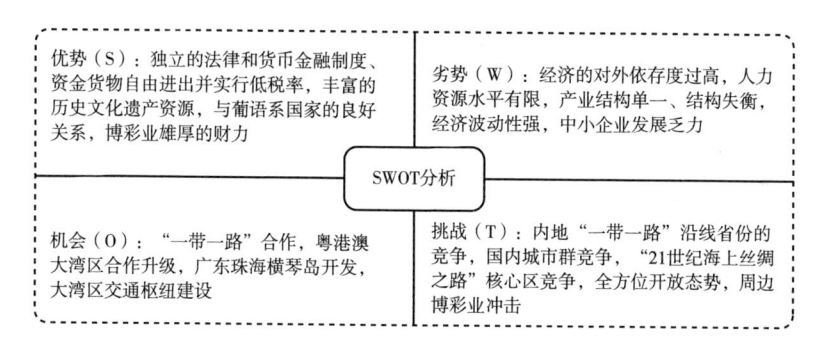

优势（S）：独立的法律和货币金融制度、资金货物自由进出并实行低税率，丰富的历史文化遗产资源，与葡语系国家的良好关系，博彩业雄厚的财力	劣势（W）：经济的对外依存度过高，人力资源水平有限，产业结构单一、结构失衡，经济波动性强，中小企业发展乏力
机会（O）："一带一路"合作，粤港澳大湾区合作升级，广东珠海横琴岛开发，大湾区交通枢纽建设	挑战（T）：内地"一带一路"沿线省份的竞争，国内城市群竞争，"21世纪海上丝绸之路"核心区竞争，全方位开放态势，周边博彩业冲击

图1 澳门未来发展SWOT分析

第三，机会和挑战。粤港澳大湾区由香港、澳门两个特别行政区和广东省的广州、深圳、珠海、佛山、中山、东莞、肇庆、江门、惠州九个市组成，面积5.6万平方公里、人口6600万，2017年GDP突破10万亿元[①]，位列世界四大湾区之一，是中国参与全球竞争的重要空间载体。在产业发展上，大湾区在国际分工中的定位为高端制造业和科学创新中心。根据规划，城市群中的各个城市也立足自身优势，提出了不同的定位。例如，香港作为

---

① 《建议粤港澳大湾区建设协调机构：抓住重大机遇 打造一流湾区》，《南方都市报》2018年3月12日。

国际超级联系人、国际金融中心；广州作为核心增长极、科技产业创新中心；深圳作为全球科技产业创新中心等。对于澳门来说，这既是机会也是挑战，国内多个城市进取性的定位和发展规划，将给澳门带来一定程度的发展压力和竞争。澳门产业结构单一，也限制了同内地在产业方面的深度合作。

(二) 主要发展思路

综合澳门自身条件与面临的机会和挑战，在未来发展中，其一，澳门应该积极利用粤港澳大湾区建设中基础设施建设先行的机会，抓住机遇，构建立体化的交通网络，连接国际国内大通道。其二，大湾区规划发展的主要产业中，选择澳门具备一定条件的产业着力培育，构建以旅游休闲为引领的多层次产业体系。其三，积极推动破除体制机制壁垒，积极推动湾区内人才流动、营造优质的生活环境，吸引国际范围内的高端人才入驻，提升澳门创新发展的能力。

第一，对外积极拓展，发展现代服务业，打造"平台升级版"。面对"一带一路"合作发展机遇，澳门在加强中国与葡语国家商贸合作服务平台建设的基础上，要积极放眼"一带一路"沿线国家，打造平台服务的升级版。构建"一带一路"沿线国家的文化交流平台、企业信息平台、投资中介平台等。积极发展平台服务所需要的会展、翻译、会计、审计、金融、保险、法律、电信、运输、租赁等现代服务业体系。为中国企业"走出去"提供语言、财务、法律、信息等全方位的高质量服务。为"一带一路"沿线国家了解中华文化、熟悉中国生活、来华投资洽谈提供服务和便利。

第二，对内破除壁垒，打破约束，增强"一个中心"的辐射力和带动力。粤港澳大湾区建设对澳门最重大的意义在于为其破除资源约束提供了现实途径。在大湾区同时存在经济特区、特别行政区、自贸区等多种体制和经济制度的叠加。这些制度之间的协调将是粤港澳大湾区建设中的关键问题。澳门要抓住发展机会，积极推动中央政府层面更深层次破除行政壁垒的制度安排。更为重要的是，澳门要在实践中积极寻找腹地和基地，在资源互补城市通过合作方式建设多个旅游人才培训基地、创新创业基地、高新技术孵化基地、中医药产业园区、文化创意产业园区等。利用澳门的国际品牌影响力、营销能力、文化影响力定位产业的科技研发、营销推广、标准制定等环节，带动腹地形成产业链，增强世界旅游休闲中心的带动力和辐射力。

五 具体建议：共享合作红利，实现快速发展

第一，不断深化同拉美、非洲等地区葡语系国家的关系。当前中巴、中非合作持续开展。东部和南部非洲国家是海上丝绸之路的历史地点，也是"一带一路"合作的重要落脚点。当前，中国同非洲等地的合作不断加强，作为葡语系国家的莫桑比克，经济发展极具潜力，也积极对接"一带一路"合作倡议。2014年9月，莫桑比克在澳门开设了总领事馆。2017年，有超过1万家中国企业在非洲运营，其中约1/3涉及制造业或为小微企业等，中国在非洲的投资促进技术转让、新技能开发等[1]。巴西是全球首个同中国建立"战略合作伙伴关系"的国家，中国和巴西在能源领域具有广泛的合作关系，但在地理、历史、语言、法律、政治等多方面，也仍然存在不少的阻碍。在这些方面，澳门围绕商贸平台建设，大有作为的空间，可以在增强政治互信，加强民间交流，为小微企业提供金融、语言、信息等全方位的服务方面贡献力量。例如，举办系列文化和交流活动，增强中非、中巴文化活动，促进葡语人才交流。可以对非洲进行医疗援助、推动中医药走进非洲、加快餐饮业发展、推动高校学者和民间团体的文化交流。储备会计、法律、政治、文化等领域的专业人才，为双方交流提供助力。

第二，积极拓展同东南亚、南亚、新西兰等地区的旅游合作。在澳门周边3小时飞行圈内有13.8亿人口，5小时飞行圈内大约有28.7亿人口[2]。这是世界上绝大多数知名旅游休闲目的地并不具备的条件。粤港澳大湾区旅游休闲资源丰富、产业体系完备，必将形成国际级的旅游休闲目的地。澳门同东南亚、南亚、新西兰等地区距离较近，近年来，东南亚市场增长迅速，2016年泰国旅客增长超过30%，印度尼西亚和菲律宾旅客分别增长11.7%和3.7%[3]。澳门可以立足大中华区，面向东南亚、南亚、新西兰等地区拓展旅游合作。例如，举办文化遗产保护交流论坛，共同打造一程多站的遗产

---

[1] 《中国人给非洲带来巨变 仍在创造新机遇》，《人民日报》（海外版）2017年12月3日。
[2] 《澳门建设世界旅游休闲中心的模式、实施路径与保障措施》，研究报告，中国社会科学院财经战略研究院，2012年4月。
[3] 《澳门去年留宿旅客增幅近一成，旅游吸引力持续提升》，新华网，2017年1月18日，http://www.xinhuanet.com/gangao/2017 - 01/18/c_1120339552.htm。

地线路，推动旅游人才的交流与培养，推广主题旅游线路、进行客源互送。打造亚太地区的教育和培训基地，加强旅游教育方面的合作。同时，澳门应该争取承办世界华侨华人工商大会，建立东亚、东南亚华人华侨的联谊组织和活动，通过发挥华人华侨的影响力，推进"一带一路"沿线国家的旅游合作。

第三，构建国际化的旅游休闲产业，打造粤港澳大湾区增长极。从旅游休闲发展看，广东拥有大量天然旅游休闲资源，是内地第一旅游经济大省；香港是世界著名的自由商港，商务经济非常发达，是亚洲最为知名的旅游目的地之一；澳门拥有世界级的博彩娱乐产业，是全球博彩业收入最高的城市。通过三地旅游休闲产业的深度融合发展，必将成为世界级的旅游目的地。在其中，澳门应该积极构建国际化的旅游休闲产业，优先发展主导产业，促进文化旅游、观光旅游、娱乐休闲产业研发、组织、设计、规划、服务的国际化。重点发展商贸、会展、文化创意等支撑产业，积极吸引和培育世界级零售店品牌。培育发展中医药健康产业、特色餐饮等特色产业。以科技研发、医疗康复等中医药健康产业为澳门未来发展增添新动能和新内容。

第四，推动区内联通和通关便利化，连接"一带一路"蓝色经济通道。国家发展改革委、国家海洋局联合编制的《"一带一路"建设海上合作设想》提出重点建设蓝色经济通道，其一是连接中国—中南半岛经济走廊，经南海向西进入印度洋，衔接中巴、孟中印缅经济走廊，共同建设中国—印度洋—非洲—地中海蓝色经济通道；其二是经南海向南进入太平洋，共建中国—大洋洲—南太平洋蓝色经济通道。[①] 粤港澳大湾区地处国际航线要冲和蓝色经济通道的重要位置，当前正着力打造世界级的港口群和空港群，广州、深圳、珠海都在建设世界邮轮母港，现代综合交通运输体系正在形成。澳门要借此机会推动交通设施与服务同香港和内地的有效衔接，实现通关便利化。同时，以旅游休闲消费需求为引领，打造跨越三地的汽车旅游、低空旅游、邮轮游艇等交旅融合的新兴业态，使澳门连接蓝色经济大通道，并为世界级的旅游休闲中心增添更多内涵。

---

① 《"一带一路"建设海上合作设想》，新华网，http：//www.xinhuanet.com/politics/2017-06/20/c_1121176798.htm。

结　语

"一带一路"建设是构建人类命运共同体的重要实践平台。"一带一路"建设从理念到行动，发展为实实在在的国际合作，取得了令人瞩目的成就。在建设"一个中心"和"一个平台"方面，澳门特区政府已做了不少措施和谋划，亦不断强化顶层设计和统筹协调，推进工作机制改革，总之，要把有效地发挥澳门所长、服务国家所需、落实中央惠澳政策等工作系统地结合起来，进一步抓好国家赋予澳门的"一个中心"和"一个平台"定位，与粤港澳大湾区建设、助力"一带一路"发展紧密结合起来，化愿景为行动。

澳门特区中小企业参与"一带一路"机遇、挑战与策略

宋雅楠[*]

摘　要： 澳门特区在"一国两制"的成功实践下，享有国家对澳门参与"一带一路"建设、"中葡平台"建设、推进经济适度多元化发展的重视与政策支持。本文通过分析澳门特区中小企业发展概况和参与"一带一路"的机遇与挑战，指出澳门部分中小企业缺乏"向外看"的眼光，还未意识到粤港澳大湾区和"一带一路"这些国家发展带来的重大机遇。同时专业人才不足和创新能力弱又使澳门中小企业参与粤港澳大湾区和"中葡平台"建设的能力不足，造成澳门中小企业产品结构单一、市场竞争能力弱的局面。因此，澳门中小企业应该保持奋斗精神并不断寻求新的机会，妥善利用国家战略和政策机遇"走出去"，利用虚拟组织、战略联盟等企业经营策略和粤港澳大湾区建设的便利，跨越各种不利因素与挑战，积极参与"一带一路"建设。同时，澳门特区政府也应该在宣传指引、信息提供、平台搭建和人才机制等方面给予中小企业相应的政策配套和支持。

关键词： 一带一路　澳门　中小企业　中葡平台　粤港澳大湾区

---

[*] 宋雅楠，澳门科技大学商学院副教授，思路智库理事。

澳门属于小微经济体，除博彩旅游业外，分布行业最广、占企业总量比例最高的企业群体是中小企业，高达99%以上。虽然与国际财团相比，澳门中小企业的多元化存在对澳门经济的影响十分有限，但从就业等各方面也发挥了宏观上对博彩业"一业独大"的一定稀释作用。尤其是2015年3月28日国家公布的《推动共建丝绸之路经济带和21世纪海上丝绸之路的愿景与行动》中指出了澳门特区的参与路径。澳门作为中国与葡语国家商贸合作服务平台，应能在推进"一带一路"建设，辐射葡语系国家和周边地区中形成叠加效应。

2017年5月14日，习近平主席在"一带一路"国际合作高峰论坛上指出："推进'一带一路'建设，要聚焦发展这个根本性问题，释放各国发展潜力，实现经济大融合、发展大联动、成果大共享。"习近平总书记强调："要深入开展产业合作，推动各国产业发展规划相互兼容、相互促进，抓好大项目建设，加强国际产能和装备制造合作，抓住新工业革命的发展新机遇，培育新业态，保持经济增长活力。"[①] 中小企业不仅是中国经济社会发展的重要力量，也是"一带一路"沿线各国经济繁荣发展的重要基石。当前，随着经济全球化不断深入发展，中小企业日益成为对外合作的主力军，是世界各国对外经贸关系中最重要的合作参与方之一。随着"一带一路"建设的不断推进，鼓励和支持中国中小企业参与"一带一路"建设，将为中国中小企业带来新的发展机遇和广阔的发展空间。

此后，中国工业和信息化部、中国国际贸易促进委员会联合印发了《关于开展支持中小企业参与"一带一路"建设专项行动的通知》。该专项行动支持中小企业依靠市场化力量"走出去"，深化中国中小企业与"一带一路"沿线国家在贸易投资、科技创新、产能合作、基础设施建设等领域的交流与合作，充分发挥中小企业在"一带一路"建设中的重要作用。澳门积极融入国家发展大局，参与"一带一路"建设，同样离不开中小企业的参与和支持。

---

① 《携手推进"一带一路"建设——习近平在"一带一路"国际合作高峰论坛开幕式上的演讲》，新华网，http://www.xinhuanet.com/politics/2017-05/14/c_1120969677.htm。

一 澳门中小企业发展概况

（一）企业发展状况

由于澳门特区政府相关部门并未公布与中小微企直接相关的各项数据，根据最新公开资料所提供的分析，澳门中小微企约有15000家，主要从事零售、餐饮、地产中介、制造业等业务，以本地居民及内地游客为主要客源。基于在人力资源方面与大型博彩企业存在竞争，澳门中小微企对澳门就业职位的贡献可能未如其他周边地区，例如台湾（78%）及内地（85%）。粗略估计，中小微企约聘用澳门就业人口当中的50%。

另外，基于澳门较为特殊的税务法规及近年推行的税务减免措施，较多中小微企并没有建立详细及严谨的账目，亦不需要缴纳任何税项。根据澳门大学和澳门中小企业协进会所进行的调查，有65.8%的受访中小微企表示其财务状况只属一般，同时有45.4%表示受到盈利下降影响。

另一项澳门中小企业抽样调查显示，澳门中小企业在企业制度上呈现业主制、合伙制、公司制三种模式并存的格局，但实行业主制、合伙制的企业占调查总数的95%以上，而公司制企业不到5%。业主制、合伙制的企业制度在澳门经济发展中仍然处于主导地位。在公司治理中，澳门中小企业的董事会成员通常都有一定的家族关系，即董事会中没有家族成员或者合伙人之外的外部董事，呈现"家族企业治理模式"。

同时，澳门中小企业人力资源管理严重滞后，仍有许多中小企业本着有钱就有人的传统观念，不重视对现有人才的培养和塑造，忽视专业人才对企业发展的作用。不重视甚至忽视企业文化建设，造成员工流动频繁，很难让员工形成心理归属感，人才大量流失。另外，中小企业所能提供的薪资待遇比大型财团低，对专业人才的吸引力不足，造成企业招工困难。人才短缺，影响企业进一步发展壮大[1]。

---

[1] 博言：《在经济新常态之下应扶持中小企的发展》，《新华澳报》，http://waou.com.mo/detail.asp?id=86428。

（二）政府资助状况

为扶持中小企业发展、切实缓解中小企业融资和经营上所遇到的困难，特区政府于2003年5月推出"中小企业援助计划"，于同年7月再推出两项信用保证计划，包括"中小企业信用保证计划"和"中小企业专项信用保证计划"。这三项中小企业辅助计划都是针对中小企业融资困难、缺乏资金发展，特区政府在财政上通过提供免息贷款及信用保证，给予实际的辅助。随着经济环境的转变，因应社会及中小企业的发展需要，特区政府在过去几年适时检讨及调整有关计划，其中，"中小企业援助计划"制度经过三次修改。2006年10月，将免息贷款金额上限由20万澳门元调升至30万澳门元，最长还款期延长至8年，扩大资金适用范围至提升企业经营能力，以及降低申请门槛至开业年期不少于2年；及后，于2009年2月，再次将免息贷款金额上限调升至50万澳门元，并扩大资金适用范围至营运资金；2017年5月公布向已全部偿还"中小企业援助计划"及"青年创业援助计划"的援助款项、处于适当的营运状况、过往还款记录良好及非为澳门特别行政区债务人的中小企业，提供第二次援助的机会。同时，最高信用保证贷款金额由500万澳门元调升至700万澳门元，担保上限调升至490万澳门元，扩大"中小企业专项信用保证计划"的适用范围，对中小企业就开展新业务而取得的融资贷款提供全额100%的信用保证。

表1 截至2017年中小企业获特区政府资助情况

单位：%，万澳门元

行业分类	中小企业信用保证计划 占比	中小企业信用保证计划 金额	中小企业专项信用保证计划 占比	中小企业专项信用保证计划 金额	中小企业援助计划 占比	中小企业援助计划 金额
食品,饮品及烟草制品	1.40	1505	1.10	60	1.30	3416
纺织,成衣及皮革制造	3.10	3328	7.00	390	0.90	2308
木及水松工业	0.10	125	0.90	50	0.20	579
纸,印刷及刊物出版	1.30	1435	11.10	620	0.90	2243
石油及煤之化工产品制造	0.30	350	0.00	—	0.20	488
非金属矿产品制造（石油及煤除外）	0.00	—	1.00	55	0.00	93
普通金属工业	0.00	—	0.00	—	0.00	25

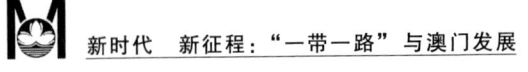

续表

行业分类	中小企业信用保证计划 占比	中小企业信用保证计划 金额	中小企业专项信用保证计划 占比	中小企业专项信用保证计划 金额	中小企业援助计划 占比	中小企业援助计划 金额
金属制品，机械设备及运输器材制造	0.40	395	3.20	180	0.70	1801
其他加工工业	0.50	574	2.30	130	0.30	708
建筑及公共工程	23.90	25606	7.20	400	16.70	44125
批发	17.10	18326	14.00	780	9.80	25836
零售	16.90	18107	22.30	1239	32.20	84950
酒楼或餐厅及酒店	6.30	6756	6.70	370	10.20	2697
运输及货仓、旅行社	7.00	7560	5.40	300	3.60	9568
通讯	0.00	21	0.00	—	0.10	303
银行，其他金融及财务机构	0.30	350	0.00	—	0.10	285
保险业	0.20	175	0.00	—	0.00	100
不动产活动	1.40	1543	0.00	—	1.80	4722
对公司之服务	7.40	7918	1.80	100	6.70	17719
卫生及清洁服务	0.80	819	0.00	—	0.50	1322
教育、医疗卫生及社会福利	2.30	2438	1.80	100	2.90	7596
康乐、文化及体育活动	0.20	210	0.00	—	0.80	1996
汽车及电单车修理、发型屋及美容院等个人服务	2.20	2406	6.30	350	6.00	15748
出入口业	6.90	7384	7.90	440	3.70	9872
未确定之行业	0.00	—	0.00	—	0.10	164
其他（包括小贩及司机等）	0.00	—	0.00	—	0.20	576

注："中小企业援助计划"实施日期为2003年5月19日，"中小企业信用保证计划"实施日期为2003年8月18日。

资料来源：《中小企业三项辅助计划》，澳门特别行政区经济局网站，https://www.economia.gov.mo/zh_TW/web/public/ln_sme_sd?_refresh=true。截至2017年数据。

特区政府通过"中小企业信用保证计划"及"中小企业专项信用保证计划"提供的信用保证，协助中小企业取得银行融资，缓解中小企业的融资困难。主要资助的行业集中在建筑及公共工程、批发零售行业。

同时，近年来特区政府也不断采取措施，扶持中小企业，从每年一度的"澳门国际贸易投资博览会"增加专门的中小企业服务环节，到推出包括扶助中小企业进行宣传的各项资金支持，这些措施都或多或少地给中小企业的发展带来积极的影响。特区政府在"五年规划"中也特别提到将加大对中小企业的扶持力度，"精准推出扶持措施，以降低企业的营运成本，纾缓企业经营压力"。"协助中小企业开拓发展、升级转型。争取中小企业的品牌产品和品牌企业有所增加。致力形成大企业与中小企业共同发展的格局。"①

二 澳门中小企业参与"一带一路"建设的优劣势

（一）澳门中小企业参与"一带一路"建设的优势

澳门的企业规模普遍较小，根据2013年调查数据，按雇员人数对澳门57188家企业进行分类，200人以上的大型企业仅有134家，100人以上的中型企业有194家，少于100人的小微型企业多达56860家。其中，中小微企占澳门企业总数的99.77%。②

澳门中小企业虽然个体规模小，但是发展行业多元化。不同于大型企业在经营发展方面的多元化，中小企业在自身所处行业的"小而专"特点，使得目前澳门中小企业在市场中的弹性较大。同时，澳门中小企业由于规模小，企业年轻且具有活力，同时结合中小企业具有"小而灵活"的特性③，应该更容易捕捉到国际市场上更符合时代发展的商业讯息。

此外，400多年中西文化交融的历史，给澳门留下了众多名胜古迹和文化风情，旅游业已成为澳门重要的经济支柱产业。国家"十二五"规划提出支持澳门建设"世界旅游休闲中心"，这个目标是澳门经济适度可持续发展的必然，也是澳门顺应世界休闲产业发展趋势的必然。尤其是澳门

---

① 《澳门特别行政区五年发展规划（2016—2020年）》，澳门特别行政区建设世界旅游休闲中心委员会网站，https：//www.cccmtl.gov.mo/files/plano_quinquenal_cn.pdf。
② 中小企服务平台：《创业攻略理论篇1》，第153~155页，http：//www.smes-macao.com/sites/default/files/uploads/pdf/20160410/t-ch07.02.pdf。
③ 澳门中小企业协进会：《2015年度澳门中小微企白皮书》，https：//www.sme.org.mo/tc/whitepapers/2015%E5%B9%B4%E5%BA%A6%E6%BE%B3%E9%96%80%E4%B8%AD%E5%B0%8F%E5%BE%AE%E4%BC%81%E7%99%BD%E7%9A%AE/。

与葡语系国家保持着传统而广泛的联系。7个葡语系国家遍布4大洲，拥有2.6亿人口，面积超过欧洲的总和。澳门可以利用好与葡语系国家联系的优势，积极参与开拓拉美、非洲等地葡语系国家市场。

澳门拥有来自60多个国家的归侨侨眷，他们拥有广泛的社会关系，从事行业多元，生意原本集中在"21世纪海上丝绸之路"沿线国家和地区。发挥归侨侨眷融通中外的独特优势，给予他们更多的优惠政策，有助于澳门在"21世纪海上丝绸之路"建设中更好地发挥作用，实现目标。

（二）澳门中小企业参与"一带一路"建设的劣势

首先，部分中小企业管理者缺乏现代企业管理者应具备的国际化思维和规划企业发展蓝图的战略眼光。企业的目光仅集中在澳门本地市场，而未能妥善利用澳门国际港的地利，也未能意识到积极把握粤港澳大湾区建设和澳门建设世界旅游休闲中心、中葡平台给中小企业带来的广阔市场和巨大商机。

此外，人力资源的缺乏也是澳门中小企业发展较慢的原因之一。澳门一直以博彩和旅游服务业为主，其他行业优秀专业人才的不足和流失也带来了创新能力不足的问题。除了缺少完善的人才引进机制，本地专业人才外流也使得澳门地区的人才储备不能满足需要。创业创新是第三次产业革命带来的新的发展潮流，在市场环境中，澳门中小企业一方面受到大型博彩公司开业带来的普通供职人员流失危险；另一方面，专业人才教育培训的规划不足导致企业针对"一带一路"、"中葡平台"和粤港澳大湾区建设所需创新能力未能得到发展，澳门中小企业在人力资源方面处于劣势。

同时，由于澳门企业规模较小，从公司治理的角度看，澳门企业缺乏独立于家族关系的外部董事参与公司决策。对于所有权和经营权高度统一的"家族式"企业来说，虽然降低了经营成本，但缺乏有效的公司监督约束机制，其弊端会阻碍企业的进一步发展。澳门的中小企业受到"家族式"管理模式影响，经营管理模式过于单一，造成了企业间差异化竞争不明显，无法体现企业优势等问题，随之带来的竞争压力愈加明显。

综上所述，澳门部分中小企业缺乏"向外看"的眼光，不懂得把握粤港澳大湾区和"一带一路"这些国家发展的重大机遇，专业人才不足和创新能力弱又使它们参与粤港澳大湾区和"中葡平台"建设的能力不足，造成澳门中小企业产品结构单一，市场竞争能力弱的局面。同时，一些中小企业不重视或难以获得机会与高等院校和科研机构合作，没有形成良好的合作机制与合作氛围，也难以推陈出新。

三 澳门中小企业参与"一带一路"建设的机遇与挑战

（一）澳门中小企业参与"一带一路"建设的机遇

1. 国家层面的政策支持

随着"一带一路"建设的不断推进，澳门地区中小企业"走出去"的道路越来越宽阔。中葡基金总部落户澳门，"央企支持澳门中葡平台建设高峰会"和"基础设施建设论坛"等"一带一路"相关重量级会议在澳门召开，都体现了国家对澳门建设中葡平台、推进经济适度多元化发展的重视与支持。澳门参与和助力"一带一路"和粤港澳大湾区等建设，与澳门构建"世界旅游休闲中心"和"中国与葡语国家商贸合作服务平台"的定位紧密结合，是澳门利用国家优惠政策、融入国家发展的重要体现。

在党的十九大后首次中央经济工作会议上，提出了六项新举措促进"科学规划粤港澳大湾区建设"：第一，深化产业分工合作，培育利益共享产业链；第二，实施人才协同发展战略，搭建人才交流平台；第三，加强金融市场互联互通，完善金融监管制度；第四，构建区域协同创新机制，整合区域创新资源；第五，对接"一带一路"建设，推进区域协同开放；第六，推进湾区一体化建设，促进要素便捷流动。

这六项新举措的提出，体现了国家对粤港澳大湾区区域联动、人才流通、金融信息系统、企业协同创新、加强国际合作以及粤港澳大湾区内基础设施互联互通等方面的支持。为澳门在粤港澳大湾区内合理利用国家政策，进一步推动澳门中小企业与区域内中小企业协同发展提供了更加广阔的平台。

2. 特区政府的政策支持

澳门经济财政司通过颁布对中小企业投资、税务和贷款等各项优惠政策鼓励澳门本地的中小企业积极参与投资，对于符合条件的中小企业提供二次援助的机会。例如，扶持中小企业发展8项税收优惠政策、"中小企业援助计划"、"中小企业网站资助计划"、"中小企业辅助计划"等扶助澳门本地中小企业发展的政策。同时，金融企业也积极响应澳门特区政府对澳门中小企业的扶持，协助中小企业顺利融资，为符合申请资格的业主提供了优惠贷款政策[①]。还为符合条件的申请者提供企业融资贷款利息补贴政策[②]，以保证澳门中小企业资金流转，协助企业创新升级，从而达到促进澳门本地经济活动多元化的目的。这一系列的优惠政策为澳门本地的中小企业拓展业务市场提供了更为便利的道路。

另外，澳门特别行政区政府及澳门贸易投资促进局等机构举办了许多的商贸展会以吸引内地和葡语系国家企业在澳门与澳门本地企业进行技术和经验交流，通过多样性的展会和论坛，搭建澳门中小企业对外投资的平台，充分发挥澳门地区在"三个中心"（中葡中小企业商贸服务中心、葡语国家食品集散中心、中葡经贸合作会展中心）中的纽带作用。

澳门经济局通过与多个内地自由贸易实验区、国际经贸合作组织的联系，为澳门中小企业在中葡贸易中起到更好的平台和纽带作用提供了发展机遇。

3. 澳门经济适度多元发展的进一步需要

国家"十一五"规划纲要中提出澳门要促进经济适度多元化发展，"十三五"规划纲要中更是重申了这一点。但是澳门博彩业"一业独大"的情况依旧存在，加上澳门产业优势薄弱，要想进一步有效推进经济适度多元化，就要充分发挥澳门中小企业优势，积极"走出去"以获得更广阔的发展空间。

经济适度多元化发展与积极参与区域及平台合作是相互促进的。澳门中小企业在经济适度多元化发展的战略中作为充满活力的主体，在巩固现有产业基础的同时，从本地区域特色出发，根据企业自身的特点制定发展道路。例如，结合澳门旅游休闲业的蓬勃发展，推动旅游周边产品、本地手信等关

---

① 中国银行澳门分行：《政府支持中小企政策》，http://www.bocmacau.com/cbservice/cb4/201406/t20140624_3536346.html。

② 中国银行澳门分行：《政府支持中小企政策》，http://www.bocmacau.com/cbservice/cb4/201406/t20140624_3536346.html。

联度较高的行业发展，共同打造"世界旅游休闲中心"。从澳门"三个中心"的角度出发，通过商贸会展等活动，加强与葡萄牙等葡语系国家的经贸合作，利用澳门的区位优势，推销中国产品至有需要的国家，为中小企业"走出去"创造更多机会。

澳门一直以来与葡语国家有着较为紧密的联系。澳门有着中华传统文化背景，又融合了葡萄牙文化，在中葡合作当中扮演着重要的角色，近年来随着中葡关系的进一步加深，澳门中小企业在对葡投资和贸易往来方面有了更多机会。例如，在葡萄牙市场，得益于良好的自然条件，在新能源和绿色发展技术上处于国际领先水平，与葡萄牙的高科技技术企业合作一方面对澳门中小企业来说是提升企业自身竞争力的途径，另一方面也是很好的学习机会。

对于澳门中小企业来说，灵活利用特区政府提供的展会平台寻找合作机遇，从成功的案例中学习经验，主动积极地拓展对葡投资业务，在中葡合作中可以抓住更多机遇，为企业今后的发展奠定更坚实的基础。

（二）澳门中小企业参与"一带一路"建设面临的挑战

1. 中小企业经营成本高、竞争力不足

近年来，澳门赌收快速增加，拉动整个社会物价快速增长，进口的商品价格和燃料价格较邻近地区偏高，雇员工资每年调升，加上澳门土地少、人口密集度高，铺面租金上升、物流成本较高等问题，使澳门中小企业的经营成本不断增加。

同时，规模较小、在企业管理制度上缺乏有效的激励政策、专业技术人才储备不足，导致澳门中小企业创新力欠缺。同时，大部分澳门中小企业科技能力欠缺，在以技术为主导的国际市场竞争环境中受到的制约较大，也使澳门中小企业对外投资的发展脚步缓慢。如今经济全球化的速度不断加快，澳门中小企业虽然数量多，但占GDP的比重低，加上科技人才和专业人力资源匮乏，这都使澳门中小企业的实力不足，企业还要面临产业结构转型升级的挑战，众多的现实问题使得澳门中小企业对于对外投资一直持观望态度甚至不做考虑。

2. 缺乏创新和融入国际市场产业链

当今社会进步的主要动力来源于技术和各领域的创新，创新过程虽然需要物质资源的消耗和劳动的消耗，但更为重要的是智慧和创意。创新所依赖的资源主要是人力资源，但基本要素是想象力或创造力，对可能开发和推广的还没有人想到过的事物的构想。

澳门社会心态保守，企业因循守旧缺乏创新动力。社会也普遍认为中小企业缺乏资金、人才和讯息，缺乏参与区域合作的战略规划和统筹经验，成为社会创新主体存在困难。同样，地小、人少、市场狭小的特点使单纯依靠澳门自身的市场需求难以支撑中小企业的发展和产业升级，为区域内其他地区和国际市场提供较具规模的产品和服务才能提高澳门中小企业参与"一带一路"建设的能力。只有在区域和国际产业链分工中形成一定的竞争力后，才能通过产业链分工，形成产品和服务的输出优势。

3. 跨国管理中的多重风险挑战

企业积极"走出去"除了带来更多的国际机会，同时文化、法律法规等方面的差异造成的跨国管理风险也是多样的。虽然澳门有着葡萄牙相关的历史背景，但是随着经济的发展，澳门地区的社会发展越来越多元化，在合作过程中存在困难也是不可避免的。

对于澳门中小企业来说，资金储备不及大型企业，财务风险较大。尤其是国际商贸合作项目需要一定的时间才可以得到回报，中小企业的融资管理和资金链管理就显得十分关键。即便澳门特区政府及银行提供了优惠政策支持本地中小企业合理贷款以发展业务，若缺少国际合作经验而盲目投资，对中小企业来说，所承担的风险是巨大的。

澳门本地的中小企业管理模式较为单一，在与海外的合作中若不能及时沟通或调整企业内部管理模式，容易造成双方意见分歧，对于还在摸索经验的企业来说极为不利。跨国合作中还要充分考虑人力资源的整合，如果不能提高合适的人力资源在合作中的效用，一方面存在人力资源浪费的风险，另一方面还可能造成企业自身人员的积极性下降，合作目标不能如期实现的问题。这对于缺少国际经贸合作经验的澳门中小企业来说也是一大挑战。

四 推进澳门中小企业参与"一带一路"建设的策略

综上所述，澳门本地市场对澳门中小企业来说依旧形势严峻，但随着澳门特区政府对进一步推进澳门经济适度多元化发展的重视，澳门中小企业作为发展澳门经济重要的中坚力量，应该保持积极的奋斗精神并不断寻求新的机会。随着澳门在"一带一路"建设特别是中国与葡语国家经贸交流中发挥越来越重要的作用，积极"走出去"对澳门中小企业来说正处于机会与风险并存的时期，无论是澳门特区政府还是中小企业都应该更加主动谋求发展。

（一）中小企业策略方面

1. 利用虚拟经营，提高企业参与"一带一路"建设的竞争力

虚拟经营实质上是借用、整合外部资源以提高企业竞争力的一种资源配置模式，突破了企业有形的组织界限，借用外部资源进行整合运作。在这种模式下，企业可获得诸如生产、设计、营销等功能，但不一定要拥有与上述功能相对应的实体组织。

尽管澳门中小企业面临土地少、成本高、人才欠缺等经营困境，没有太多资金购买资源，但虚拟经营能使其用其所需。通过参与粤港澳大湾区建设，澳门可以把湾区内多家公司的核心资源集中起来为我所用，发挥杠杆作用。虚拟经营可以使澳门中小企业的组织结构更具有开放性和灵活性，将其内向配置的核心业务与外向配置的业务紧密相连，形成一个关系网络，即虚拟经济组织。企业的运作和管理也将由"控制导向"转为"利用导向"。利用大湾区内的生产及人才优势，使企业具备"走出去"参与"一带一路"建设的资源能力。

2. 建立企业联盟，形成规模效应

中小企业联盟是指多家独立的中小企业，为了抓住和利用迅速变化的市场机遇，通过交互信息，将供需各方联系起来，形成一种新型生产制造组织系统。对于每个成员企业来讲，实质上也是一种借势的策略，借助外力，对外力、对企业外部的资源优势进行整合，实现聚变，创造出超常的竞争优势。这种联盟可以是针对产业链供求关系而建立的一种纵向联盟，也可以是针对资源互补而建立的行业内横向联盟，或者是在市场分配方面建立的经营联盟。

澳门中小企业可以选择利用粤港澳大湾区或中葡平台提供的便利，与澳门、湾区内或全球任何可以参与"一带一路"项目建设的企业，通过企业联盟的建立，交换信息，实现资源互补、生产经营互补、市场互补等多种目的。减少澳门中小企业专业人才不足、创新能力不足、未能与"一带一路"产业链建立紧密分工、海外经营风险高等问题带来的劣势。

（二）特区政府政策方面

1. 需加强对澳门中小企业参与"一带一路"建设的政策宣传和指导

特区政府应加强产业政策引导，指导和鼓励澳门有条件的中小企业积极参与"一带一路"建设。及时总结中小企业国际合作的经验，推介成功案例并做好风险提示，通过示范引领，为中小企业"走出去"提供参考和借鉴。大力宣传中小企业在推进"一带一路"建设中的重要作用，向社会及时准确通报信息，消除中小企业因对国际和国家发展趋势了解不足而产生对企业"走出去"的抵触或者顾虑。

建立专门针对中小企业"走出去"的服务联络部门，制定支持中小企业参与"一带一路"建设推进方案，并将引导中小企业"走出去"作为重要内容予以关注。积极发挥和提升政府驻"一带一路"沿线国家或城市的代表处、办事处的作用与功能，让每一个政府的驻外机构成为澳门企业"走出去"的信息情报中心和事务服务中心，为澳门中小企业参与"一带一路"发展做好坚强后盾。

2. 建立澳门中小企业参与"一带一路"建设的商贸与技术合作平台

特区政府可以通过与澳门和大湾区内相关组织机构共同搭建"中小企业'一带一路'合作服务平台"，促进企业联盟的合作。为中小企业提供相关沿线国家经贸活动信息，支持区域内中小企业主管部门、中小企业服务机构和贸促会分支机构联合开展企业洽谈、项目对接等活动。也可以通过鼓励中小企业服务机构和企业联合粤港澳大湾区内优势企业到"一带一路"沿线国家建立中小企业创业创新基地，与外国企业开展技术合作、科研成果产业化等活动。促进原创技术在中国孵化落地，以便澳门中小企业组建虚拟企业和联盟。

将国际化、市场化的咨询公司、并购公司、研究机构、智库机构纳入平台，为澳门中小企业提供组织创新、管理创新、技术创新、商业模式创新和品牌创新的一系列支撑服务，让创新成为澳门中小企业"走出去"助力"一带一路"建设的亮点所在。

3. 建立澳门中小企业参与"一带一路"建设的项目投融资平台

中小企业在"走出去"的过程中经常面临信用不足、资金短缺、筹资渠道单一的问题，也在很大程度上影响了中小企业的投资。在资金不足的困扰下，如何参与"一带一路"建设投资并能取得良好的收益，对中小企业来说是一个难题。对澳门而言，结合澳门参与粤港澳大湾区的功能角色和中葡平台及"一带一路"建设的需求，搭建针对中小企业的投融资平台十分重要。一方面，做好普惠金融，以实现基础金融服务覆盖为目标，不断提升金融服务的覆盖面、可得性和便利度，做好对中小企业的金融服务。另一方面，结合澳门特色金融发展定位，利用金融工具创新，拓宽中小企业多元化融资渠道，降低融资和经营风险。例如，利用大数据、区块链等技术手段进行相关项目和企业资产的数据获取、风险控制，为企业提供授信支持服务。或者利用制度创新，为出口中小企业提供应收账款催收、应收账款管理、坏账担保以及保理融资综合服务等。通过投融资平台的建立，发展资本市场，建立和完善风险投资机制，提高中小企业的直接融资能力，改善澳门投资环境。

4. 建立澳门中小企业参与"一带一路"建设项目的市场信息平台

澳门中小企业要成功"走出去"发展海外经贸合作面临多重困境，首要的可能是对目标海外市场不了解，包括当地的发展环境与消费习惯，以及在产品及服务的出口过程中，容易遇到的对当地合作伙伴、交易对手及供应商的情况掌握不够及时和透彻等问题，困扰着不少中小企业。因此，针对企业在拓展"一带一路"相关市场中面临的问题，特区政府和相关企业应提供信息服务，发挥平台作用。

5. 健全澳门中小企业参与"一带一路"建设所需的专业人才培养和引进机制

从国家层面上看，随着"一带一路"建设不断推进，在中国参与全球化治理、中国企业"走出去"的过程中，时常受制于国际化人才短缺。因此《国家中长期教育改革和发展规划纲要（2010～2020年）》提出，要培养大批既了解国家发展国情，又具有国际视野、通晓国际规则、能够参与国际事务和国际竞争、具备创新精神的国际化人才。

澳门在融入"粤港澳大湾区"与"一带一路"建设上的科研和商贸的国际化人才尤其缺乏。专业人才供给和需求的矛盾将影响澳门参与"一带一路"建设和平台角色的发挥。因此,澳门社会需要认识到国际化人才培养的重要性,建立起国际化人才的培养体系,形成体现澳门中葡平台优势和满足社会发展需求的人才培养模式。并且建立更加开放和灵活的国际化、专业人才引进机制,协调配套澳门特区参与粤港澳大湾区建设和"一带一路"发展,才有可能实现经济适度多元发展。

基于 PEST 法的粤港澳大湾区与世界三大湾区的比较分析

刘成昆[*]

摘　要： 作为一种重要的滨海经济形态，湾区是连接海内外市场的纽带和参与国际分工的桥头堡，具有发展国际联系的最佳区位，在地区与国家经济中发挥着重要的引领作用。在中国现有的数个区域性湾区中，粤港澳大湾区由于经济总量大、区位条件好、开放程度高等原因，有望成为中国打造世界一流大湾区的试验田。本文基于 PEST 法，即从政治、经济、社会、技术四个维度将粤港澳大湾区与世界三大湾区对标分析，找出粤港澳大湾区与世界三大湾区的差别，进而推测粤港澳大湾区在规划出台后未来发展的可能路径。

关键词： 粤港澳大湾区　湾区经济　PEST 法　发展路径

湾区（Bay Area）拥海、抱湾、合群、通陆，是区域的一种表现形态，它并非只是自然地理上的概念，而更多的是作为经济地理上的概念，并且具有区域经济的特定内涵。因湾区衍生而来的经济效应被称为"湾区经济"。优越的经济地理条件、产业结构的高度开放和合理分工、要素资源的丰富多样和自由流动，促进了湾区经济的产生与发展。[①]

---

[*] 刘成昆，澳门科技大学可持续发展研究所所长，思路智库理事。
[①] 卢文彬：《湾区经济：探索与实践》，社会科学文献出版社，2018，第 13 页。

从全球湾区的实践来看，目前最重要的国际一流湾区纽约湾区、旧金山湾区、东京湾区等相继形成并崛起，分别以金融、科技创新、先进制造为主要特点。这三大湾区发挥着引领创新、集聚辐射、转型升级的核心驱动作用，成为全球经济发展的重要增长引擎和技术变革的领头羊。

在中国，相对于环渤海湾区、杭州湾区、北部湾区等知名湾区，粤港澳大湾区的发展更为成熟，具备建成世界一流湾区的基础和条件，未来有望成为第四个国际一流湾区。为了更清晰地了解粤港澳大湾区的走向，本文采用 PEST 分析方法，即从政治（Politics）、经济（Economy）、社会（Society）和技术（Technology）四个维度对比分析粤港澳大湾区与世界三大湾区的异同，并基于世界湾区的经验，为粤港澳大湾区的未来发展提出政策建议。

PEST 分析本来是战略咨询顾问用来协助企业检阅其外部宏观环境的一种方法，它是对影响一切行业和企业的各种宏观因素进行的宏观环境分析。根据不同行业和企业的自身特点和经营需要，对宏观环境因素所做的具体内容分析会有差异，但一般都应对政治、经济、社会和技术这四大类影响企业的主要外部环境因素进行分析。本文借助于 PEST 法，将粤港澳大湾区与世界三大湾区做多个维度的对标。

一 政治视角的比较

市场机制在湾区形成和发展过程中发挥着关键作用，推动湾区城市群的产业集聚和扩散。同时，基于整体效益考虑的协调区域利益、避免各自为战的湾区规划亦发挥着重要引导作用。世界三大湾区均由政府部门定期出台发展规划，推动其健康发展。

（一）三大湾区

1. 纽约湾区

1929 年，纽约区域规划协会（RPA）发表世界上第一个关于大都市区的全面规划——《纽约及其周边地区的区域规划》；其后，纽约区域规划协会于 1968 年制定了第二次规划、1996 年制定了第三次规划（《危机挑战区域发展》)、2014 年制定了第四次规划(《脆弱的成功》)。历次规划都始终关注城市之间的整理联动和空间协调,促进了纽约湾区在全球格局中的地位和作用。

2. 旧金山湾区

1961 年旧金山湾区政府协会(ABAG)成立,由湾区的 101 个城市和 9 个县作为成员组成,属于半官方性质的联合政府规划咨询机构,负责推进区域综合规划。每 5 年做一次城市规划,既高密度开发城市用地,又保留农田、林地,以优质的自然、文化环境吸引高端人才及一流企业。2013 年旧金山湾区政府协会与其他机构联手启动湾区规划 2040 区域战略修编。

3. 东京湾区

1956 年日本国会制定了《首都圈整备法》,成为东京湾区最早的统一规划,在法律层面为东京湾区的开发建设提供了保障。类似的专门性、补充性法律还包括:1958 年的《首都圈市街地开发区域整备法》、1959 年的《首都圈建成区限制工业等的相关法律》、1966 年的《首都圈近郊绿地保护法》以及 1986 年的《多极分散型国土形成促进法》等。在构建湾区法律保障体系的同时,日本分别在 1960 年、2006 年、2011 年和 2014 年相继推出了《东京规划 1960——东京结构改革的方案》、《10 年后的东京——东京将改变》、《2020 年的东京——跨越大震灾,引导日本的再生》以及《创造未来——东京都长期愿景》等专项湾区规划,通过具有延续性、可调整的统一规划实现经济的深度融合。

(二) 粤港澳大湾区

2019 年 2 月 18 日,酝酿已久的《粤港澳大湾区发展规划纲要》发布,成为指导粤港澳大湾区当前和今后一个时期合作发展的纲领性文件,规划近期至 2022 年,远期展望到 2035 年。规划纲要中明确了大湾区的战略定位,提出以香港、澳门、广州、深圳四大中心城市为区域发展的核心引擎,构建极点带动(香港—深圳、广州—佛山、澳门—珠海)、轴带支撑网络化空间格局。规划纲要将进一步提升粤港澳大湾区在国家经济发展和对外开放中的支撑引领作用,支持香港、澳门融入国家发展大局。

二 经济视角的比较

(一) 三大湾区

其一,经济规模方面。如表1所示,2016年东京湾区GDP达到1.8万亿美元,是当今世界GDP最高的湾区,纽约湾区和旧金山湾区的GDP分别为1.4万亿美元和0.76万亿美元。三大湾区中,就人均GDP而言,旧金山湾区最高,接近10万美元,纽约湾区其次,为69307美元,东京湾区最低,仅有41070美元;就地均GDP而言,纽约湾区最高,为4.6亿元/平方米,东京湾区紧随其后,达到3.44亿元/平方米,旧金山湾区则为3.09亿元/平方米。

表1 粤港澳大湾区与世界三大湾区的比较

指标	纽约湾区	旧金山湾区	东京湾区	粤港澳大湾区
人口(万人)	2020	760	4383	6672
占地面积(平方千米)	17405	17900	36800	56000
GDP(万亿美元)	1.4	0.76	1.8	1.36
人口占全国比例(%)	7	2	28	5
GDP占全国比例(%)	9	4	40	12
人均GDP(美元)	69307	99802	41070	20371
地均GDP(亿元/平方米)	4.60	3.09	3.44	1.65
港口集装箱吞吐量(万TEU)	465	227	766	6520
机场旅客吞吐量(亿人次)	1.3	0.71	1.12	1.75
世界100强大学数量(所)	2	3	2	4
《财富》500强企业数(家)	23	12	39	20
第三产业比重(%)	89.4	82.8	82.3	62.2
R&D占GDP的比重(%)	2.80	2.80	3.70	2.10
全球金融中心指数(GFCI)	纽约(2)	旧金山(6)	东京(5)	香港、深圳、广州(4、22、37)
代表产业	金融、航运和电脑	电子、互联网和生物	装备制造、钢铁、化工和物流	金融、航运、电子和互联网
起家产业	港口贸易	贸易、科技创新	制造业创新	对外贸易
发展方向	世界金融核心中枢	全球高新科技研发中心	日本核心临港工业带	全球创新发展高地

资料来源:根据华泰证券研报、香港立法会秘书处资料研究组及网络相关资料整理。其中,《财富》500强企业数为2018年的数据,GDP为2016年的数据,其余为2015年数据。

三大湾区在人均 GDP 上有所分化，以科技创新为主的旧金山湾区人均 GDP 遥遥领先，以金融业为主的纽约湾区位列其后，而主攻工业制造的东京湾区排在第三，并且三者差距有扩大的趋势。这意味着创新与金融在增长潜力上大于工业制造。

其二，产业结构方面。东京、纽约、旧金山三大湾区的 GDP 增长已经以服务业或信息产业为主导，完成了工业经济向服务经济和创新经济的过渡。三大湾区的产业主要由第三产业构成，三大湾区第三产业的比重均在 80% 以上，第一产业接近 0，其中纽约湾区的第三产业占 GDP 比重最大，达 89.4%；旧金山湾区和东京湾区的第三产业占 GDP 比重相近，分别为 82.8%、82.3%。

其三，拥有的世界 500 强企业。在 2018 年《财富》世界 500 强排行榜上，东京湾区的上榜企业最多，达到 39 家；纽约湾区和旧金山湾区的上榜企业分别为 23 家和 12 家。

其四，金融业发展。强大的金融业是湾区经济的重要支撑，也是湾区发展到高级阶段的重要标志。纽约湾区汇聚了世界市值最大的纽约证券交易所和市值第三的纳斯达克证券交易所；旧金山湾区科技金融和科技银行尤为发达，硅谷的风投资本非常丰富；东京湾区是日本最主要的银行集中地，拥有日本最大的证券交易所（东京证券交易所）。

（二）粤港澳大湾区

从经济规模指标上看，2016 年粤港澳大湾区的 GDP 为 1.36 万亿美元，接近纽约湾区（1.4 万亿美元），而高于旧金山湾区；但在人均和地均 GDP 上，粤港澳大湾区与三大湾区相比，明显落后。

从产业结构来看，2015 年粤港澳大湾区第三产业比重仅为 62%，仍处于工业经济阶段。第二产业占比高，主要发展工业、进出口贸易、批发和零售业等，不少产业仍是劳动密集型，处于价值链较低端位置。

在粤港澳大湾区中，拥有港交所、深交所，广州南沙商品期货交易所、深圳成熟的风险投资中心、广州的银行体系、珠澳的债券市场及"深港通"、"债券通"，澳门亦开始试水成立中华（澳门）金融资产交易股份有限公司。粤港澳大湾区有望打造为中国的"纳斯达克交易所"和创新金融中心。

三 社会视角的比较

(一) 三大湾区

1. 湾区内部城市发展定位鲜明

国际湾区实质上是世界级城市群,一是有起到带头作用的核心城市,二是各城市分工协作,三是获得整体效益。纽约湾区是以纽约为核心,由纽约州、康涅狄格州等州的31个县市组成的区域,各主要城市均有各自具有比较优势的产业,在城市之间形成了紧密分工的协作关系。旧金山湾区呈现多中心格局,湾区内城市多达101个,旧金山、奥克兰和圣何塞三大城市形成格局特色、优势互补的区域中心。其中,旧金山重点发展旅游业、服务业和金融业,奥克兰侧重港口经济建设,圣何塞主要发展电子业和加工工业。东京湾区包括东京都、神奈川县、埼玉县、千叶县等一都三县(这里的"县"相当于中国的"省"),湾区内有东京、横滨、川崎、船桥和千叶5个大城市,以及市原、木更津、君津等工业重镇。东京既是日本首都,又是日本重要的经济金融中心及工业城市,因此东京湾区也有着浓厚的首都型经济特征,千叶是日本国内货物吞吐量最大级别的国际贸易港,君津拥有世界最大的钢铁企业。[1]

2. 湾区基础设施配备完善

三大湾区在经济发展过程中通过大规模投资,推动基础设施海陆空一体化高效运行,全方位的深度融合有效提升了湾区的整体运行效率。纽约湾区通过高速公路、城际铁路、高铁以及港口群与机场群协同发展,构建立体复合式交通网络,改变了区域时空结构,促进了湾区要素的不断集聚与对外扩散;旧金山湾将高度发达的交通运输业与信息产业融合,极大地推动湾区经济的发展;东京湾区积极鼓励私营资本投资公共交通、轨道交通和地下轨道交通,形成了便捷完善的交通网络,推动湾区的产业空间演化。

3. 湾区注重生态环境保护

湾区自然生态环境优美,在经济增长、产业选择时需秉持可持续发展的

---

[1] 《粤港澳湾区:望成区域经济战略之首》,《华泰证券研报》2018年1月29日。

理念。纽约湾区在早期面对工业化和城市化带来的日益严重的环境问题，美国政府签署了《国家环境政策法》，成立了国家环保局和环境质量委员会，并在普通市民、社区组织以及律师团体等利益相关者的多方监督下，共同保护湾区的生态环境。旧金山湾区发展之初，因农业和军工业的过度开发造成生态环境的破坏，湾区遂成立"保护发展委员会"，终止危及湾区环境的项目，并制定流域管理规划，及时修复湿地，保护自然生态环境。东京湾区颁布多项法律法规，将环境管理纳入行政管理范畴，制定企业排污标准，整治地下水污染，修复水生态环境。

4. 湾区建设重视人力资本

人力资本指人的知识、经验、制度与习惯等，具备这些资本的劳工，拥有更高的生产能力，并将这些资本转换成经济价值。人力资本可以经过教育和培训等投资手段来增长。三大湾区均拥有强大的人才和科教资源。纽约湾区内有三所常春藤联盟高校（Ivy League）：哥伦比亚大学、普林斯顿大学、耶鲁大学；旧金山湾区拥有斯坦福大学、加州大学伯克利分校及旧金山大学等著名高校；东京湾区拥有东京大学、早稻田大学、庆应义塾大学等高水平大学。

（二）粤港澳大湾区

粤港澳大湾区是个多中心的区域格局，香港、深圳和广州为核心城市，加上澳门的"世界旅游休闲中心"定位，其他城市分工各具特色，共同打造全球先进制造业中心和重要创新中心、特色鲜明的国际金融中心。

粤港澳大湾区不断加快基础设施建设，对外交通运输网络逐步形成。从港口吞吐量、集装箱吞吐量、机场客/货运量等指标上看，粤港澳大湾区并不逊于三大湾区的平均水平，甚至在某些指标上还处于领先地位。世界级跨海工程港珠澳大桥通车，穿梭港珠澳三地的交通时间节省了很多，由此形成三地的"一小时生活圈"。另一项跨海工程深中通道也已正式开始工程桩基施工。

粤港澳大湾区覆盖广东省9市以及香港、澳门两个特别行政区，陆域面积约5.6万平方千米，大陆和岛屿海岸线总长3201千米，形似中国传统瑞兽麒麟，地质条件优越，资源环境承载能力较强，但区域差异较大，局部存在一些地质问题。[①]

根据英国泰晤士报发布的2017年世界大学综合实力前200名的排名数据，粤港澳大湾区共有5所大学上榜，均在香港，分别为香港大学（第43名）、香港科技大学（第49名）、香港中文大学（第76名）、香港城市大学（第119名）、香港理工大学（第192名）。广东省985高校占全国比重为5.1%，211高校占比为3.6%，985高校数仅低于北京、上海、陕西与湖南，211高校数也高于大多数省份。粤港澳大湾区还拥有40余家国家重点实验室及其伙伴实验室，为湾区提供强大的人才支撑。

四 技术视角的比较

（一）三大湾区

湾区城市是区域创新的引领者，湾区建设需引进并打造世界级企业。纽约湾区不仅是"金融湾区"，还从人才、基础设施和信息平台等方面积极扶持高科技产业，并加强科技成果与企业对接；旧金山湾区是硅谷所在地，完善的创新体系造就了湾区核心竞争力，涌现出英特尔、谷歌、苹果等一批知名科技企业；东京湾区高度重视科技创新，集聚了大量具有技术研发能力和产业创新能力的企业与研究所。

（二）粤港澳大湾区

粤港澳大湾区产业基础雄厚，电子通信、互联网、生物医药等新兴产业发展迅猛，集聚华为、腾讯、中兴、华大基因、大疆等一批领先世界的创新型企业，湾区的PCT国际专利申请数量占全国的一半，湾区科技创新能力突出。

2018年8月15日召开的首次"粤港澳大湾区建设领导小组"会议上提出，支持香港建设国际创新科技中心。中国科学院辖下的广州生物医药及健康研究院及北京自动化研究所将进驻香港科学园，并支持澳门建设中医药科技产业发展平台。

[①] 《粤港澳大湾区自然资源与环境研究取得重要成果》，《中国国土资源报》2017年8月2日，http://www.mlr.gov.cn/xwdt/jrxw/201708/t20170802_1546198.htm。

五 粤港澳大湾区的发展取向和建设路径

通过 PEST 分析法从四个维度分析纽约、旧金山和东京三个世界级湾区的建设经验，我们可发现粤港澳大湾区与世界三大湾区之间的异同和差距。

湾区的发展需要政府定期制定相关政策规划，湾区建设需要统一的协调机构，国家刚出台的《粤港澳大湾区发展规划纲要》是指导粤港澳大湾区发展的纲领性文件。在经济总量上，粤港澳大湾区已超过旧金山湾区，紧追纽约湾区与东京湾区，但是在人均 GDP、地均 GDP、第三产业占比上，粤港澳大湾区还落后于三大湾区，产业发展亟须转型升级。考虑到粤港澳大湾区拥有良好的基础设施与高端人才资源，并且已形成科创企业集聚，加上拥有港交所与深交所，以及澳门打造的"世界旅游休闲中心"，形成金融与科技创新的融合，加上湾区旅游休闲业优势，将是粤港澳大湾区未来发展的取向。这既可提供持续的增长潜力，也有助于维护优美的自然环境。

粤港澳大湾区合作发展不是概念，而是通过"大湾区"城市融合发展的升级版，从区域经济合作上升为全方位的国家战略。在推进大湾区建设的过程中，首先应避免同质化竞争，发挥分工协同效应，在"一国两制"框架内严格依照宪法和基本法办事，坚守"一国"之本，善用"两制"之利，以港澳所长贡献国家所需。

其次，要建立起政府、企业和社会之间的合作机制，发挥市场在区域资源配置中的作用，政府主要是做"减法"，打破壁垒，推进基础设施的互利互通，提供公平竞争的良好环境，促进要素在不同城市之间的自由流动和产业合理分工。

再次，积极吸引和对接全球创新资源，建设"广州—深圳—香港—澳门"科技创新走廊，打造大湾区国际科技创新中心。

最后，坚持可持续发展理念，共建宜居、宜业、宜游的粤港澳大湾区优质生活圈。

粤港澳大湾区建设中的港澳币制改革问题

顾新华　常　笑　赵庆斌　刘　念[*]

摘　要：与世界上传统湾区不同，粤港澳大湾区目前使用不同的货币体制：发行和管理人民币的独立央行制度、以美元为直接（间接）锚币的港币（澳门币）的货币局制度。这种币制异质性，将对大湾区的金融协调、经济融合和区域开发产生不可预测的不良影响。本文先略述目前香港为维持港币汇率稳定所做出的努力，再对港币、澳门币联系汇率制度的种种流行观点进行扼要评析，最后就港澳币制改革的方向和途径提出初步看法。此一改革，对于港澳参与大湾区开发和"一带一路"建设并从中受益，势在必行，且意义深远。

关键词：粤港澳大湾区　经济融合　币制改革　香港　澳门

一　老问题、新情况

随着美联储进入加息周期，美元走强，2018年以来，阿根廷、土耳其、巴西、南非、俄罗斯、印度、印度尼西亚等新兴市场经济体的货币

---

[*] 顾新华，澳门大学工商管理学院金融及商业经济学系主任，思路智库理事；常笑，北京师范大学—香港浸会大学联合国际学院工商管理学部助理教授；赵庆斌，澳门大学工商管理学院博士研究生；刘念，澳门大学工商管理学院硕士研究生。

大幅度贬值①。阿根廷比绍对美元2018年累计贬值已近54%，土耳其里拉已大跌43.5%，巴西雷亚尔也跌掉了20.2%，引起市场广泛担忧。本轮新兴经济体货币贬值会不会引起又一次金融危机？香港也同样深受美息上升的不良影响，港元不断贬值，对美元汇率创35年来最低。2018年香港已进行了多番港元保卫战，以捍卫与美元的联系或固定汇率制度（以下简称"联汇制"）。4月、5月，在汇率触及弱方兑换保证（7.85HK＄/US＄）时，香港已耗用了643.64亿港元的外汇储备，十七八次入市干预汇率。8月又买入167.87亿港元，同时卖出美元，以稳定汇价②。

近期新兴经济体的大幅货币贬值和剧烈市场震荡，凸显了全球对美元深度依赖的危害性，也再次暴露了这些经济体货币、金融及经贸方面存在的脆弱性。以阿根廷与土耳其为例，两国管理不善，存在高赤字（财政与现行账户）、高外债、高通胀、高失业、低外储，这种局面显然不可持续。一旦美国升息，就会触发它们的资本外流、货币贬值和金融危机。然而，经营有方的经济体在美息上升时也同受其害，则是另外一个问题。香港财政与外汇储备十分充裕，股市、楼市非常兴旺，经济基本面也相当健康。但香港2018年仍受美元加息的一再冲击，这根源于其实行的货币局和联汇制。因为美息上升会拉大与港币的利差（2018年4月间几达10年来最大），就出现了套利空间，令很多投资者卖港币买美元，使港币汇率大贬，金融发生震荡。这种沽空本币、纯粹炒作的套利行为对实体经济非常有害，且需金管局有充足的外储予以平息。香港现有外储4400多亿美元，金管局拥有很强的救市能力。但不可否认，金融炒作造成的货币波动对实体经济有害无益。楼市是香港的重要产业，对市民福祉影响大而且广。香港房价在2016~2017年已连升22个月，涨幅超过25%，现在金管局被迫随美升息，借贷成本上升会对楼市形成利空。此外，据野村证券测算，金融危机的早期预警灯已有54个为香港点亮，比1997~1998年还要多。

目前新兴经济体面临危机与香港屡次救市，不仅暴露了以美元为主导的国际货币体系的本质缺陷，也再次凸显了香港金融治理的内在困境。应当看

---

① 见闻君：《货币"腰斩"，阿根廷告急！土耳其告急，巴西告急！》，《华尔街见闻》2018年8月31日，http://www.sohu.com/a/251212996_313170。

② 岳权利：《嗜血者已潜入，港币保卫战打响》，和讯网，2018年8月29日，http://news.hexun.com/2018-08-29/193919615.html。

到，香港货币局体制相对薄弱，与美元的联汇制问题颇多。20年前，香港的金融货币世纪战惊心动魄，眼下的危机在外部已经出现，并蔓延至香港，警钟已经响起。但香港金管局仍声称，无须也无意改变联汇制，暂不考虑让港币与人民币挂钩，因为条件不成熟等。对这一重大问题，市场与学术界多年来有过很多或深或浅的讨论或议论，本文将就此做出进一步的探讨。这是一个新形势下的老问题，我们将结合粤港澳大湾区开发建设、人民币境外结算等新事物，对港澳币制改革提出看法。澳门币制与香港类似，改革问题也差不多，故本文着重讨论香港，兼谈澳门。①

二 联汇制改革争论

任志刚在2012年6月12日发表了题为《香港货币体制的未来》的研究报告，对香港坚持多年的联汇制提出了质疑，指出了对此制度进行调整改革的必要性。此文刊出后，立即引起了轩然大波，香港金融市场曾一度显著波动。对该研究报告，有些人的反应正面而审慎，有些人的反应负面且激烈②。香港特区政府也随即做出回应，坚守联汇制，立场不变③。甚至国际货币基金组织（IMF）和国际评级机构也仓促加入争论，认为香港应继续捍卫其现行汇率制度。

任志刚在报告中指出，联系汇率制度是香港货币制度的支柱，但固定汇率制并非终点。他认为，这个行之有效长达30年的制度，在外部环境、诸多因素发生变化后，已到需要认真检视、照顾公众利益的时候了。他认为，联系汇率在过去稳定了香港的货币市场，但香港也为此付出了重大代价，包括：无法通过变动汇率来降低输入性通胀、维持价格稳定；无法通过政策调节来减缓外围波动对香港经济的冲击；无法控制基础货币来达到低通胀、低

---

① 顾新华、刘念、司徒小丹、林文坚：《在澳门设立人民币次级离岸中心的可行性分析》，《澳门研究》2017年第4期；高健、常笑、顾新华：《借助"一带一路"，发展离岸金融》，载澳门特别行政区政策研究室、澳门基金会、思路智库主编《"一带一路"与澳门发展》，社会科学文献出版社，2018。

② 付碧莲：《联系汇率伴动》，《国际金融报》2012年6月15日，http://paper.people.com.cn/gjjrb/html/2012-06/15/content_1067517.htm?div=-1。

③ 吴铮：《香港特区政府12日发表关于联系汇率制度的声明》，中国政府网，2012年6月13日，http://www.gov.cn/jrzg/2012-06/13/content_2159475.htm。

失业、经济稳定持续增长的政策目标。他提出，香港汇率制度可通过三个途径进行调整：一是拓宽甚至取消现行制度下的汇率波幅；二是采用类似新加坡的汇率走廊，即允许港元与成分保密的一篮子货币（包括人民币）挂钩；三是放弃预设的汇率目标和范围，即改行浮动汇率，使货币政策聚焦于本地市场，以便实现特区政府的经济目标。

对任志刚长达27页的研究报告有人认同，也有人反对。反方的仓促反对意见可概括为：香港是外向型小经济体，联汇制乃香港货币稳定之基石，亦为其金融稳定及经济稳定之支柱；该制度行经多年，简单有效，最适合作为国际金融中心之香港；2008～2009年的世界金融危机及随后的欧债危机带来市场震荡，凸显货币及金融稳定之重要；对香港联汇制以前有诸多讨论，不同意见并存，但比较流行的观点认为此制度最为适合。对这些反对意见，本文随后将逐一点评分析。

任志刚进一步指出，维持现状容易（货币局制度简单易行、责任不大、可做太平官、不用顾及百姓利益），改革需要勇气（要冒政经风险、接受各种未知挑战，特别是面对来自内外金融势力和既得利益集团的种种责难）。

我们认为，联汇制虽然在香港施行数十年，但未必是最适合的货币体制。事实上，世界上并没有一成不变的汇率制度；近三十年的全球主流趋势是改向浮动汇率；很多专家学者强烈反对固定汇率；也无人能在理论和实践上证明联汇制就是最佳的货币制度。2007年美国次贷危机触发全球金融、债务和经济等方面的危机后，世界形势和香港面临的外部环境已发生了巨大的变化。近年来，美国加息已造成多个新兴经济体在货币、金融和经济方面的大幅波动，危机苗头初显，并呈蔓延之势，已给香港带来了不利影响。所以，我们认为，是时候对香港现行联汇制的利弊得失进行认真讨论、对香港整个金融体系的运行机制进行综合评估了，澳门的情况也差之不多[①]。本文的目的也正在于抛砖引玉，以期找到真正适合港澳长远发展和符合公众根本利益的货币制度。

---

① 顾新华、苏育洲、陈顺源、李国强：《把澳门打造成区域性人民币离岸金融中心刍议》，《就总理李克强访澳期间提出之宣布十九项惠澳措施进行深入研究的建议报告》，澳门大学，2018。

三 联汇制与香港经济

我们认为，任何货币制度都不可能尽善尽美或永远有效。香港现行的联汇制已实施35年，这个时间长度本身就表明它有一定的可取之处。但若就此证明，它是最佳制度，无可替代，则属谬误之论。以下将就对任志刚报告的反面看法，逐一提出我们的意见。

第一，许多人认为，联汇制是香港稳定货币、金融及经济的重要支柱，切不可更改。此观点只对了一小部分，却错了一大部分。先谈货币稳定问题。货币局制度的唯一职责是通过外汇买卖的市场操作，确保固定汇率得以维持，故本币（港元）相对于其锚币（美元）自然是币值稳定。但香港面临的问题是：此种稳定可能是利弊共存，而且经常是弊大于利。祖国内地与美国为香港之第一、第二大经贸伙伴，香港坚守对其中一个以虚拟经济为支撑之货币的名义稳定，而对另一个以实体经济为基础之货币的大幅波动却视而不见，这种做法是否合理？香港主要货物进口来源地是内地而非美国，前十年（2005~2015）港币对人民币的持续贬值，直接导致了输入性通胀，削弱了港币实际购买力。这个阶段的联汇制，造成了香港金融储蓄走软和实体财富贬值（相对于人民币），不正是港币维稳（相对于美元）的代价吗？

第二，再谈金融稳定问题。此一稳定，在香港是得益于高储蓄率而非联汇制。2007年以后发达经济体所经历的金融危机，实质上是过低国民储蓄或过多负债消费所产生的一系列问题的总爆发。反观香港，高储蓄率是其金融和房地产市场的投资之本，也是其直接和间接金融的融资之源。这些市场上的泡沫与波动，都与联汇制不无关系。2008年全球金融危机后，美联储实施多轮货币数量宽松，这通过联汇制在香港市场上形成了超低利率，从而使房价大幅度飙升，住宅房价比危机前高涨了1.6倍，进入2018年依旧高烧不退。

第三，现谈经济稳定问题。很显然，香港经济的稳定增长根植于其独特的经贸环境，而非联汇制。以祖国内地实体经济持续40年的高速增长以及美国负债消费数十年的大肆扩张为依托，香港的转口贸易获得了巨大成长，2017年已超过1万亿美元的规模，有力地促进了本地经济的繁荣与发展。近20年来，每当香港受到外部因素的不利冲击时，国家采用多轮CEPA、自由行、人民币境外结算、鼓励企业来港上市、限制深圳某些行业竞争性扩张等重大举措，有力地振兴和提升了香港经济，并在相当程度上缓解了外部因素通过联汇制所造成的香港经济波动。

第四，联汇制使得本来就高度外向型的香港经济变得更加脆弱，更易受到外来波动的不良影响，特别是深受锚币经济体（即美国）的各种影响。例如，1997~1998年的金融危机、2008~2009年的全球危机、欧债危机、美联储加息周期，均通过联汇制使香港被动接受或难以规避它们带来的不利冲击。有人认为联汇制有利于维稳，这是对国际金融学"三角不可能性"定理的一大误解。此种制度，在资本自由流动及固定汇率条件下，使金融管理当局无法通过调节利率来减缓金融及经济波动。汇率风险、物价涨落、资产泡沫等均因联汇制而不易调控。市场扭曲畸形也因经济靠内地但货币联美国而变得难以纠正。

第五，另一种颇有市场的观点是，联汇制在香港应对外部重大金融危机冲击时（1997~1998和2008~2009年）发挥了十分重要的稳定作用。实际情况可能正好相反，有两点事实可以澄清这一问题。事实一是，固定汇率在资本自由流动的条件下，极易招引外来对冲基金的金融投机活动。外汇储备不足时，这种活动往往导致货币危机、金融危机甚至经济危机。事实二是，香港在1997~1998年击退国际炒家的猖狂投机，正是偏离了联汇制而取得的险胜。货币局制度下，金管局的唯一职责是通过外汇市场交易，确保固定汇率不变，故其不应从事其他资产买卖活动。但在亚洲金融危机期间，香港在内地的支持下，以两地庞大的外储做后盾，金管局插手干预了股票期货等市场、打击了跨市场投机、击退了以索罗斯为首的国际炒家的全方位金融投机活动[1]。来自美国的外部杂音对香港特区政府干预市场大感意外、大肆责难，谴责金管局背离了货币局制度、香港特区政府放弃了自由经济理念。但香港实施这些类似央行体制下的市场干预行动，有效地抵制了外来冲击、捍卫了香港利益。

第六，在香港货币体制讨论中一个完全被忽视的重大问题是：信息不对称会造成国民财富的巨量流失。货币局制度下，港币以美元为锚币，故

---

[1] 叨叨姐：《20年前的今天，香港惊心动魄！》，《中国基金报》2018年8月30日，http://finance.ifeng.com/a/20180830/16479062_0.shtml。

香港利率走向是由美联储而非由香港金管局所决定。后者只有很小的调控区间，而且须一直备有充足的外储。美资银行及对冲基金在香港金融市场上已占有相当的份额，它们享有其他外资和华资机构所不具有的信息优势。它们来自华尔街，能影响美联储，有操控全球市场的能力和经验。这种信息优势、能力和经验，在香港坚守美元联汇制和人民币通过香港日益国际化的背景下，将得到强化和放大。它们能选准时机，在香港市场上进行大规模的炒作投机，攫取暴利，且可对由此产生的严重后果不负任何责任。20年前，美资机构就是亚洲危机的始作俑者和主犯，且在香港回归祖国的第二天，就对本地各金融市场发起了蓄谋已久的联攻。在香港固守联汇制的条件下，谁能保证索罗斯第二不会再来香港、新版雷曼事件不会在港重演？

第七，每当讨论香港币制时，外方总会匆忙介入施加影响。国际货币基金组织声称，货币局制度简单、可信、透明，值得香港继续奉行；香港则有人据此反对在本地进行任何币制改革。但问题是：IMF一方面要求币制明了和监管简化，另一方面却鼓励金融产品无必要的复杂化；IMF要求货币政策对市场可信，但同时又怂恿不计后果的投机炒作，使公众对市场丧失信心；IMF既要求政策措施透明，又对金融势力的高杠杆暗箱操作保持沉默。这些政府与市场间的不对称性是2008～2009年西方金融危机的根源之一。IMF对发展中国家和新兴市场经济体所施加的不良影响，已受到斯蒂格利茨（Stiglitz，诺奖获得者）等有良知的经济学家的长期批评。美国评级机构惠誉也表示，联汇制可使香港保持经济增长和现行账户盈余。主流经济学定理却是任何货币政策均无长期实质效果，其主要目标应是维持价格稳定。可见，惠誉的联汇制万能说并不正确，违反经济常识。

第八，另有些人认为，港币是否应与美元或人民币挂钩，要考虑香港经济周期到底是与美国还是与内地更为相似的问题。须知，一个经济体（即香港）一旦实行了货币局制度，就丧失了货币政策的独立性，其利率必然紧跟锚币（即美元）亦步亦趋，其经济周期也就由锚币经济体（即美国）所决定。故上述观点是本末倒置或倒因为果，这种错误逻辑怎能用来支持港币与美元挂钩？更不能用来为澳门币与港元挂钩进行有效辩护。

四 联汇制改革的必要性

为了阐明香港脱离美元联汇制的必要性和进行币制改革的迫切性，我们不妨回过头来看一看联汇制是一个什么样的货币体系。此种制度最早由大英帝国为其殖民地设计的，用于控制它们的金融政策以及收取它们的铸币税。此制度原先广为使用，在20世纪40年代达到高峰，到20世纪60年代基本消失。但后来20世纪90年代起又开始为一些"问题经济体"所采用。采用之目的：一是抑制本经济体困难时的贬值冲动；二是从宏观经济管理先进的锚币国家引入反通胀机制。世界上现存采用货币局制度的经济体有10个左右。它们的显著特点是：小而贫、储蓄少、金融弱、投资低、经济差、管理乱［高通胀、高（双）赤字，甚至统计资料也不完整］。港澳两地采用该货币制度，与这些经济体处于同一阵线，并不合理。相对于央行体制，货币局制度使得经济体失去独立的货币政策而深受锚币经济体之影响。但此制度责任有限、任务简单，维持住固定汇率就行，不必承担多少责任（如调控整个经济）。

然而，香港是东方明珠、国际都市，物华天宝、人杰地灵，经济发达，市场健全，设施先进，民生富庶（人均收入高于许多OECD国家，为世界第11名），完全有可能实行央行体制。从经济规模来看，2017年香港拥有全球第34高的GDP水平，排在许多实施央行体制的经济体之前。事实上，世界上比香港小得多的经济体早已实行央行体制，例如新西兰（GDP排名第52位）、秘鲁（GDP排第48位）、智利（GDP排第42位）、冰岛（GDP排第106位）等[1]。香港地位特殊、充满机会，后劲十足、前景美好，又有内地用心扶助、大力支持，完全有条件采用比联汇制更好的货币体制。问题是，香港特区政府是否有能力也有信心尽早摒弃简单落后的联汇制，而改用自主独立的央行体制。

现结合香港面临的新形势、大环境，概述其尽早进行币制改革的必要性和重要性。

第一，成为名副其实的国际金融中心，要求香港变革现有的联汇制。联

---

[1] 《央行目录》，2018年9月，https://en.wikipedia.org/wiki/List_of_central_banks。

汇制对香港作为金融中心的影响常被错误解读，其有限的正面作用也被过度夸大。近40年来，内地实体经济突飞猛进，而美国负债消费有增无减（美国负债已达21万亿美元，大大超过其GDP），世界经济格局早已发生了巨大变化。美联储一而再、再而三地推行量化宽松、以邻为壑的货币政策，经常利用美元的世界储币地位对他国的政治、外交及经济进行制裁。美元作为各国央行外汇储备货币的地位已经处于日益增加的质疑中。30多年来，以美资机构为首的国际基金在香港大进大出，并在世界各种市场上大肆从事投机炒作活动，引来了一波又一波的金融危机。在资本自由流动的条件下，固定汇率制较易遭受投机攻击。香港又特别采用了一个以美元为锚币的货币局体制，如何促进本土市场发展？如何保护700多万港人福祉？如何成为一个真正意义上的国际金融中心？香港货币体制能否服务于13亿人的国家乃至全球有关的市场，是一个意义重大而影响深远的问题。一个远在1983年为应对本币剧烈贬值、作为权宜之计而实行的货币局制度，虽经两次小修小补，到了30多年后的今天，还符合香港公众的期望吗？能应对人民币的国际化大势吗？能为香港作为国际金融中心提供支撑吗？能为中国与世界迅速扩张的经贸投资提供有效金融服务吗？对这些问题，也许没有多少人能给出很有信心的答案。任志刚指出，香港货币体制既要履行本地货币动能、维持货币金融稳定，又要担当国际金融中心角色，为内地及世界提供金融服务，这些要求对货币局制度来说是不切实际的。相反，我们认为，在香港经济与内地日益融合的条件下，放弃美元联汇制而倚重人民币，既合情又合理，才能让香港国际金融中心建立在坚实的基础之上。

第二，成为世界上最大的人民币境外结算中心，要求香港改革现行的货币局制度。随着人民币跨境贸易结算的推广及香港作为人民币离岸中心的建设，对港币脱钩美元转挂人民币的提议已不止一次被提出。香港联汇制对人民币国际化存在制约作用。虽然人民币跨境结算日益增长，并且香港作为人民币离岸中心也在发展，但人民币境内外市场仍处于分割状态。内地贸易账户下人民币可完全兑换，但在资本账户下不被允许。人民币升值、贬值变化，内地与香港存在利差，香港与美国利率路径也不可能完全同步。这些问题均在联汇制下，给投机者留下了巨大的套利空间，形成了人民币国际化进程中一个很大的隐形制度漏洞。而外资金融机构势必继续利用这些漏洞和空间大肆炒作、套取中国人财富。换言之，香港还不如早对币制进行改革，以免对国家造成损失。香港因联汇制而无力影响利率，其金融市场走向实质上由美联储掌控，很难想象这不会对国家的金融安全和经济稳定产生任何影响。所以，香港货币体制涉及是为本地公众利益和国家长远利益，还是为市场短期利益和外资机构利益服务的重大问题，这一问题不可能长久地被回避。

第三，成为粤港澳大湾区的经济主角，也要求港澳在币制改革上有所作为。大湾区建设的关键是要实现区内各地扬长避短、互利合作、协同发展①。但目前区内三地深度融合或一体化发展依然面临体制不同等一系列挑战。港澳要从湾区建设上获益，也要在建设进程中贡献力量。粤港澳大湾区与世界上传统湾区有所不同。纽约、旧金山或东京湾区内部使用同一种货币，都是央行体系；而粤港澳大湾区内有三种货币（人民币、港币、澳门币），由不同的货币管理部门。粤港澳大湾区建设，希望"制度创新"，但港澳坚守货币局之落后制度与此不符；大湾区建设，要求"深度融合"，但三地货币各异、金融分割；大湾区建设，需要"顶层设计"，但港澳金管当局在币制改革上裹足不前；大湾区期望成为"一带一路"建设的巨型门户枢纽和世界级经济平台，没有高度融合、协调一致的货币金融体系，不利于该构想的顺利实现。人民币短期贬值可能在所难免，以部分抵消美国提高进口关税对中国贸易产生的伤害。在粤港澳大湾区建设中，如果市场主体过多地进行资产本币化和负债外币化配置，它们的破产风险将随本币贬值而上升。这也更易造成资本外逃、国民财富流失，使人民币承压加重、国家对套利炒作难以监管和限制。港澳两地的联汇制将对国家的货币政策效果、经济金融安全带来诸多不可预测、无法控制的不利影响，这些影响反过来将会减损港澳两地参与大湾区建设所得到的利益。所以，我们认为，港澳两特区有必要尽早正视币制改革问题。

五 香港币制改革宜稳步前行

关于香港币制改革的步骤，我们的看法与任志刚的观点大同小异。港币

---

① 王攀、刘欢、安蓓、陈键兴：《人民日报头版点评粤港澳大湾区建设，释放哪些信号？》，搜狐网，2018年8月15日，http://www.sohu.com/a/247399685_194882。

可先与成分保密的一篮子货币（包括人民币）挂钩，再在有条件时实行央行体制或浮动汇率，也可在未来资本账户下人民币充分开放时，与其单独挂钩。理由如下。

第一，香港有经验在不同币制中择优。1953年香港银本位改与英镑挂钩，1972~1974年与美元短暂挂钩，后变为自由浮动，最近一次是在1983年复与美元挂钩。香港在1998年及2005两年推出了10项措施，以巩固货币局制度，优化联汇制运作。香港已有两次应对重大国际危机的经验和正面干预的成果。故再与美元脱钩，在技术上是可行的，任志刚2012年做出的这一判断也是可信的。

第二，先与成分保密的一篮子货币挂钩，主要是应付市场投机的扩大。政府与市场长期以来是"猫鼠游戏"关系。但30多年来美国及国际机构（如IMF和世行）鼓吹市场自由化和对政府干预进行妖魔化，使得政府与市场的关系演变为"杰瑞鼠"戏弄"汤姆猫"的格局。2008~2009年的全球危机充分暴露了监管不力或不作为的巨大危害。我们估计，香港特区政府仍将坚持不干预。但若进行保守改革，改用成分保密的一篮子货币方案，可有限地保护香港公众的切身利益和国家的整体利益。

第三，人民币选择资本项下的不开放或有限开放，是国家应对国际货币体系单极化、防止大规模外来投机攻击的御外"经济长城"。很难说内地近期内会开放资本项下的人民币完全可兑换。故香港亦可考虑中期内实行央行制度或浮动汇率，以便在资本跨境自由流动的条件下，重获货币政策的自主权，用于调控利率、影响本地就业和通胀、抑制超高房价、平滑短期增长波动。一旦有了自己独立的货币政策工具，香港就能灵活运用，成为真正的国际金融中心。

第四，待到人民币资本项下充分（未必完全）开放时，港币可考虑与人民币挂钩，以成为人民币深度国际化的先锋。两币的进一步融合将使香港成为名副其实的人民币离岸中心，像伦敦成为离岸美元中心那样，成为真正世界性的金融中心之一。港元与人民币挂钩可重回2005年之前的汇率水平，借此重振港元雄风。内地改革开放早期，采用人民币内币与外汇券并存的体制，港币与人民币挂钩，能独享类似当初人民币外汇券之待遇，可让港人因本币坚挺而再次扬眉吐气。

六 澳门币制改革可先行一步

关于澳门币制改革，早就有人提及，并有专门研究[①]。此问题在人民币国际化和大湾区发展上变得更加突出，亟须深入讨论[②]。澳门币制问题要比香港简单许多，可先行一步，以期尽早取得实效。并为日后港币改革提供可资借鉴的经验和帮助。

在澳门币改问题上，与港币一样，存在不少认识误区。现择其大概，简释如下。

第一，不少人人云亦云，认为澳门币可兑换，不宜与不可兑换的人民币挂钩。但大家忘了，澳门币在1977年前曾长期与葡萄牙货币挂钩，而后者直到1990年初才解除资本控制。这意味着锚币不可兑换性对币改不是一个大问题。

第二，人民币不可兑换不是该币弱差、不被国际金融市场所接受，而是中国的政策选择——不让其可兑换，以防范英美操控国际金融市场。英美及其他国家金融危机频发，而内地从未出现任何金融危机。小微经济体（澳门）的弱势货币应与特大经济体（内地）的强势货币挂钩，而不应与弱势港币纠缠不休。澳门币流通长期走不出本地域，追求其兑换性对外人有利，对本地经济并无意义。

第三，中国央行与许多国家进行货币互换，是中国维持资本控制条件下加强人民币跨国流通的创新性举措。更何况人民币在对外收支账户（BOP）的贸易项下和实物投资（FDI）下完全可自由兑换，只在资本项下的金融投机炒作部分不可兑换。澳门并无证券（股票、债券等）市场，没有必要追求与金融炒作的货币可兑换。

澳门币应与港元脱钩，改挂人民币。这一改革势在必行，理由如下。

第一，内地游客对澳门经济增长的重要性在"自由行"政策实施后已远超香港，内地金融资产与负债在澳门银行总额所占比例也远超香港，这些

[①] 杨桑荣：《人民币国际化对澳元体制变革的思考》，《澳门日报》2014年2月16日。
[②] 陈红泉：《跨境贸易人民币结算试点对澳门人民币业务发展的影响》，《金融理论与实践》2010年第3期，https://wenku.baidu.com/view/b46236fc6294dd88d0d26bcc.html；曹远征：《澳建葡语系人币清算中心有优势》，《澳门日报》2017年5月30日，A10版。

经济基本面的变化使澳门币仍与港元挂钩变得不合理。

第二，澳门币因与港币挂钩，相对于人民币升值而贬值。博彩旅游对澳门是一大出口行业，内地是澳门的最大贸易伙伴，故内地人民币价值变化对澳门影响较大，具有多方面的作用。但负面作用较大，本币贬值导致本经济体总收入实质下降，对澳门百姓的实质财富和生活水平产生不利影响。

第三，人民币相对于港币从而相对于澳门币的长期升值（短期贬值波动意义不大），使澳门资产（实物的或金融的，以本币或港币计）无形损失变大。本地居民在珠海大量消费货物与服务并购置地产，本币贬值遂使他们的消费和置业成本急剧增加，造成没有必要、毫无意义的经济损失。

第四，人民币升值及内地通胀给澳门造成的进口输入性通胀，也因本币与港币挂钩变得难以承受。加之房地产泡沫引发的高通胀，使民生大为困难，政民关系颇为紧张。2014年前澳门经济高速增长，但本币对内、对外价值双双大跌，这一奇怪境地与澳门币制不无关系。

第五，澳门拥有日益庞大的财政盈余和外汇储备[1]，其大部分存在香港银行[2]，在本币及锚币高通胀与大贬值时，所获实质回报为负。此一官方基金的资产组合投资部分也因与港币和美元的直接、间接挂钩，在过去多年里实质损失惨重。我们建议成立澳门主权财富基金，就是为了避免这些损失，同时在保持充足流动性的条件下，最大限度地提高官方储备基金的保值能力和回报水平。

澳门币制改革，其锚币从港币变成人民币，基础扎实，条件充足。不仅优势超过香港，所涉及的问题也比香港简单，理由有五。第一，香港的人民币资金来源开始时不能满足人民币结算方面的资金使用需求，只好与内地央行进行庞大的货币互换，而澳门则无此必要。澳门前些年博彩业的人民币收入每年有好几百亿元，近几年来旅游业更有上千亿元的人民币收入。这一资金来源充足之优势，随着博彩旅游收入的稳步增长颇具可持续性。第二，澳门银行体系虽小，但国际化程度为其他各经济体所不及。澳门本土银行的国

---

[1] 柳智毅：《澳门在"一带一路"建设与粤港澳大湾区城市群背景下的发展思路》，载澳门特别行政区政府政策研究室、澳门基金会、思路智库主编《"一带一路"与澳门发展》，社会科学文献出版社，2018。

[2] 顾新华、刘念、司徒小丹、林文坚：《在澳门设立人民币次级离岸中心的可行性分析》，《澳门研究》2017年第4期。

际资产占总资产、国际负债占总负债的比例,均在 80% 以上。第三,内地资产比和负债比为 40% 以上,表明澳门与内地在银行金融上已高度融合,这为澳门参与人民币结算提供了颇有操作性的业务基础和现实可用的资金基础。第四,澳门银行业务人员(与香港一样)基本上具备外语沟通能力,同时又熟悉国际上通行的金融业务准则和会计法律规范。而内地大部分金融从业人员并不具备这些条件。第五,香港体量大,惯性也大。其现行联汇制不到实在不可持续时,是不太可能进行认真实在的货币改革的。而澳门船小掉头快,体制僵硬度比香港低,币改预期比香港要简易得多。

澳门可先于香港对货币实行改制。且可一步到位,转换锚币就成。此项改革可使澳门成为正式采用人民币作为大规模官方储备的经济体,并给香港及葡语国家做出示范,有助于推动人民币的国际化,也有利于澳门在参加大湾区的建设上大显身手、获取实利。这不仅是澳门对国家多年来大力支持增长与繁荣的一种力所能及的回报,也能使澳门经济在适度多元化上迈出坚实的一步。通过币制改革,澳门成为人民币次级离岸中心的希望和努力,才有可能取得实效[1]。

---

[1] 胡家铭:《澳门可成人民币离岸中心》,《澳门日报》2010 年 12 月 22 日。

从"天下观"到"人类命运共同体"与"一带一路"

刘炜华[*]

摘　要："一带一路"倡议是中共十八大以来，中国最重要的对外政策创新之一。中国历史悠久，影响政府重大决策的除了具体的现实利益考虑外，还有深厚的历史沉淀和抽象的价值追求。从近期来看，"一带一路"的思想基础是中国国家领导人提出的"人类命运共同体"观念；从长期来看，这一倡议的思想则来源于中国几千年的"天下观"。通过对中华经典文献的梳理，本文概括总结出中华传统天下观的超越性、包容性、道德性等特点，并分析这些特点对建设"人类命运共同体"的积极作用。更具体的是，"天下观"对于推动"一带一路"建设有重大的指导意义，对解决"一带一路"上众多复杂的国际冲突与矛盾有一定的启示。

关键词：一带一路　天下观　人类命运共同体

"一带一路"是"丝绸之路经济带"和"21世纪海上丝绸之路"的简称。2013年9月7日，中国国家主席习近平访问中亚各国，在哈萨克斯坦提出共同建设"丝绸之路经济带"倡议；10月3日，习近平在访问印度尼西亚时又提出共同建设"21世纪海上丝绸之路"倡议。"一带一路"倡议

---

[*] 刘炜华，哲学博士，澳门科技大学助理教授，思路智库理事。

也是中共十八大以来，中国最重要的对外政策创新之一。

"一带一路"倡议是为了与沿线国家实现合作共赢。"一带一路"倡议其实是中国外交建设"人类命运共同体"思想的具体体现。自"一带一路"倡议提出以来，国内外的有关文章或著作已经有很多，但大部分研究集中在政治、经济、安全等硬性方面。本文则试图从文化角度，挖掘"一带一路"倡议提出背后的"天下观"所蕴含的文化含义，并探索"天下观"对建设"一带一路"的指导意义。

一 从"现实主义"到"人类命运共同体"与"天下观"

随着人类交往的发展和科技的进步，人类已经进入了全球化时代。与此同时，很多国内、国际问题已经转化成区域问题和全球问题。1990年，国际发展委员会主席勃兰特提出了"全球治理"的概念，人类对"全球治理"的要求越来越迫切。然而现实的问题是"治理赤字"几乎存在于所有的国际领域。"一带一路"涉及地区广阔，包括东亚、中亚、东欧、西欧及东南亚、南亚、西亚、北非、南欧等广大地区。很多地方是世界霸权和区域霸权角力所在，也处在文明断裂带上。两千年来，不管是陆上丝绸之路还是海上丝绸之路被隔断的时间要远远长于畅通的时间。为了保证"一带一路"的畅通，沿线各国面对各种挑战，需要加强协作，推进"全球治理"以克服各种困难。

"全球治理"赤字和国际冲突的存在看上去是由国际关系的无政府状态所致。但从文化的深层次角度看，国际上的无政府状态和很多冲突实际上起源于西方的现实主义政治传统和一神宗教传统。西方现实主义政治传统的哲学基础是功利主义和国家主权至上主义。在这种思想的指导下，每个国家都千方百计地为自己争取最大的利益。温特曾经分析过西方的三种政治文化。[①] 在霍布斯文化主导的自然状态中，人与人是敌对关系，在出现更高级的主权前，人与人处于不停的战争之中。在洛克所言的自然状态中，人与人是竞争对手，只有设立政府才能保护生命和财产。一个国家内部可以通过设

---

① 温特：《国际政治的社会理论》，秦亚青译，上海人民出版社，2014。

立政府来调节人与人之间的关系，但并不存在一个国际政府来调节国与国之间的关系时，国与国之间只能通过长期的战争或暂时的谈判来调整利益关系。1795年，康德在《永久和平论》中说："人与人生活于相互间的和平状态并不是一种自然状态（status naturalis），那倒更像是一种战争状态。"① 为了避免冲突，人类需要建立某种秩序。

1784年，康德在《世界公民观点之下的普遍历史观念》一文中认为："大自然使人类的全部秉赋得以发展所采用的手段就是人类在社会中的对抗性，但仅以这种对抗性终将成为人类合法秩序的原因为限。"② 三十年战争后，西方国家确立了威斯特伐利亚体系，确立了民族国家主权至上的原则，各国通过相互承认和尊重主权来维持和平。在《永久和平论》中，康德曾经希望建立自由国家的联盟来实现永久和平。③ 但这种可以成为朋友的国家可能只限于政治和文化上比较相似的国家。

政治制度、意识形态和文化的不同往往会导致国家之间及国家集团之间不同程度的冷战或热战。曾几何时，美苏争霸和北约与华约的对峙险些将人类拉到核战争的边缘。苏联解体后，亨廷顿意识到，国际冲突将不再因为意识形态不同展开，而主要以文明冲突的形式展开。④

美苏争霸和西方文明冲突产生的一个共同根源是西方几千年来一神教信仰及其变种。根据西方一神教的理论，主宰宇宙的只有一个唯一的真神，世界上只有一套唯一的真理，历史也只能朝一个方向进步而走向终结。根据这套理论，不同的信仰之间和不同的文明之间是不可以真正调和的，有的只能是临时或表面的和平。当信仰不同神的人，甚至信仰对同一真神不同解释的人接触时，就可能产生虔信者与异教徒的冲突。西方历史上多次宗教战争与此相关。与这套神学理论相应的是，不同意识形态的持有者都确信自己掌握了历史发展的终极真理。西方国家认为人类只能有一条"民主自由"的发展道路；共产主义国家则认为人类经过五个发展阶段后，必然进步到"共产主义"的阶段。它们都认为自己是人类历史的终结者。这两套来源于西方的思想体系和政治制度使得人

---

① 康德：《历史理性批判文集》，何兆武译，商务印书馆，1990，第104页。
② 康德：《历史理性批判文集》，何兆武译，商务印书馆，1990，第6页。
③ 康德：《历史理性批判文集》，何兆武译，商务印书馆，1990，第110页。
④ 亨廷顿：《文明的冲突与世界秩序的重建》，周琪译，新华出版社，2002。

类陷入了几十年的冷战。

施密特将"敌我区分"(friend-enemy distinction)视为政治的第一要义。① 西方以个体为本位的功利思想和非黑即白的对立思维方式,很容易导致个人之间和国家之间的冲突。而在东方人尤其是中国人看来,不同国家的人民都是人类的一部分,俱为天地所生,拥有共同的命运,可以通过合作,而非冲突来解决人类发展中的问题。

2011年9月发布的《中国的和平发展》白皮书首先提出了"命运共同体"的概念。书中提到:"国际社会应该超越国际关系中陈旧的'零和博弈',超越危险的冷战、热战思维,超越曾经把人类一次次拖入对抗和战乱的老路。要以命运共同体的新视角,以同舟共济、合作共赢的新理念,寻求多元文明交流互鉴的新局面,寻求人类共同利益和共同价值的新内涵,寻求各国合作应对多样化挑战和实现包容性发展的新道路。"2012年,中共十八大报告也提出"倡导人类命运共同体意识"。2017年1月,中国国家主席习近平在联合国日内瓦总部发表了题为《共同构建人类命运共同体》的主旨演讲,系统地阐述了人类命运共同体的理念。2017年2月,写入了"构建人类命运共同体"联合国社会发展委员会第55届会议决议。这标志着世界上已经有很多国家认识到中国观念对推进全球治理的重要意义。

二 "天下观"对"一带一路"的意义

随着中国国力的提高和对中国传统文化研究的深入,很多学者开始从传统文化中寻求历久弥新的思想,希望能对实践产生一些指导意义。比如,姚中秋通过经史结合的方式研究儒家主张的治理秩序及其在现代的意义。② 叶自成和龙泉霖研究了儒家、道家和法家的国际关系范式。③ 赵汀阳的著作则

---

① Schmitt, C., *The Concept of the Political*, The University of Chicago Press, 2007.
② 姚中秋:《华夏治理秩序史:天下》,海南出版社,2012;秋风:《儒家式现代秩序》,广西师范大学出版社,2013。
③ 叶自成、龙泉霖:《华夏主义:华夏体系500年的大智慧》,人民出版社,2013。

系统研究了中国传统的天下体系的世界体系哲学。① 赵汀阳的著作在海内外的哲学界和国际关系学界都产生了广泛而重大的影响。本部分将主要探讨"天下观"对开展"一带一路"建设的启发意义。

（一）超越性

自威斯特伐利亚体系建立以来，西方国际舞台的行动主体就是民族国家。但是民族国家个体的行为是可能产生正外部性或负外部性的。人类的发展也需要一些跨国的公共物品。随着全球化的深化，国家行为的外部性越来越强，国际上对跨国公共物品的需求也越来越大。现在，跨国公共物品的提供主要靠国际组织和大国来提供。但是，将以功利主义为基础的现实主义思想作为指导的大国策略往往导致某些大国选择逃避国际责任。比如，英国脱欧和美国发动贸易战等一系列的逆全球化行为，都是这些国家本国利益至上思想的体现。特朗普的"美国优先论"就是这种思想的典型代表。

李慎之曾说过中国传统的理想是"天下主义"而不是"民族主义"。② 梁漱溟在《中国文化要义》中比较中西文化，认为西方文化重视个人和团体，而中国文化重视家庭和天下。③ 西方文化是以个体为本位的，而中国文化是以关系为本位的。《礼记·礼运》篇对理想的大同社会的描述是："大道之行也，天下为公！选贤与能，讲信修睦，故人不独亲其亲，不独子其子，使老有所终，壮有所用，幼有所长，矜寡孤独废疾者皆有所养，男有分，女有归。货恶其弃于地也，不必藏于己；力恶其不出于身也，不必为己。是故谋闭而不兴，盗窃乱贼而不作，故外户而不闭。是谓大同。"④《尚书·尧典》对圣王大尧的赞颂是："曰若稽古帝尧，曰放勋，钦、明、文、思、安安，允恭克让，光被四表，格于上下。克明俊德，以亲九族。九族既睦，平章百姓。百姓昭明，协和万邦。黎民于变时雍。"⑤ 可见，"天下为公"和"协和万邦"早就是中国人的奋斗理想。

---

① 赵汀阳：《天下体系》，中国人民大学出版社，2011；赵汀阳：《天下的当代性：世界秩序的实践与想象》，中信出版集团，2016。
② 李慎之：《全球化与中国文化》，《太平洋学报》1994年第2期。
③ 梁漱溟：《中国文化要义》，上海人民出版社，2011。
④ 王文锦译解《礼记译解》，中华书局，2016，第298页。
⑤ 《尚书正义》，黄怀信整理，上海古籍出版社，2007，第34~37页。

中国人的"天下"与"国家"其实是分不开的。比如，《礼记·中庸》中载："凡为天下国家有九经，曰修身也，尊贤也，亲亲也，敬大臣也，体群臣也，子庶民也，来百工也，柔远人也，怀诸侯也。修身则道立，尊贤则不惑，亲亲则诸父昆弟不怨，敬大臣则不眩，体群臣则士之报礼重，子庶民则百姓劝，来百工则财用足，柔远人则四方归之，怀诸侯则天下畏之……送往迎来，嘉善而矜不能，所以柔远人也。继绝世，举废国，治乱持危，朝聘以时，厚往而薄来，所以怀诸侯也。"① 可见"柔远人""怀诸侯"在"天下国家""九经"中有其二。

"平天下"也是儒家士子的理想。这个理想需要通过"八目"一步步逐渐实现。《礼记·大学》中载："古之欲明明德于天下者，先治其国；欲治其国者，先齐其家；欲齐其家者，先修其身；欲修其身者，先正其心；欲正其心者，先诚其意；欲诚其意者，先致其知，致知在格物。物格而后知至，知至而后意诚，意诚而后心正，心正而后身修，身修而后家齐，家齐而后国治，国治而后天下平。"② 可见在一定程度上"治国"是"平天下"的手段，而"平天下"是"治国"的超越和目的。

但是，由于天下的超越性，治理天下和治理国家是不一样的。《道德经》载："以身观身，以家观家，以乡观乡，以国观国，以天下观天下。"《管子·牧民》则阐述得更加清楚："以家为乡，乡不可为也。以乡为国，国不可为也。以国为天下，天下不可为也。以家为家，以乡为乡，以国为国，以天下为天下。毋曰不同生，远者不听。毋曰不同乡，远者不行。毋曰不同国，远者不从。如地如天，何私何亲？如月如日，唯君之节。"治理天下就要研究天下的特点，解决天下的问题，天下并不是国的简单扩大，也需要超越国家的利益。

国际公共品主要有两种，一种是基础设施，一种是制度平台。"一带一路"建设为沿途国家的交流和融资提供了平台，中国为沿线国家的铁路、港口等基础设施建设提供了帮助。从更高层次上说，"一带一路"也有利于建设平等合作的国际新秩序。

（二）包容性

西方国家往往希望所有的国家都跟他们走一条路，而不用考虑有关国家

---

① 王文锦译解《礼记译解》，中华书局，2016，第811、812页。
② 王文锦译解《礼记译解》，中华书局，2016，第925页。

的具体情况。在援助第三世界国家时，它们也往往开出各式各样的条件。但中国在与"一带一路"沿线国家打交道时，只要不涉及中国的核心利益，一般情况下，中国都会尊重有关国家的政治制度和宗教文化，而不会指手画脚。

"天下观"虽然认为天下万国都在一片蓝天之下，但每个国家都有自己的特点，每个国家的制度文化都有自己的价值，都有保存的必要，正所谓"万物并育而不相害，道并行而不相悖"（《礼记·中庸》）。"凡居民材，必因天地寒暖燥湿。广谷大川异制，民生其间者异俗，刚柔、轻重、迟速异齐，五味异和，器械异制，衣服异宜。修其教，不易其俗；齐其政，不易其宜。中国戎夷，五方之民，皆有其性也，不可推移。"[①]

《论语·尧曰》讲："谨权量，审法度，修废官，四方之政行焉。兴灭国，继绝世，举逸民，天下之民归心焉。所重：民、食、丧、祭。宽则得众，信则民任焉，敏则有功，公则说。"[②] 可见"兴灭国，继绝世，举逸民"对于收天下民心的重要性。《史记·周本纪》记载："武王追思先圣王，乃褒封神农之后于焦，黄帝之后于祝，帝尧之后于蓟，帝舜之后于陈，大禹之后于杞。于是封功臣谋士，而师尚父为首封。封尚父于营丘，曰齐。封弟周公旦于曲阜，曰鲁。封召公奭于燕。封弟叔鲜于管，弟叔度于蔡。余各以次受封。"[③] 可以说留下一国，就留下了一个文明基因库，为日后的制度设计和各国制度的互相借鉴与学习提供了基础。"颜渊问为邦。子曰：'行夏之时，乘殷之辂，服周之冕，乐则韶舞。'"[④] 可见，孔子对"为邦"制度的设计，是想要融合帝舜、夏、殷、周四朝代的优良制度。如果周初武王认为自己的文化制度是天下最先进的，别国的制度是落后的，应当扫除干净的，他就不会封陈、杞、宋等国，这些国家的文化制度也就不会留下来，孔子也就不可能做出这样的制度设计。

对于不同文化制度的国家，儒家的主张是君子"和而不同"而非"同而不和"（《论语·子路》）。《春秋左传·昭公二十年》中记载了晏婴对"和"与"同"的观点：

---

① 王文锦译解《礼记译解》，中华书局，2001，第187页。
② 杨伯峻译注《论语译注》（第2版），中华书局，1980，第208~209页。
③ 《史记》，中华书局，1959，第127页。
④ 杨伯峻译注《论语译注》（第2版），中华书局，1980，第164页。

（齐景）公曰："和与同异乎？"（晏婴）对曰："异。和如羹焉，水、火、醯、醢、盐、梅，以烹鱼肉，燀之以薪，宰夫和之，齐之以味，济其不及，以泄其过。君子食之，以平其心。君臣亦然。君所谓可而有否焉，臣献其否以成其可；君所谓否而有可焉，臣献其可以去其否，是以政平而不干，民无争心。故《诗》曰：'亦有和羹，既戒既平，鬷嘏无言，时靡有争。'先王之济五味、和五声也，以平其心，成其政也。声亦如味，一气，二体，三类，四物，五声，六律，七音，八风，九歌，以相成也；清浊、小大、短长、疾徐、哀乐、刚柔、迟速、高下、出入、周疏，以相济也，君子听之，以平其心。心平，德和，故《诗》曰'德音不瑕'，今据不然。君所谓可，据亦曰可；君所谓否，据亦曰否。若以水济水，谁能食之？若琴瑟之专一，谁能听之，同之不可也如是。"①

可见天下的文化、制度就如味道、音调，不一样才能调出美味的佳肴与和谐的音乐。如果世界各国全都是一样的文化、一样的制度，一定是靠强力取得的结果，胡锦涛提出的"和谐世界"也一定不能实现。

有人认为中国人的天下观里面有"夷夏之防"，所以中国人是瞧不起外国人的，还举出了《春秋公羊传·成公十五年》中的记载："《春秋》内其国而外诸夏，内诸夏而外夷狄。王者欲一乎天下，曷为以外内之辞言之？言自近者始也。"作为证据。此言大谬不然！梁启超在《〈春秋中国夷狄辨〉序》中说："《春秋》之中国、夷狄，本无定名。其有夷狄之行者，虽中国也，腼然而夷狄矣；其无夷狄之行者，虽夷狄也，彬然而君子矣。"② 中国人判断夷夏的标准不是狭隘的血统、出生地等，而是是否有德，是否有文化。公羊学大家康有为的《论语注·八佾》中说："夷狄而有德，则中国也；中国而无德，而夷狄也。"③ 中国古代很多圣人其实并非出自中原，比如舜出于东夷，大禹出于西羌，文王出于西夷（陆贾《新语·术事》，《孟子·离娄下》）。王桐龄在其《中国民族史》中根据历史资料统计，认为齐

---

① 杨伯峻编著《春秋左传注》（修订本），中华书局，1981，第1419~1420页。
② 梁启超：《饮冰室合集》，中华书局，1989。
③ 康有为注《论语注》，楼宇烈整理，中华书局，1984。

国是汉人与东夷的混合，秦国是汉人与西戎混合，晋燕为汉人与北狄的混合，见于史册的隋代有匈奴、鲜卑非汉族官员51人，唐代有鲜卑、突厥、高丽、吐蕃、契丹、回纥、日本、印度非汉族官员122人；宋朝有鲜卑、匈奴、突厥、党项、阿拉伯等民族的官员34人；明朝有蒙古、女真、回鹘等民族官员共174人；辽朝有汉人官员68人；金朝有汉人官员277人；元朝有蒙古名字的汉人有37人。[①] 可见民族融合的观点较夷夏之防的观点更能反映当时的现实，古代的中国人更加开放和自信。

"一带一路"建设是沿线国家各国人民的共同事业。此倡议虽然由中国人提出，但在具体项目的进行上需要尊重有关国家，人事安排上也需要吸收不同国家的人才参与。

（三）道德性

在现实主义的指导之下，决定国家行为的往往是国家利益，国家考虑的也往往是经济、军事等硬实力。但中国的"天下观"最强调的处理国际关系的准则是道德。从一定程度上讲，处理国际关系的目的就是"德"。《礼记·大学》载："古之欲明明德于天下者，先治其国；欲治其国者，先齐其家；欲齐其家者，先修其身；欲修其身者，先正其心；欲正其心者，先诚其意；欲诚其意者，先致其知，致知在格物。物格而后知至，知至而后意诚，意诚而后心正，心正而后身修，身修而后家齐，家齐而后国治，国治而后天下平。"可见根据儒家的逻辑，"明明德于天下"就等于"平天下"，而"齐家""治国""平天下"的基础"诚意""正心""修身"都是要增强统治者的道德基础。《道德经》中也有相关的阐述："修之身，其德乃真。修之家，其德乃余。修之乡，其德乃长。修之国，其德乃丰。修之天下，其德乃普。"可见对于道家而言，德在身、家、乡、国、天下各个层面上都是重要的。

处理国际关系，修德是比用力更好的办法。《论语·季氏》记载孔子的话："丘也闻有国有家者，不患寡而患不均，不患贫而患不安。盖均无贫，和无寡，安无倾……夫如是，故远人不服，则修文德以来之。既来之，则安之。"孟子说："以力假仁者霸，霸必有大国，以德行仁者王，王不待大。

[①] 王桐龄：《中国民族史》，吉林出版集团有限责任公司，2010。

汤以七十里，文王以百里。以力服人者，非心服也，力不赡也；以德服人者，中心悦而诚服也，如七十子之服孔子也"（《孟子·公孙丑上》）。[①] 孔子也曾赞扬管仲用德不用兵："桓公九合诸侯，不以兵车，管仲之力也。如其仁！如其仁！"

"天下观"以德来处理国际关系提倡用礼乐的办法。《春秋左传·哀公十一年》记载："孔文子之将攻大叔也，访于仲尼。仲尼曰：'胡簋之事，则尝学之矣，甲兵之事，未之闻也。'退，命驾而行，曰：'鸟则择木，木岂能择鸟。'文子遽止之，曰：'圉岂敢度其私，访卫国之难也。'"可见在孔子心中较之"甲兵"更看重以"胡簋"为代表的礼乐。《礼记·曲礼上》记载："大上贵德，其次务施报。礼尚往来。往而不来，非礼也；来而不往，亦非礼也。"《管子·霸言》中也说："夫欲用天下之权者，必先布德诸侯。是故先王有所取，有所与，有所诎，有所信，然后能用天下之权……夫先王取天下也，术术乎大德哉，物利之谓也。"可见德、利是可以统一的，为了"天下"有时也需要让渡一部分利益。春秋时期的魏绛曾向晋悼公阐述乐的作用："夫乐以安德，义以处之，礼以行之，信以守之，仁以厉之，而后可以殿邦国，同福禄，来远人，所谓乐也"（《春秋左传·襄公十一年》）。可见，音乐不仅有利于自身的道德修养，还可以起到"殿邦国，同福禄，来远人"的作用。

结　语

自鸦片战争爆发近180年以来，中国的综合国力从没有比今天强大，中国在国际舞台上的地位也从未如此崇高。中国有必要为人类的进步做出自己应有的贡献。当前很多国际问题之所以产生或难以解决，很大程度上根源于世界各国尤其是大国的现实主义思维范式及其自以为是的傲慢态度。而中国文化中的"天下观"以其超越性、包容性和道德性也许可以为人类处理国际关系提供另一种选择。"人类命运共同体"的观念正是"天下观"的现代表现，"一带一路"倡议正是"天下观"和"人类命运共同体"观念的实践活动。

[①] 杨伯峻译注《孟子译注》，中华书局，2012。

为了践行"天下观"和做好"一带一路"建设，还有两点需要注意。其一，中国现在和将来相当长的一段时期内还处于发展中国家的水平，因此在一些国际事务上还需要量力而行。孟子曰："人有恒言，皆曰'天下国家'。天下之本在国，国之本在家，家之本在身"（《孟子·离娄上》）。中国的崛起面临着许多重大挑战，也需要讲好"一带一路"故事。一些国家和个人对"一带一路"倡议可能会呈观望态度，甚至根据自身利益提出各种非难或制造各种问题。为此，中国需要以"各美其美"的态度，在尊重各国自身选择的前提下，加强沟通与协作，通过互利共赢的实践活动，逐渐消除误解，促进"一带一路"沿线国家的共同繁荣。

"一带一路"建设下澳门与巴西的文化往来

杨佳龙　王建伟[*]

摘　要：澳门助力"一带一路"建设，需要充分发掘澳门的优势。澳门的优势之一就是历史上形成的与葡语国家的特殊人文、经贸联系。加深葡语国家对"一带一路"倡议的了解和认识，推动这些国家加入这一宏大构想，是澳门特区政府可以努力的方向。本文将通过对澳门和巴西关系的个案分析，来探讨这一重大话题。巴西作为最大的葡语国家，又是金砖五国的重要成员，推动巴西参与"一带一路"建设对推动葡语国家支持和参与"一带一路"建设，具有重要意义。

关键词：澳门　巴西　葡语国家　一带一路　文化交往

"一带一路"倡议（The Belt and Road Initiative）于2013年由国家主席习近平提出，对中国与世界发展的意义非凡。"一带一路"不仅是中国古代海陆丝绸之路的继承和延伸，而且随着时代的发展和变化而被赋予了全新的意义。"一带一路"不仅着眼于传统的商贸来往，而且注重加强沿线国家在政策、设施、文化、社会等各方面的联通与交流。本文将从对比古代丝绸之路与"一带一路"开始，从中拉关系出发，探讨中国与巴西、澳门与巴西

---

[*] 杨佳龙，澳门大学社会科学学院政府与行政学系博士候选人；王建伟，澳门大学社会科学学院政府与行政学系教授、全球与公共事务研究所所长，思路智库理事。

的关系,并且就如何从澳门的角度拉动巴西参与"一带一路"建设给出建议。

一 古代丝绸之路与"一带一路"

古代的丝绸之路是一条文化融合之路,还是一条商贸交流之路、一条互助互惠之路,还是一条将中国的文化向世界传播的文明之路。通过古代丝绸之路,中国的儒教、道教思想,以及印刷术、造纸术、火药、指南针、纺织等传到了西方,西方的天文、医药、音乐、雕塑及宗教等传入了中国。同时,古代丝绸之路是中国与东南亚、中亚、西亚、欧洲、非洲等地区国家政治、贸易和文化交流的一条主要大通道,也是中国打开国门走向世界的重要途径,极大地推动了中国和沿线国家市场和商品的互联互通。

"丝绸之路"的概念由德国地理学家费迪南·冯·李希霍芬(Ferdinand von Richthofen)在其 1877 年所著的《中国》一书中提出。在另一本名为《中国与叙利亚间的古代丝绸之路》(1980)的著作中,德国学者阿尔巴特·赫尔曼(A. Herrmann)进一步解释该概念的地理范围,将其扩展至叙利亚。此后,"丝绸之路"逐渐成为古代中国与中亚、西亚、欧洲及北非各国之间贸易路线的泛称。

丝绸之路在广义上又分为陆上丝绸之路和海上丝绸之路。陆上丝绸之路的形成早于海上丝绸之路。陆上丝绸之路主要是指欧亚北部地区的商路,和中国南方的茶马古道形成南北呼应。因为古代航海技术欠发达,在古代,陆路是主要的贸易和交通渠道。西汉时的张骞以长安为起点,东汉时的班超以洛阳为起点,经过中原地区、关中平原、河西走廊、塔里木盆地,抵达锡尔河与乌浒河之间的中亚河中地区,这条贯穿古代中原到中亚的陆路通常被称为"陆上丝绸之路"。

然而,经过了历朝历代的演变、边疆的动乱,陆上丝绸之路逐渐衰落。特别是唐朝安史之乱以后,国家综合国力开始下降,吐蕃控制了西域各地,并占领了河西走廊等地。在 10 世纪中叶之后,宋朝与辽、西夏和金等处于敌对状态中,严重影响了丝绸之路的发展。并随着当时的南宋将都城迁到杭州,国家的经济中心向南转移,陆上丝绸之路开始衰落。时至明朝,实行闭关政策,以嘉峪关为界,划关而治,陆上的交通干线也改道哈密,至此,历史上的陆上丝绸之路已无繁荣可言。①

古代海上丝绸之路起于秦汉，兴于隋唐，盛于宋元，随着明朝郑和下西洋的成功达到了顶峰，极大地促进了当时航海事业的发展，使古代海上交通变得更加便利。古代海上丝绸之路起始于中国沿海港口，经由东南亚国家、印度洋，最终抵达非洲大陆东海岸。然而，明朝中期实施海禁政策而使古代海上丝绸之路逐渐衰落，清朝鸦片战争之后，中国一度丧失海权。从此，古代海上丝绸之路一蹶不振，这种情况延续了整个民国时期，直至新中国成立。②

2013年，"丝绸之路"概念被中国领导人重新起用，并赋予了新的内容。2013年9月7日，国家主席习近平在哈萨克斯坦纳扎尔巴耶夫大学发表演讲时表示："为了使我们欧亚各国经济联系更加紧密、相互合作更加深入、发展空间更加广阔，我们可以用创新的合作模式，共同建设'丝绸之路经济带'"，"以点带面，从线到片，逐步形成区域大合作"。③ 这也是"丝绸之路经济带"概念首次被提出。"一带"主要是在古代陆上丝绸之路概念基础上形成的一个新的经济发展区域。"一带"东部连接亚太经济圈，西部连接欧洲经济圈，被认为是"世界上最长、最具有发展潜力的经济大走廊"。④ 2013年10月3日，国家主席习近平在印度尼西亚国会发表演讲时又提出："中国愿同东盟国家加强海上合作，使用好中国政府设立的中国—东盟海上合作基金，发展好海洋合作伙伴关系，共同建设21世纪'海上丝绸之路'"。⑤ "21世纪海上丝绸之路"起始于中国东南沿海港口，向南贯穿中国南海，进入印度洋、波斯湾地区，抵达东非、欧洲等地。古代海上丝绸之路与"21世纪海上丝绸之路"呈现承接关系。古代海上丝绸之路自秦汉时期开通以来，一直是东西方经济文化交流的重要纽带。"一带一路"是一条促进共同发展、共同繁荣的合作共赢之路。"一带一路"贯穿亚欧大陆，

---

① 徐希燕：《"一带一路"与未来中国》，中国社会科学出版社，2016，第2~5页。
② 《海上丝绸之路千年兴衰史》，人民网，2014年5月20日，http://history.people.com.cn/BIG5/n/2014/0520/c385134-25040882.html。
③ 《弘扬人民友谊 共创美好未来——习近平在纳扎尔巴耶夫大学的演讲》，人民网，2013年9月8日，http://jhsjk.people.cn/article/22843712。
④ 徐希燕：《"一带一路"与未来中国》，中国社会科学出版社，2016，第10页。
⑤ 《国家主席习近平在印度尼西亚国会发表演讲（全文）》，中国新闻网，2013年10月3日，http://www.chinanews.com/gn/2013/10-03/5344133.shtml。

一边是活跃的东亚经济圈,另一边是发达的欧洲经济圈,亚欧大陆中部的国家群落经济发展潜力巨大。① 一方面,"丝绸之路经济带"的重点是畅通中国经中亚、俄罗斯至欧洲,中国经中亚、西亚至波斯湾、地中海,中国至东南亚、南亚、印度洋;另一方面,"21世纪海上丝绸之路"的重点为中国沿海港口至南海到印度洋,延伸至欧洲,以及中国沿海港口通过中国南海到南太平洋,抵达拉丁美洲。②

二 拉美、巴西和"一带一路"

中国与拉美国家有着源远流长的交往历史。在古代,由于航海技术不发达,横跨太平洋是一个巨大的挑战。但在1565年,一艘名叫"圣巴布罗"号的大帆船,从马尼拉出发,满载着丝绸、珠宝、瓷器、茶叶等中国货物,抵达墨西哥的阿卡布尔科港,从此开创出一条从中国经由马尼拉再到阿卡布尔科港的贸易线路,使古代海上丝绸之路延伸至遥远的美洲大陆。此外,原产于拉丁美洲大陆的玉米、马铃薯等农作物被运回中国,以及中国的商品运至美洲换回大量的墨西哥银圆,完成了中拉历史上的"银丝对流"。

中国和拉美国家都是发展中国家,处于类似的发展阶段,都肩负着发展国家、改善民生、提高社会福利等共同使命,共同的使命使中拉的命运紧密相连。近年来,中拉关系得到长足发展。目前,中国是拉丁美洲的第二大贸易伙伴。根据中国商务部统计,中国对拉丁美洲累计直接投资已超过2000亿美元,拉美已成为中国海外投资的第二大目的地。③ 2015年中国对拉美国家和地区直接投资总量达1263亿美元。至2016年,中国与拉美国家和地区的贸易总额为2166亿美元。投资领域从之前的能源矿产以及基础设施建设逐渐拓宽至信息产业、电子商务、金融、航空运输等多个领域。④

---

① 徐希燕:《"一带一路"与未来中国》,中国社会科学出版社,2016,第12~13页。
② 《中国与东南亚国家互联互通现状评估与策略选择》,人民网,2017年6月8日,http://theory.people.com.cn/BIG5/n1/2017/0608/c83853-29325720.htm。
③ 《拉加经委会:"一带一路"建设将为拉美吸引更多投资》,新华网,2018年8月24日,http://www.xinhuanet.com/2018-08/24/c_1123324963.htm。
④ 《"一带一路"打开中拉合作新空间》,国务院新闻办公室网站,2017年5月23日,http://www.scio.gov.cn/31773/35507/35510/35524/Document/1552985/1552985.htm。

"一带一路"倡议提出以后,加入"一带一路"倡议,推动中拉发展战略紧密对接,已成为越来越多拉美国家的共识。拉丁美洲不仅是"21世纪海上丝绸之路的自然延伸",也是"一带一路"不可或缺的"重要参与方,更是当前的共建方"。大部分拉丁美洲国家以前是西方国家的殖民地,在独立之后长期经济增长乏力、商品价格走低、经济政策调整滞后,"一带一路"建设可为拉美经济注入新动力。① "一带一路"建设实际上为拉丁美洲的经济结构转型带来了历史良机。从2017年开始,拉美逐渐摆脱经济衰退的趋势。至2017年底,拉美的经济增长率达1.3%。此外,拉丁美洲的基础设施相对落后,在"一带一路"建设的"设施联通"领域存在发展空间。借助"一带一路"这一国际性合作平台,拉丁美洲国家可以进行地区性的基础设施规划和建设,拉动落后地区的发展,实现拉美地区的互联互通。②

除了不断加强的经贸关系之外,中拉关系在外交上也有新的发展。2017年,中国与巴拿马建交。2017年6月13日,中国外交部长王毅同巴拿马共和国副总统兼外长德圣马洛在北京举行会谈并签署《中华人民共和国和巴拿马共和国关于建立外交关系的联合公报》,相互承认并建立大使级外交关系。③ 中国与巴拿马建交使中拉关系格局发生重大变化。巴拿马因巴拿马运河而著名,每年世界近6%的海运贸易通过巴拿马运河走向世界,该运河将太平洋和大西洋的航程缩短了1.6万公里。目前,每年有300多艘中国船只通过巴拿马运河,中国是仅次于美国的第二大巴拿马运河大用户。④ 中巴的建交对中拉贸易频度的升级有着重大的历史意义。

在拉美33个国家和地区中,巴西是最大的国家。同时,巴西与10个南美国家领土接壤,具有特殊的地缘政治意义。⑤ 中国与巴西的关系也是古代

---

① 《拉美国家在"一带一路"中扮演什么角色?》,中国海外网,2018年5月18日,http://opinion.haiwainet.cn/n/2018/0518/c353596-31318926.html。
② 《拉美国家拥抱"一带一路"倡议》,国务院新闻办公室网站,2017年5月25日,http://www.scio.gov.cn/31773/35507/35510/35524/Document/1553218/1553218.htm。
③ 《2017年中国与拉丁美洲关系十大事件盘点》,中国—拉共体论坛,2017年12月30日,http://www.chinacelacforum.org/chn/zgtlgtgx/t1523017.htm。
④ 胡俊:《刚刚与中国建交的巴拿马是一个什么样的国家》,中国网,2017年6月15日,http://www.china.com.cn/cppcc/2017-06/15/content_41030013.htm。
⑤ 张曙光:《中国与巴西关系的战略转型》,载张曙光主编《中国与葡语国家关系发展报告·巴西(2014)》,社会科学文献出版社,2016,第6页。

中巴交往的延续。早在200多年以前，巴西这片热土上就活跃着华人的身影。19世纪，巴西曾三次向当时的清朝政府提出引进中国劳工的请求，以解决巴西农业劳动力缺乏的问题。从1808年至1910年，巴西通过广州、澳门等地自行招募近万名中国劳工到巴西劳动，掀开了华人在巴西工作、定居的序幕。在之后的一个多世纪里，一批又一批的华人前往巴西工作和定居。至2014年，巴西约有30多万名华人，主要居住在圣保罗。①

中国与巴西于1974年8月15日建交，1993年中巴建立战略伙伴关系，2004年两国实现元首互访。近年来两国经贸关系日益密切，巴西坚持一个中国的立场。巴西支持中国成为美洲国家组织观察员和加入美洲开发银行的要求，中国支持巴西加入亚洲开发银行的要求。并且两国在联合国、世贸组织等国际组织中保持着密切的协调与合作关系。与中国一样，巴西是金砖国家的重要成员国之一。金砖国家经济总量在世界经济总量中的比重也逐年上升。比如，在最近十年中，金砖国家的经济总量占全球经济的比重从12%上升到23%，贸易总额比重从11%上升到16%，对外投资比重从7%上升到12%，对世界经济增长贡献率达50%。② 巴西和中国等金砖国家的合作给巴西带来了巨大的发展利益。

巴西是拉丁美洲最活跃的经济体之一。中巴建交40多年来，双边经贸关系取得了显著的发展。2005年，两国贸易额达148.17亿美元，同比增长20%。巴西是中国在拉美最大的贸易伙伴，中国也成为巴西第三大贸易伙伴和第四大进口、出口市场。③ 在今天，中国与巴西的电器产品、钢材、木材、纸浆、纺织品、煤炭等货物贸易频繁，实现了古代贸易航道的延续。中巴两国建交时，两国的贸易额仅为1742万美元，而至2017年，这一数字已经增长近5000倍，达到875亿美元。至2017年底，中国企业在巴西的投资存量已经突破500亿美元。④

---

① 俞炯：《巴西世界杯上寻觅中国面孔 当地华人低调谨慎》，人民网，2014年7月4日，http://sports.people.com.cn/2014/n/2014/0704/c384328-25237630.html。
② 《时报聚焦第九届金砖国家峰会｜金砖十年：合作机制愈加深入》，搜狐网，2017年8月29日，http://www.sohu.com/a/168025142_115495。
③ 《双边关系》，中华人民共和国驻巴西联邦共和国大使馆网站，2006年2月16日，http://br.china-embassy.org/chn/zbgxgs/t239731.htm。
④ 《重磅！巴西'财富地图'面世：沿着一带一路有这些'大生意'》，人民网，2018年6月8日，http://industry.people.com.cn/n1/2018/0608/c413883-30045181.html。

中巴在基础设施领域的合作是中国在巴西投资的重中之重。巴西基础设施相对落后，巴西也非常欢迎与中国在这方面加强投资与合作。中国与巴西于2011年在北京签署《中华人民共和国和巴西联邦共和国联合公报》，双方认为中巴两国在基础设施领域，特别是在巴西"加速增长计划"框架下，开展交通、能源等领域的合作潜力巨大。[①] 在目前中国企业参与的巴西基础设施项目中，以公路、铁路、机场、港口、电站等特许经营项目为主。中国对巴西基建方面的投资有助于巴西经济的长远发展。

基础设施投资正是"一带一路"建设的重要组成部分。中国与巴西都非常重视在"一带一路"建设中的合作。2018年7月26日，习近平主席在南非会见巴西总统特梅尔时强调："中巴双方要加强对两国各领域交流合作的引领和协调，促进贸易自由化便利化，推动双边贸易高质量增长，积极探讨'一带一路'倡议同巴西'投资伙伴计划'等发展规划对接，推进标志性项目，拓展创新合作，密切人文交流。"特梅尔表示中巴全面战略伙伴关系是牢固而互惠的。巴西高度重视"一带一路"倡议，"愿深化两国贸易、投资、基础设施建设、能源等领域合作"。[②] 2018年7月3日，中国与巴西签署"一带一路"新闻交流合作协议。根据该协议，"双方在密切友好往来、开展联合采访、举行研讨交流、举办记者培训和组织新闻评奖等方面加强交流与合作"。双方表示，中巴新闻媒体和记者的沟通互鉴及信息共享进一步加强，促进双边和多边各领域的友好合作，共享"一带一路"发展新机遇。[③] 这些让巴西及拉美国家更加了解"一带一路"倡议以及与中国合作的发展机遇。

三 "一带一路"下澳门与巴西的文化交往

如前所述，与巴西接壤的南美国家有10个。巴西参与"一带一路"建

[①] 《中国和巴西发表联合公报（全文）》，中国新闻网，2011年4月12日，http://www.chinanews.com/gn/2011/04-12/2968192.shtml。

[②] 《习近平会见巴西总统特梅尔》，新华网，2018年7月26日，http://www.xinhuanet.com/world/2018-07/26/c_1123181786.htm。

[③] 《中国和巴西签署"一带一路"新闻交流合作协议》，新华网，2018年7月3日，http://www.xinhuanet.com/world/2018-07/03/c_1123074436.htm。

设,有利于中国与巴西毗邻国家的"五通"。因此巴西对于"一带一路"建设有着至关重要的作用。

巴西与中国距离遥远,要跨越整个太平洋。巴西参与"一带一路"建设需要一个稳固的经济平台,而这一"平台"早在2003年就由中国在澳门搭建,意在加强中国与包括巴西在内的葡语国家之间的经贸联系。自2003年起,中国在澳门成立了"中国-葡语国家经贸合作论坛(澳门)",简称"中葡论坛"。中葡论坛由中国商务部主办、澳门特区政府协办,包括巴西在内的安哥拉、佛得角、几内亚比绍、莫桑比克、葡萄牙、圣多美和普林西比①与东帝汶八个葡语国家共同参与。中葡论坛是"以经贸促进与发展为主题的非政治性政府间多边经贸合作机制,旨在加强中国与葡语国家之间的经贸交流,发挥澳门联系中国与葡语国家的经贸平台作用,促进中国内地、葡语国家和澳门的共同发展"②。因此,在拉动巴西参与"一带一路"建设上,设在澳门的中葡论坛可以提供一个良好的平台,为中国与巴西的相关单位提供一个便利的对话和洽谈的窗口,为新的贸易、投资寻求商业机会。

自古以来,澳门对外的交往功能定位便是"中介平台",该中介功能最早是在16世纪明朝锁国条件下逐渐形成的。当时的葡萄牙是西方向东方海上扩张的主要国家之一,葡萄牙人来到了当时的小渔村澳门(又称"濠江")定居,并定期向朝廷缴纳租金,把这个"弹丸之地"逐渐开拓为中国近代史上"第一个经济、文化特区"。③ 在16世纪、17世纪,澳门在东西方海上贸易的鼎盛时期发挥着重要的作用,因为它是中国沿海唯一的通商口岸,因此迅速成为当时"海上丝绸之路"的重要枢纽,使中国的丝绸、茶叶、瓷器等商品销往世界各地,也使西方的农产品、工艺品、军械货物等进入中国。④ 在长达四个世纪的历史长河中,澳门形成了独特的文化特色,这一特色与中国和葡语国家文化有效地结合,成为澳门的传统优势。

古代,在澳门与巴西的交往中,茶农与茶叶曾扮演着重要的角色。1809年,从澳门来到巴西的几名中国茶农,带着茶树苗与茶籽到里约热内卢试

---

① 圣多美和普林西比在2017年3月正式加入论坛。
② 《中葡论坛(澳门)》,中国-葡语国家经贸合作论坛(澳门)网站,http://www.forumchinaplp.org.mo/about-us/mission-and-objectives/?lang=zh。
③ 张宝宇主编《澳门桥——拉丁美洲》,澳门亚太拉美交流促进会,2006,第6页。
④ 张宝宇主编《澳门桥——拉丁美洲》,澳门亚太拉美交流促进会,2006,第6页。

种。1809年3月6日，时任澳门理事官阿里亚加上书葡萄牙摄政王若昂六世，建议每年派各种行业的中国人去巴西务工。于是，据统计，在1810～1814年，约有400名中国茶农通过澳门来到巴西务工。[1] 然而，澳门与巴西的交往是在葡语国家共同体（CPLP）1996年建立后以及1999年澳门回归以后才逐渐频繁。需要认清的是，在此之前，澳门与巴西事实上"不存在任何实际经贸的、政治的或战略的关系"。[2] 即便到今天，在葡萄牙，有很多人知道澳门这个地方，但是在巴西，依然有很多人不知道有澳门这个地方，因此澳门特区政府有必要做更多的工作，向巴西推广和介绍有关澳门的资讯，[3] 以发挥澳门促进巴西与祖国内地交往的重要纽带作用。

自"一带一路"倡议于2013年提出以后，中国各级地方政府启动了相应的对接方案，澳门于2013年底正式获批加入"一带一路"建设。自古以来，澳门是中国对海外贸易的重要窗口。在现代，澳门亦是"21世纪海上丝绸之路"的重要节点之一。主动配合国家政策来对接"一带一路"不仅有助于澳门经济多元化和可持续发展，同时也是澳门坚守并落实"一国两制"的重要责任。"一带一路"建设主要包括"五通"，即政策沟通、设施联通、贸易畅通、资金融通、民心相通。澳门整体上体量较小，属于微型经济体，在参与及助力"一带一路"建设方面可能不如内地的一些一线大型城市。然而，由于澳门特殊的历史文化因素，澳门与葡语国家在"民心相通"上具有"无障碍对接"般的文化和语言优势。同时，民心相通可为其他四方面建设提供"坚实的社会和民意基础"，是确保"一带一路"建设顺利推进的重要前提。[4] 因此，澳门与巴西可借助"一带一路"建设的推力，促进双边的文化交流。

旅游是促进民心相通的重要渠道。基于澳门与巴西语言相通等优势，每

---

[1] 《追溯到两百年前 中国劳工把中国茶文化传到巴西》，网易新闻，2014，http://news.163.com/14/0521/11/9SP0NFHQ00014JB6.html。
[2] 恩里克·阿尔特玛尼·德·奥利维拉：《巴西与中国：面向21世纪的伙伴》，周志伟译，载魏美昌主编《全球化与澳门——澳门在亚太和拉美之间的对外平台角色》，社会科学文献出版社，2017，第118～119页。
[3] 叶桂平：《回归以来的中国澳门与巴西的关系》，载张曙光主编《中国与葡语国家关系发展报告·巴西（2014）》，社会科学文献出版社，2016，第190页。
[4] 林永亮：《民心相通指数报告》，载翟昆主编《"一带一路"沿线国家五通指数报告》，经济日报出版社，2016，第162页。

年来澳旅游的巴西游客数目在最近几年相对稳定。根据澳门统计暨普查局的数据，自2012年以来，来自巴西的旅客总数为10283人次，2013年为9785人次，2016年为9974人次，2017年为11012人次，[1] 即每年约有1万人次。加强对巴西宣传澳门的旅游市场，并逐年增加来澳巴西旅客的人数，是澳门可以努力的方向之一。在经贸方面，随着中葡论坛的成立，澳门与巴西的贸易关系得到了加强。2013年，澳门对巴西的进出口总额为2.42亿澳门元，比2002年同比增加89%。在最近几年，澳门与巴西的贸易量亦呈上升之势。因此加强澳门与巴西的经济联系，能够推动中国内地、澳门与巴西共同获利，澳门有巨大的提升空间。[2]

前面已经提到，澳门与葡语国家在文化和语言上有很多交流的空间，有丰富的合作机会。在中国与葡语国家文化交流方面，澳门有着不可或缺的平台和中介作用。具体到澳门与巴西的文化合作方面，可以有两个层面。一方面，两地的大学和教育机构加强合作，包括在交换项目、科研组队上的合作，可以有效增加两地学生对彼此地区的了解，同时也能吸引在两地学校就读的外地学生加入这一"文化分享"氛围中。另一方面，中国正在大力发展文化外交，其中一个着力点即孔子学院。澳门在对外事务方面可增强与包括巴西在内的葡语国家在文化上的联系，增强孔子学院之间的联系与合作，彼此组织交换项目，培养语言、文化方面的人才，助力中国文化外交。

发展民心相通主要有三个参考系数，以此来评估民心相通的发展程度。一是以"旅游目的地热度和来华旅游人数为主的旅游活动"，二是以"孔子学院为代表的科教交流"，三是以"我国网民对该国的关注度、及该国网民对我国的关注度、友好城市数量和民众好感度为主的民间往来"。[3] 澳门与巴西发展民心相通的独特优势是共同的语言。澳门可通过文化交往与巴西构建良好的合作关系，为以后深化经贸关系打下良好基础。与其他两项系数相比，澳门与巴西在孔子学院等文教项目上的合作更具潜力。澳门和巴西可重

---

[1] 《统计资料》，澳门统计暨普查局网站，https://www.dsec.gov.mo/home_zhmo.aspx?noredirect=true。

[2] 叶桂平：《回归以来的中国澳门与巴西的关系》，载张曙光主编《中国与葡语国家关系发展报告·巴西（2014）》，社会科学文献出版社，2016，187页。

[3] 诸浩：《五通指数研究总报告解读》，载翟崑主编《"一带一路"沿线国家五通指数报告》，经济日报出版社，2016，第50~51页。

点通过孔子学院,加大其未开发的潜力,促进两地之间的民心相通,进一步推进"一带一路"建设。

在世界上第一所孔子学院于 2004 年在韩国首尔建成以后,到今天,数百所孔子学院及千个孔子课堂遍布世界各国,已经成为中国文化外交的重要窗口。孔子学院是"中外合作建立的非营利性教育机构,致力于适应世界各国(地区)人民对汉语学习的需要,增进世界各国(地区)人民对中国语言文化的了解,加强中国与世界各国教育文化交流合作,发展中国与外国的友好关系,促进世界多元文化发展,构建和谐世界"[1]。在拉丁美洲,巴西是拥有孔子学院最多的国家。根据汉办的官方网站,目前巴西共有 10 所孔子学院。[2] 澳门的公立高等院校澳门大学在 2017 年与国家汉办合作,成立了澳门地区的第一所孔子学院。澳门大学的孔子学院可与巴西众多高校的孔子学院加强合作,包括交换生项目的设立,暑期学校的合作,研究人员在学术、科研项目上的合作,在葡语教学方面的交流和人才培养上的合作。除此之外,澳门与巴西的圣保罗是友好城市,在现有的语言和文化基础上,澳门可增加与圣保罗的交流,包括拓宽旅游、就学、就业机会等。

结　语

古代的丝绸之路,包括陆上和海上丝绸之路,是通往世界的商贸之路,也是传播文明之路,更是中国与世界各国增加政治、经济往来的互信之路。古代的丝绸之路不仅仅是通过亚欧大陆、印度洋向西方传播文明,同样,一艘艘帆布货轮由中国出发经过马尼拉,抵达太平洋彼岸的拉丁美洲大陆,与彼岸的居民实现了贸易往来,逐步建立了交往关系,向拉丁美洲输出中国传统丝绸、茶叶、瓷器等货物,并且换回了大量的墨西哥银圆,成就了史上的"丝银对流"。因此,"一带一路"不仅仅是中国在当前世界格局下打造的加

---

[1] 《孔子学院/课堂》,国家汉办网站,2014,http://www.hanban.org/confuciousinstitutes/node_10961.htm。

[2] 包括圣保罗州立大学孔子学院、巴西利亚大学孔子学院、里约热内卢天主教大学孔子学院、南大河州联邦大学孔子学院、FAAP 商务孔子学院、米纳斯·吉拉斯联邦大学孔子学院、伯南布哥大学孔子学院、坎皮纳斯大学孔子学院、帕拉州立大学孔子学院、塞阿拉联邦大学孔子学院。《孔子学院/课堂》,国家汉办网站,2014,http://www.hanban.org/confuciousinstitutes/node_10961.htm。

强国与国之间政治、经贸互信的"通路",更是历史上曾经辉煌的丝绸之路的有效延续。自古以来,澳门作为中国重要的对外贸易门户,一度发挥着不可或缺的作用。此外,基于澳门特殊的历史因素,澳门与当今的葡语国家依然保持着独特的语言、文化的纽带关系。巴西作为最大的拉美国家,也是重要的金砖国家之一。与巴西接壤的拉美国家多达 10 个,因此巴西具有重要的地缘政治经济意义。巴西亦积极参加"一带一路"倡议,并与中国的官方新闻媒体签订合作协议,互通有无,积极宣传"一带一路"倡议。中国与巴西距离遥远,发展与巴西的经贸关系需要有效的商贸合作平台。要做好巴西参与"一带一路"建设的工作,澳门具备独特的平台优势。虽然自 2003 年成立的中葡论坛使澳门与包括巴西在内的葡语国家有了更加紧密的经贸联系。然而,目前双方的贸易额及每年来澳旅游的巴西游客还是很少。因此,澳巴关系依然有着很大的发展空间。如何有效地增加两地的贸易额,吸引更多的巴西旅客来澳门,了解澳门,将更多的巴西资本与中国资本进行对接,创造更多新的商务合作与投资机会,是澳门特区政府可努力的方向之一。澳门参与"一带一路"建设,可借助自身的语言和文化优势,进一步拉近与巴西的距离,在民心相通上助力中国与巴西共建"一带一路"。

粤港澳大湾区与澳门和澳门学发展的新机遇

王齐超　王建伟[*]

摘　要：《粤港澳大湾区发展规划纲要》于2019年2月18日正式公开发布，这份纲领性文件对粤港澳大湾区的战略定位、发展目标、空间布局等方面做了全面规划，也标志着粤港澳地区的融合有了一份正式的纲领性文件。对于澳门特别行政区来说，《纲要》的发布，也意味着澳门驶进了加速融入大湾区的快车道。澳门在中央顶层设计的基础上，加快经济发展多元化的步伐，并且具体落实相关配套措施，对澳门经济社会的稳定、健康发展有重要意义。本文将以上述制度性安排和措施为研究背景，通过对澳门与内地、香港之间"微观生活"的观察，以及对澳门和澳门学在大湾区所能提供的自身的智力支持，阐述澳门在粤港澳大湾区建设中的独特作用。

关键词：港澳居民居住证　澳门学　粤港澳大湾区

2009年《大珠三角城镇群协调发展规划研究》发布，从中我们可以清晰地看到"粤港澳大湾区"的雏形已经在"湾区发展计划"中有所体现。[①]

---

[*] 王齐超，澳门大学社会科学学院政府与行政学系博士候选人。王建伟，澳门大学社会科学学院政府与行政学系教授、全球与公共事务研究所所长，思路智库理事。
[①] 《项目案例》，广东省城乡设计研究院网站，http://www.gdupi.com/Project/detail/goods_id/18.html。

而此后10年，随着粤港澳城市的互动交流以及中央政府对香港和澳门这两个特别行政区的大力支持，粤港澳之间的融合度和协调度比2009年更加紧密。而"湾区发展计划"中的跨界交通合作、跨界地区合作、生态环境保护合作和协调机制建设，都体现在现实生活中的方方面面。在2017年3月的全国两会上，"粤港澳大湾区"的概念被写入政府工作报告，正式列入国家层面的区域战略规划。这也标志着关于"湾区"以及由此衍生出的诸多概念，已经正式纳入中国国家发展规划当中。

一 紧密联系的粤港澳大湾区

粤港澳大湾区包括广州、深圳、珠海、佛山、中山、东莞、肇庆、江门、惠州，以及香港和澳门两个特别行政区。

笔者认为，对于粤港澳大湾区，一个长期被忽略的研究视角是大湾区内各个地区的互动模式，而这种忽略经常会让生活在大湾区的居民产生一个疑问：粤港澳大湾区的建设对于大湾区的居民有什么样的影响？在未来的粤港澳大湾区中如何享受大湾区所带来的便利？

问题的答案在于两点：一是交通的便利化，二是证件的便利化。

（一）交通便利化

1. "内地—内地"的互联互通

笔者认为，内地与内地的互联互通模式，在国家层面，就是"八纵八横"的铁路网络；在地方层面，以广东省为例，则是一种地方内生性的市场需求和推动，其实质是地方经济发展的自身需要。综观全国层面，以北京为内核的京津冀生活圈和以上海为内核、辐射长三角的"一小时生活圈"也已经建成。而广东省和上述这两个生活圈既有相同点，也有不同点。

广州、深圳、珠海等广东省城市间的互联互通，是属于内地城市之间的紧密联系。推动这个联系的最根本因素是广东省的整体经济发展要求。相比京津冀和长三角生活圈，上述城市在互联互通过程中，所遇到的行政阻力相对较小，且有明文规范，可操作性也更强。

2. "内地—特别行政区"的互联互通

如果说"内地—内地"之间的互联互通是中央和地方经济发展与社会融合的体现,那么"内地—特别行政区"之间的互联互通则是"一国两制"的具体体现。

从表1可以看出,"内地—特别行政区"的互联互通主要表现在以下两个方面。

第一,香港、澳门两个特别行政区,分别拥有自己的国际机场。通过这两个机场和内地城市通航,直接联通内地一线城市(如北京、上海、广州)和其他一些重点城市(如杭州、成都、重庆)。从2017年8月起,根据中华人民共和国公安部出入境管理局发布的《进一步便利赴港澳旅游团出境有关事项的规定》,持有电子往来港澳通行证及"L"签注(团签)的团队旅客可以经过自助通道专用区域办理出入境手续。

这一举措是中央层面的利民措施,便利了内地非"自由行"城市的居民来往香港、澳门。同时也极大地缓解了深圳、珠海两地的口岸压力。在没有出台"L"签注直接飞香港、澳门的政策前,持"L"签注的内地游客只能通过深圳和珠海这两个口岸城市往来香港和澳门,这就无形中造成了行政资源浪费,也加大了前线具体执行人员的工作压力。

第二,广州、深圳、珠海都分别通过陆路、水路与香港、澳门相连。尤其是广珠城轨的开通,极大地方便了澳门居民经由珠海前往广东省各地,并且通过广州和其他高铁网络相联通。可以说,广珠城轨的开通运营,让澳门特别行政区与内地的联结更加紧密,进而也促进了珠海的城市轨道交通建设。

"一国两制"是"内地—特别行政区"互联互通的法律框架和依据,但具体执行层面,广东省和香港、澳门特别行政区一直在寻求以"便民、利民"为导向的行政、证件简化,从而真正地为内地和特区居民带来便利与实惠。

3. 特别行政区之间的互联互通

香港、澳门两地交流频繁,并且经常以"港澳地区"这一统一名称参与一些地区性或国际性事务。2009年12月10日,香港、澳门两地实行互免入境申报协议。根据此协议,港澳两地的永久性居民,可持永久性居民身份证进出两地。并且符合资格的港澳永久性居民,在登记后可使用"e道"(电子通道)自助过关。①

表1 大湾区内主要行政区域互联互通情况

项目	开通时间	意义
广佛地铁	2010年11月	中国国内首条跨越地级行政区的地铁线路
广珠城轨	2013年	珠海第一条城际间轨道交通,联通珠海、中山、顺德、广州
广深铁路	2007年	2015年与深厦铁路接通后,广深铁路正式融入中国高铁网络
港珠澳大桥	2018年10月	世界最长的跨海大桥,造桥技术的重大突破,三地三检模式
广深港铁路	2018年9月	广州、深圳、香港"一小时交通圈"
香港—澳门高速船	喷射飞航(1999)、金光飞航(2007)	香港、澳门双城"一小时生活圈"

资料来源:笔者根据网络资料进行整理。

这个协议的签署,极大地便利了港澳的永久性居民往返两地。从现实意义考虑,在澳门地区有相当一部分永久性居民也持有香港身份证,反之亦然。这既是中央政府在两地回归后践行"一国两制"、"港人治港"、"澳人治澳"、高度自治的一个生动实例;也反映了香港、澳门地区的政治互信、经济依存度和互联互通达到了很高的水平。

伴随着通关证件手续简化而来的是香港、澳门两地之间交通的便捷性。目前,香港、澳门有固定船期,每天24小时通航,并且有直升机相连。港珠澳大桥则在港澳现有的海路、空路基础上,增加了陆路选择,形成了海陆空立体式交通网络。而香港、澳门通过港珠澳大桥分别与珠海相连,使两个特别行政区和珠海经济特区实现了一个新的陆路连接。

(二)通关证件手续的便捷

虽然广东省与香港、澳门毗邻,但针对港澳居民的"利民惠民"政策应当是全国层面的。《港澳台居民居住证申领发放办法》(以下简称《办法》)的出台,正是基于这样的全方位考虑。

---

① 《香港居民e-道服务》,香港特别行政区政府官网,https://www.immd.gov.hk/hkt/services/echannel_residents.html。

国务院办公厅2018年8月发布的《港澳台居民居住证申领发放办法》于同年9月1日起正式实施，符合资格的港澳台居民可申领内地居住证，以便在内地学习、就业、就医和生活。

《办法》的出台，直接响应了习近平主席在党的十九大工作报告中提出的"制定完善便利香港、澳门居民在内地发展的政策措施"。港澳台居民居住证的出台正是中央政府在考察当下港澳居民在内地生活与发展所面对的情况后，有针对性制定的改善措施。由此可见，中央政府十分注重精准发现问题、解决问题，并且切实进行制度优化。从侧面也反映了中央政府对澳门人在内地发展的关切。

现时港澳居民使用的"港澳居民来往内地通行证"（回乡证），从性质上说，是一种旅游证件，并不和内地的医保网络、公安网络以及高等教育网络相联系。因此澳门居民在内地就业、就医、学习的时候会遇到一些困难。但新的措施出台后，在内地生活的澳门人就可以享有就业、社保、住房公积金三项权利，能够凭借居住证享受银行、金融等相关服务。这个措施的出台，在制度上配合了粤港澳大湾区建设的顺利实施，并且为今后在粤港澳大湾区建立大数据平台以及澳门居民在全国其他省份生活、工作提供了诸多便利。而对于澳门特区政府而言，"居住证"的出台，也顺应了澳门特区政府一些便利澳门居民的措施。比如澳门居民可以用居住证考取内地的驾驶执照，而澳门特区政府也在积极推动与内地的驾照互认。更为重要的是，这一项措施的出台，能够让澳门居民进一步考取内地的相关职业证书，更好地在内地实现职业规划发展。

二 澳门学视角下的大湾区建设与澳门发展

粤港澳大湾区建设是具有高度相似性的城市之间，组成紧密相连的发达的城市群体。澳门、香港与粤港澳大湾区其他城市的共同点是地理位置相近，都位于珠三角；语言多元统一，均以广东话为基础，兼有潮汕话和客家话；文化习俗相似，其中澳门、香港的很多居民都是广东省内其他城市的移民，他们与这些城市仍然有紧密联系。而在长期的历史发展和积淀的过程中，澳门社会呈现出了一种多元、和谐、共生的局面。这充分体现在对澳门学的研究之中。

（一） 澳门和澳门学

澳门学是20世纪80年代，中国和葡萄牙讨论澳门回归事宜时，由澳门本地的学者所提出的一个概念。澳门学经过几十年的发展，在学理建设上，已经取得了较大的进展。许多澳门的学者如汤开建、郝雨凡、吴志良等，从不同的角度阐述了澳门学的发展。[①]

澳门回归20年来，整体发展平稳，在经济、社会文化、政治和对外交往方面都取得了瞩目的成就。

以吴志良教授为代表的澳门学者认为自20世纪80年代以来，澳门学经历了三个阶段的发展。[②]

第一个阶段就是中国和葡萄牙关于澳门回归的谈判，由于当时回归问题的需要，急需系统整理一些关于澳门的历史、文化方面的资料。笔者认为，第一个阶段虽然以整理澳门历史资料为主，但不可忽视的一点是，这种整理是为澳门回归服务的，在当时的政治环境下，具有一定的政治目的性。

第二次发展的高潮，就是2005年澳门历史城区被列入世界文化遗产名录后，澳门独特的"和而不同、共生而存"的社会特点，进一步在世界上有所推广，为澳门学在全球视野下赋予了更高的学术意义。笔者则认为，澳门历史城区以非常鲜明的"华洋共生"和葡萄牙文化的特点入选了世界文化遗产名录，从本质上说，是中央政府支持澳门在回归后继续保持这种特色的结果。2014~2015年，中央政府对澳门提出了更高的要求，通过"中国与葡语国家商贸合作服务平台"和"世界旅游休闲中心"来继续发挥澳门"内联中国、外引欧洲"的鲜明特色。

而澳门学第三次发展阶段的到来是在2017年前后。伴随着澳门第一个"五年发展规划"的出台以及《深化粤港澳合作 推进大湾区建设框架协议》的签订，让澳门学在继续完善历史、文化等方面的学科建设之外，更加注重如何在全球视野下，灵活地配合中央政府的"一带一路"建设政策。

粤港澳大湾区的建设带动了澳门学内涵与外延的有机互动，并且与澳门毗

[①] 例如，汤开建：《天朝异化之角：16~19世纪西洋文明在澳门》，暨南大学出版社，2016；郝雨凡、吴志良、林广志主编《澳门学引论：首届澳门学国际学术研讨会论文集》，社会科学文献出版社，2012。

[②] 吴志良：《澳门学：历程、使命与发展路向》，《澳门理工学报》2018年第2期。

邻的内地联动，让澳门学从学理建设转化为可以在实践中应用的一门学科。"一带一路"和粤港澳大湾区建设推动"澳门学"有机化、应用化、现实化。

澳门学的"有机化"，是指将澳门进一步纳入与祖国内地互动、与世界其他国家和地区互动的过程之中，将澳门的"小"放"大"，并将外界的"大"缩"小"，使澳门始终恰当地处在世界格局中的一定位置，并且起到应有的作用。

澳门学的"应用化"，是指澳门学在追求自身学科学理建设的过程中，逐渐意识到自身的"主体能动性"，能够将本地的历史同邻地的发展结合、同现实结合。让世界各地有关澳门的历史材料，都能应用在澳门的发展上。这一点，近几年突出体现在澳门文创产业的异军突起上。

澳门学的"现实化"，是指在研究和建立澳门学的过程中，要突出澳门是中国一个特别行政区的概念。上面关于澳门学的发展阶段也揭示了澳门学的许多史料是"当时的现实"。澳门学的继续深化，也离不开它所处的现实环境作为背景。

（二）"一带一路"、粤港澳大湾区建设对澳门学的影响

长期进行澳门研究的暨南大学金国平教授对于澳门学的发展有两个观点：宏观层面上，要将澳门放在一个世界格局和人类文明进步的框架中来体现；微观层面上则强调要深入观察澳门社会内部，对其政治、经济、社会进行梳理和探讨[1]。笔者认为，澳门作为中国最早对西方开放的城市之一，宏观上，有足够深厚的历史底蕴和文明积淀来加强与"一带一路"沿线国家的互联互通；微观上，澳门经济在回归后的迅猛发展、社会的和谐稳定，印证了"一国两制"在澳门的成功实践，并且持续不断地为澳门今后融入国家的发展进程提供全方位的支持。

研究澳门学，就是要从文明的"互动相生"模式中找到历史的解释及其核心的价值，为不同的国家、不同的文明找到可以避免冲突并和谐相处的道路，为当今世界各国妥善处理民族、宗教问题，促进世界的和平发展提供有益的启示与历史的借鉴。澳门"一国两制"的成功实践也可以为中国在走向世界的过程中与其他国家和民族友好交往提供实用的经验。这和"一

---

[1] 金国平：《澳门学：探赜与汇知》，广东人民出版社，2018，第6页。

带一路"的核心内涵是完全一致的。①

通过澳门学的发展,来反映澳门本地居民所关心的问题,并且通过解决这些问题,总结澳门回归二十年的经验,更好地贯彻"一国两制",促进澳门经济多元化发展,从而为澳门在粤港澳大湾区和"一带一路"建设中发挥独特的作用提供内在的条件。

结　语

随着"一带一路"建设的推进,粤港澳大湾区的建设也必定要融入"一带一路"建设。粤港澳大湾区对"澳门学"的现实意义就是突破了"地区学"的限制,将澳门学与邻近省份的发展有机地融合,让澳门同祖国内地的发展产生更加紧密的联系。澳门具有独立的法律和货币金融制度;资本和货物可自由流动,并且实行低税率政策吸引外来投资。② 2018年以来,随着中央政府对港澳居民新的证件便利化措施的实施,可以预见未来很多澳门青年和企业家会进一步加大在内地的投资和创业力度。随着澳门加入粤港澳大湾区,澳门的经济外延就被扩大了,这意味着更多的葡语国家可以通过澳门投资内地的城市。而澳门也可以借此机会,打造更加完善的中葡经贸科技文化论坛,在"中国-拉美""中国-非洲"的大框架下开展对巴西、安哥拉等葡语国家的公共外交。③

---

① 郝雨凡、吴志良、林广志主编《澳门学引论:首届澳门学国际学术研讨会论文集》,社会科学文献出版社,2012,第21页。
② 王建伟、陈禹铭:《澳门和粤港澳大湾区构想:定位、作用、前景》,载澳门特别行政区政府政策研究室、澳门基金会、思路智库主编《"一带一路"与澳门发展》,社会科学文献出版社、澳门基金会,2018,第288页。
③ 王建伟、杨佳龙:《努力打造澳门与葡语国家之间民心相通的平台》,载澳门特别行政区政府政策研究室、澳门基金会、思路智库主编《"一带一路"与澳门发展》,社会科学文献出版社、澳门基金会,2018,第305页。

粤港澳大湾区建设下澳门特区文化旅游优势融合的思考

李晓闽[*]

摘　要：目前澳门正朝世界旅游休闲中心方向发展，本文根据澳门特区现有的旅游文化产业发展优势，探讨在粤港澳大湾区建设下，澳门特区与邻近城市的旅游发展，如何进一步加强区域共融、优势互补，如资金人才有效自由流动、交通运输的规划优化、教育交流和会展合作等，尝试为澳门的旅游文化产业发展提出一些新的建议，优化澳门特区与邻近城市居民的整体融合。

关键词：粤港澳大湾区　文化产业　旅游业

"粤港澳大湾区"城市群发展规划正在积极推进地区经济持续发展、实现经济共赢。在旅游文化产业创新整合下，澳门特区各领域人才，通过在邻近地区学习，配合专业生产技术、电子集成科技等，最终将某种澳门特色文化运用到一些工程、设备和产品上。例如，配合澳门多元文化、中西融合的美学建筑精粹，使澳门独有的文化技术能够与周边地方生产技术组合起来。运用国内现有的技术进行优化，协作发展，让澳门特区的文化产业具有更强大的竞争力，为应对邻近国家和地区的旅游文化带来的新挑战做好新的准备。

---

[*] 李晓闽，澳门理工学院导师、思路智库监事。

文化产业要从经济实力中展现出来，具有特色的技术中心应不断创造澳门特区独有的品牌，且需要决定优先培育哪种文化产业。每一个创新技术的市场策划，必然带出新的挑战，继而又开始新一轮的进化。所以，文化产业是一个持续创新的系统，其形成、组织和发展会随时间而不断变化。如果从市场经济学角度剖析，为了避免发展依赖性，在文化产业发展中，澳门特区希望引进创新技术，这就需要建立有效的基础知识管理库，而且按经济效益建立奖励制度。当澳门特区人文产业经营者在创新的时候，我们应该反思创新的过程，如何给人类生活的经济效益带来新的转变。澳门特别行政区拥有东西方文化融合的自然特色，是中西文化之美学的共融之地。在澳门，游客能够在生活建筑、美食、生活习惯、宗教文化等方面发现西方的美学艺术、道德教育和生活习俗融入地方发展的各个层面。

一 新旅游主题景观的需要与东西方文化融合的升华

应祖国政策关怀，在特区政府领导下，以澳门特别行政区博彩业为基础，推动会展业、教育业及历史文化遗产产业长远发展。但因邻近国家的城市亦逐步发展博彩业，例如新加坡、菲律宾以及日本，澳门特别行政区面临新挑战和旅游体验新形势。故此，澳门特别行政区政府可在旅游界、商业界和文化界协助下，创造澳门本土的新旅游亮点。譬如，澳门是东西方美学与艺术的结合、孵化之地，而且本土人才众多，可以往东西方美学艺术与旅游休闲体验的方向进行思考，各类型的东西方文化艺术主题讲座、文化艺术鉴赏课程、东西方文化艺术竞赛等应运而生。迎合粤港澳大湾区游客的喜好，可尝试在澳门专家学者的建议下，利用一些临时场地开设新的旅游主题景观，例如香港、澳门和内地青年对巴士的发展、历史、文化等有浓厚兴趣，澳门特别行政区政府可与业界发展相关主题并举办展览活动。此外，古朴的天主教堂建筑也是澳门的特色之一。澳门天主教从西方传入，教堂保存了大量东西方历史故事、文物，可通过文化包装、文化宣传等，繁衍具有中葡文化特色的艺术产品和工艺产品。根据澳门统计暨普查局资料，在澳门天主教的主要教堂已超过20座，就此计算，澳门特区平均每平方公里就有一座教堂，这些丰富的旅游文化资源，更有待业界与特区政府进一步开发。

二 融合式文化生活需求是澳门特区旅游的竞争优势

澳门特区具有东方和西方文化融合优势，笔者访问了 800 位澳门特区居民，发现了他们的活动和出游的一些特征，即角色组别化、年龄差异化、品位个性化和社会传播信息化等。澳门居民与内地居民或者国外人士主要通过互联网等手段联系和沟通。未来可以利用大数据、互联网云端等技术分享与获取澳门相关历史文化、旅游资源、人文风情、建筑特色等信息。旅游资源信息分享、实时人文风情信息、旅游产品艺术展会信息传播等，必须有大数据、新的互联网技术等的支持。在"一带一路"建设中，澳门特区旅游文化产业出现了新的交通运输发展优势。旅游人士的信息主要来自电子和报刊媒介，旅游商业代理可以借助这些媒体进行有系统的策略宣传。根据澳门统计暨普查局的资料，2017 年全年入境旅客共 32610506 人次，旅客平均逗留 1.2 日，全年旅客人均消费为 1900 澳门元；入境旅客中，公营或私人机构的领导、专业及辅助人员占了 47% 左右，购物占 45.4%，餐饮占了 20.9%。在访问中，无论本地和外地游客都表现出季节性偏好、亲子活动偏好和语言文化学习偏好，例如英语学习。而群体的组别凝聚性明显，旅客大都有一定的倾向性，例如高中学生和大专学生群、夫妇、长青群、姊妹群和各种类型的运动竞技群体等。

三 粤港澳大湾区下的学术竞赛平台

在粤港澳大湾区的框架下，澳门特区政府可在现有的基础上，进一步提高粤港澳大湾区各院校学生的创新竞争力，间接推广澳门特区的旅游产业。同时在音乐、艺术、舞蹈、工艺等领域吸引旅游人士。粤港澳大湾区学术竞赛平台推广目的是寻求一种创新学习框架，培养学生高阶思维技能，并作为创新"概念时代"必不可少的课程基础。[1] 本文发现，应在早期持续对高中

---

[1] Jan Fook and Fiona Gardner, *Practising Critical Reflection: A Resource Handbook*, UK, McGraw-Hill Education, 2007; Daniel H. Pink, *A Whole New Mind: Why Right-Brainers Will Rule the Future*, New York, Riverhead Books, 2005.

学生和大学生进行高阶技能培养。例如，中学或大学科学课程中的学习要与生活应用层面结合，具有现实性和测量标准。竞赛评分应有专业数据参考、检验和分析，让学员提高各类操作能力，从而培养学生的高阶思维能力。最后，在观察不同地区旅游人士的行为文化特征下，学生和专家在讨论中找出具有影响力的因子，从而丰富旅游文化内涵。在中西方不同文化交流中，学术竞赛能让孩子充分发挥潜力，促使他们找到创意融合的"火花"。竞争技能配合个人兴趣成长、跨领域的合作交流，真正促进孩子的成长。以学生为中心的独特形式的跨领域学习竞赛精神，提升了学生的学习动力，贯穿了一个新时代的文化交流，创新思维和创造力在其中发挥着核心作用。解决商业和民生问题，这也是学术竞赛的重要成就之一。

四 粤港澳大湾区下的创新合作及融合模式

本文通过访问10家科技创新及服务企业的领导管理人员，提出在粤港澳大湾区各种因素之间的关系。在地区投资中引入创新思维，作为解决民生问题的支持；厂商创新多元化发展测试将是一个全新、全方位、开拓性的探讨领域；它可以帮助政府改善日常活动遇到的问题。现有澳门的企业家有必要思考解决澳门的民生问题，特区政府可以担任协调者和支持者的角色。本文认为，在粤港澳大湾区引入旅游文化创新之融合模式具有重要意义。

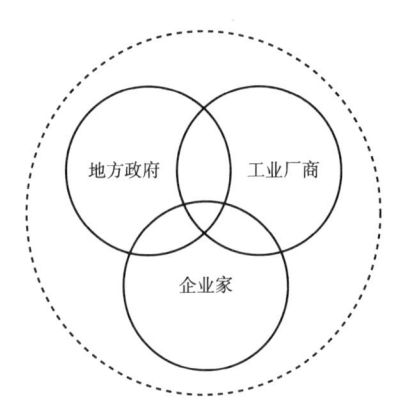

图 1 大湾区融合模式

第一，具有及时性。通过粤港澳大湾区的旅游文化合作模块，可以解决部分民生问题。[1] 企业家的创新思维与人民生活需要密不可分，中国企业家使用创新的科技管理技术（Technology Management）是有时效性的。特别是对于人们的生活问题、地区发展的需求是立竿见影的，应大力加速区域发展。

第二，具有适当性。创新融合是未来地区发展的一个适当模式，企业家、制造者、政府都应该利用科技管理知识，通过有效咨询来实现全方位的角色。地方政府和企业家中出现了越来越多合作实践共赢模式。首先地方市民要有改变传统的商业和政府不能合作的观点[2]，企业和公立大学的合作中亦有不少成功的案例。这一合作模式塑造了学院培训上的专业发展性，除了大学的理论知识，可以通过认可证书考核、配对工作所需的专业认证，在旅游管理的教育上，学院可以为自己的学习前景做出更务实、更适当的准备。

第三，具有扩展性。合作的模式解决现有的一些商业问题，而采用科技管理策略，更能够充分提高企业的竞争力。此外，随着互联网、物联网技术的成熟，旅游创新科技可以扩展到人民生活层面。

澳门的旅游文化资源十分丰富，澳门发展旅游文化产业也得到中央政府政策支持，同时作为中西文化交流融合的地区，澳门有条件成为旅游学习、文化创新的核心地区。粤港澳大湾区的融合为澳门特区成为旅游学习目的地提供了发展机遇，且澳门有能力和有条件把科研成果转化为实际的经济成果。特区政府可以借助有创新思维的人才和青年领导者，在团队支持和政策配合下，让不同领域的民生项目获得创新的解决方案。配合各领域的企业家与实业家，逐步解决经济发展面对的瓶颈问题，在旅游文化交流的创新思维中，逐步走向区域生产合作，解决民生问题，提高人们的生活水平。

---

[1] David Kolevski and Michael Katina, "Cloud Computing Data Breaches: A Socio-Technical Review of Literature", Proceedings of the 2015 International Conference on Green Computing and Internet of Things, ICGCIoT 2015, pp. 1486–1495.

[2] Jiang Xue, China Green Development Index Report, Regional Comparison, London.

五 澳门特区在粤港澳大湾区的中西方文化融合优势

从历史层面上看，自16世纪中叶至今，澳门在400多年葡萄牙等西方国家文化的熏陶下，有着不一样的文化特征。2017年9月，在澳门文化局拟订并公布的澳门非物质文化遗产清单中，被列入联合国世界文化遗产的项目共有15个。1999年12月20日，澳门回归祖国，在和谐的政治、经济发展环境下，成为促进中西方共融发展的典范。澳门特区在中西方文化融合方面拥有以下五个亮点。

第一，宗教信仰自由发展。葡萄牙为澳门带来西方的天主教信仰文化，兴建各种不同的天主教教堂及修道院。其中，著名的圣保禄教堂及圣保禄学院曾为欧洲传教士来华传教的基地之一。澳门地标大三巴牌坊、天主教艺术博物馆、玫瑰堂圣物宝库、圣若瑟修院藏珍馆以及路环圣方济各圣堂的马忌士前地等都是天主教自由发展的特征。澳门天主教教堂风格独特、雅致瑰丽，有不同历史故事，到访不同的教堂，可以使游客更加了解澳门的天主教文化和历史。同时，在澳门亦有其他宗教发展，如佛教、道教、伊斯兰教、巴哈伊教等。

第二，中西方合作下的博彩业文化发展。澳门的博彩业于1847年在葡萄牙的管治下合法化，2002年赌牌由一变三、三变六，引入美国和澳大利亚等外国资源与管理模式，旅游、会展及餐饮业等行业的发展亦同时受惠。例如，美高梅中国控股有限公司由纽约上市的美高梅国际酒店集团及其他股东持有；又如，永利皇宫展出了一系列中西名作，包括多件极为珍罕的中国风艺术珍品，表现出独特、优雅的中西共融的艺术文化色彩。

第三，中西方的医学共同发展。按澳门统计暨普查局2017年的医疗统计，提供初级卫生护理服务的场所中，全科西式治疗的求诊者为116.5万人次，而中医求诊者为114.1万人次。澳门拥有西医及牙医诊所190间、中医诊所182间、综合诊所313间。于1569年建立的澳门白马行医院是中国第一所西式医院，又称"医人庙"，由天主教澳门教区首任主教在建立仁慈堂时一并建立，目前是葡萄牙驻澳门及香港总领事馆馆址。在清朝嘉庆年间，该医院将种牛痘的方法传入中国，为中西医学交流发挥了重大的作用。

第四，中西式的建筑风格融合发展。葡萄牙在据居澳门的 400 多年间，西方文化同时得以和中国东方建筑文化融合。澳门许多美丽的建筑物融合了葡萄牙和中式的建筑风格。例如，澳门观音堂的僧院明显吸收了葡式建筑风格；大三巴牌坊的前壁设计融合了东方的建筑元素；圣老楞佐堂是拥有中葡特色建筑风格的代表之一，在伊比利亚式华丽、细致的建筑基础上，配合了由木梁支撑的中式瓦顶，并饰有不少中式陶瓷制品，实为佳作。同样，澳门不少建筑的外观是中式的，内部建筑和装饰则采用西式。例如，建筑物的门廊木柱是典型中式的建筑风格，在室内混合西式的单柱桁架，在中间支撑着屋顶，形成中葡合璧。西方建筑同时亦为中式建筑和文化带来了许多启发性思维，例如 1594 年建立的圣保禄学院（现遗留的大三巴牌坊）为远东第一所西式大学、1617 年建立的大炮台是中国现存最古老的西式炮台群、1821 年的基督教坟场是中国现存最古老的基督教坟场、1860 年的岗顶剧院是中国首座西式剧院、1865 年的东望洋灯塔中国沿海地区古式的西方灯塔。此外，1560 年的圣安东尼堂、1568 年的望德圣母堂、1846 年的圣老楞佐堂合称"澳门三大古教堂"，再加上 1587 年的玫瑰堂、1875 年的圣奥斯定堂，均是中国最早及现存较佳的天主教建筑。

第五，中西方文学、技术交流之地。因葡萄牙的关系，澳门与欧洲、拉丁语系及葡语系国家在文化、商贸和社会等方面一直保持紧密的联系。例如，圣保禄学院的印刷所是中国第一间以西方金属排版技术印刷拉丁文字刊物的印刷所，《蜜蜂华报》是中国最早的外文报纸，《华英字典》是世界第一部英汉/汉英对照字典，澳门是马礼逊将《新约》全部翻译完成的地方，亦是世界首部中文圣经出现的地方。近年澳门致力于推广中葡文化交流、多元商贸发展，有助于"一带一路"建设，将博大的中华文化与典雅的葡语文化紧密相连。

在国家政策支持、粤港澳大湾区的政策配合下，通过旅游将东西方文化融合，各方更容易协商以实现共赢，创立新的商贸合作生产链，改变城市人的封闭心理，带动城市人口、商品、资源流动，让市场的商务和服务充分融合，同时通过科技创新合作建立新的发展基础，在不久的将来，粤港澳大湾区必可媲美目前世界的三大湾区（东京湾区、纽约湾区和旧金山湾区）。

澳门研究丛书书目

澳门人文社会科学研究文选
    社会卷　　　　　　　　　　　程惕洁／主编
    行政卷　　　　　　　　　　　娄胜华／主编
    政治卷　　　　　　　　　　　余　振　林　媛／主编
    法律卷　　　　　　　　　　　赵国强／主编
    基本法卷　　　　　　　　　　骆伟建　王　禹／主编
    经济卷　　　　　　　　　　　杨允中／主编
    教育卷　　　　　　　　　　　单文经　林发钦／主编
    语言翻译卷　　　　　　　　　程祥徽／主编
    文学卷　　　　　　　　　　　李观鼎／主编
    文化艺术卷　　　　　　　　　龚　刚／主编
    历史卷　　　　　　　　　　　吴志良　林发钦　何志辉／主编
    综合卷　　　　　　　　　　　吴志良　陈震宇／主编
新秩序　　　　　　　　　　　　　娄胜华　潘冠瑾　林　媛／著
澳门土生葡人的宗教信仰　　　　　霍志钊／著
明清澳门涉外法律研究　　　　　　王巨新　王　欣／著
珠海、澳门与近代中西文化交流　　珠海市委宣传部 等／主编
澳门博彩产业竞争力研究　　　　　阮建中／著
澳门社团体制变迁　　　　　　　　潘冠瑾／著
澳门法律新论　　　　　　　　　　刘高龙　赵国强／主编
韦卓民与中西方文化交流　　　　　珠海市委宣传部 等／主编

澳门研究丛书书目

澳门中文新诗发展史研究（1938～2008）	
	吕志鹏／著
现代澳门社会治理模式研究	陈震宇／著
赃款赃物跨境移交、私营贿赂及毒品犯罪研究	
	赵秉志　赵国强／主编
近现当代传媒与港澳台文学经验	朱寿桐　黎湘萍／主编
一国两制与澳门特区制度建设	冷铁勋／著
澳门特区社会服务管理改革研究	高炳坤／著
一国两制与澳门治理民主化	庞嘉颖／著
一国两制下澳门产业结构优化	谢四德／著
澳门人文社会科学研究文选（2008～2011）（上中下）	
	《澳门人文社会科学研究文选（2008～2011）》编委会／编
澳门土地法改革研究	陈家辉／著
澳门行政法规的困境与出路	何志远／著
个人资料的法律保护	陈海帆　赵国强／主编
澳门出土明代青花瓷器研究	马锦强／著
动荡年代	黄鸿钊／编著
当代刑法的理论与实践	赵秉志　赵国强　张丽卿　傅华伶／主编
澳门行政主导体制研究	刘　倩／著
转型时期的澳门政治精英	蔡永君／著
澳门基本法与澳门特别行政区法治研究	蒋朝阳／著
澳门民事诉讼制度改革研究	黎晓平　蔡肖文／著
澳门人文社会科学研究文选（2012～2014）（上中下）	
	《澳门人文社会科学研究文选（2012～2014）》编委会／编
澳门特别行政区立法会产生办法研究	王　禹　沈　然／著
全球化与澳门	魏美昌／主编
中葡澳门谈判（1986～1999）	〔葡〕卡门·曼德思／著
	臧小华／译
镜海微澜：黄鸿钊澳门史研究选集	黄鸿钊／著
澳门道路交通事故民事责任研究	吕冬娟／著
"一带一路"与澳门发展	澳门特别行政区政府政策研究室
	澳门基金会
	思路智库／主编

237

图书在版编目(CIP)数据

新时代　新征程："一带一路"与澳门发展／澳门特别行政区政府政策研究和区域发展局，澳门基金会，思路智库主编 . -- 北京：社会科学文献出版社，2019.5
（澳门研究丛书）
ISBN 978 - 7 - 5201 - 4530 - 5

Ⅰ. ①新… Ⅱ. ①澳… ②澳… ③思… Ⅲ. ①区域经济合作 - 国际合作 - 研究 - 澳门 - 文集 Ⅳ. ①F127.659 - 53

中国版本图书馆 CIP 数据核字（2019）第 049453 号

·澳门研究丛书·

新时代　新征程："一带一路"与澳门发展

主　　编／澳门特别行政区政府政策研究和区域发展局
　　　　　澳门基金会
　　　　　思路智库

出 版 人／谢寿光
责任编辑／郭红婷

出　　版／社会科学文献出版社·当代世界出版分社（010）59367004
　　　　　地址：北京市北三环中路甲29号院华龙大厦　邮编：100029
　　　　　网址：www.ssap.com.cn
发　　行／市场营销中心（010）59367081　59367083
印　　装／三河市龙林印务有限公司

规　　格／开　本：787mm × 1092mm　1/16
　　　　　印　张：15　字　数：249千字
版　　次／2019年5月第1版　2019年5月第1次印刷
书　　号／ISBN 978 - 7 - 5201 - 4530 - 5
定　　价／89.00元

本书如有印装质量问题，请与读者服务中心（010 - 59367028）联系

▲ 版权所有 翻印必究